教育部人文社科"创造社翻译文学及其译介实践研究"项目成果
华南师范大学文学院 211 工程建设项目成果

译坛异军

创造社
翻译研究

咸立强/著

人民出版社

不仅仅是翻译

袁 国 兴

近一百多年来,是中国文学史上的一个特殊时期,域外文化和文学给我们带来了强烈的冲击,不同文化间的相互沟通和理解,成为了时代的显学。在这个过程中,广义和狭义的"翻译"问题,可能是最先被人遭遇到、也似乎是最难被人参透的问题。早在中国人刚刚与外来文化接触时,人们就意识到了:"泰西之于中国,亘古不相往来,即一器一物,亦各自为风气。有泰西所有,中国所无者;有中国所有,泰西所无者;有中西具有,而为用各异者。"在"国不一国"的条件下,"兼通之难"远远超过人们的想象。① 可是中国文化、中国文学,就是在这样的背景下,取"拿来主义"态度,富于创造性的进行着不间断的现代转型——现在也仍然还在继续着这一艰难的进程。正是因为如此,中国现代文学与外来影响的关系,一直是人们关注的热门话题。从某种意义上说,如果不了解中国现代文学与外来影响的关系,就可能不能真正地了解中国现代文学;而不了解中国现代文学是怎样翻译外国文学作品的,那么,所谓中国现代文学与外来影响的关系探讨也就成了"无米之炊"和无本之末。翻译问题对于中国现代文学的重要性,于此可见一斑。

咸立强博士从社团流派视角切入的这一选题,关涉的层面多,遇到的问题多,可供阐发的理论资源也不少。创造社同仁不是最早关注文学翻译问题的群体,但在相关领域却是最容易引起争议和麻烦、相比较而言也容易把问题引向深入的群体。这一方面是因为,在中国现代各文学社团中,创造社成员的文学感悟能力和"纯文学"热忱有目共睹;另一方面,创造社成员也富于"打架"气息、善于"挑起是非"——这两方面因素都使得他们成为探讨中

---

① 　高凤谦:《翻译泰西有用书籍议》,1897 年 5 月 12 日《时务报》。

国现代文学翻译问题的一个有利的观照点。

我们知道,在现代各种文类和文学体式中,诗歌的翻译显得尤为困难,因此有人甚至认为"完全的译诗是根本不可能的"。① 近百年来,自从中国人开始翻译外国文学作品伊始,有关争议似乎一直就没有间断过。本书的题旨是研究创造社的翻译问题,而研究创造社的翻译躲不过译诗这道坎,探讨对象的素质逼迫着研究者(或者说鼓励研究者)不得不知难而进。如果说在这种选择中会遇到更多的困难的话,那么恰恰是因为通过对这些困难的克服,才有可能让探索更加接近于问题的核心和实质。作者在本书中直面了诗歌的可译和不可译的二律悖反矛盾,指出:"西方翻译理论逐渐由原文与译文的对等,走向阅读效果的对等,也就是说,研究的重心由以原著中心转向了以读者(接受者)为中心。郭沫若提出'风韵译'的翻译观,追求的便是翻译的'动态对等',从信息接受者的角度提出的翻译要求。"这样的一些探讨,已经不仅仅是探讨翻译问题了,还关涉到对"诗之本性"的一些基本理解。中国古代早就有"诗无达诂"之说,也有"离形得似"的艺术主张,对母语的"诗"和文学的理解尚且如此,对翻译的作品怎么能要求它原版复制? 如果真的这样,还有翻译的价值吗? 本书对这些问题的探讨颇具一般性的理论穿透力。

狭义的翻译是有关语言沟通的一种实践,文学翻译虽然还有一些其他问题需要兼顾,但语言学视角上的"等值"和"对译"是最基本的、也是最重要的层面。当然,这也是本书作者花费精力较多、相对也贡献较多的一个领域。对于不同译作间的艺术取舍,对于一词、一音的辨析,没有相关的外语知识和外语能力则做不到这一点,没有对母语文学的深厚积累和艺术体验也做不到这一点。关心翻译问题的学者,自可以从本书中发现一些翻译的论题;关心中国现代文学研究的学者,也可以从中体察出一些中国现代文学研究的迹象。我以为,当下的翻译文学研究热,决不仅仅是因为翻译作品的需求和翻译实践的拉动,还与全球范围内的、日益深入和频繁的、跨语境文化交流趋向有关。显然,这既是本书作者学术追求的一个潜在动因,也是保证本书具有一定思维意识张力的必要条件。

据我所知,本书是作者关于创造社研究的第二本著作,此前的积累和研

---

① 徐志摩:《裁默的一首诗》,1924 年 11 月 7 日《晨报副刊》第 265 号。

究为他的这一选题的完成提供了帮助。本书史料掌握充分而详实,论述缜密,细节丰满。它是有关创造社的"翻译"研究,也是有关"创造社"的研究。这是本书与学界其他研究翻译问题著作有所区别之所在,也是本书的一个重要特色所在。

在本书出版前,我有幸浏览了全部书稿,自觉收获颇丰。虽然翻译问题本身的复杂性和文化蕴涵的深厚,使得任何一种有关翻译研究的著作都会给人留下一些相应的话题;但我以为,与本书的所谓"成就"和"不足"比起来,像咸立强博士这样耙梳了大量史料,踏踏实实做学问的态度,更值得珍视。

2010 年元旦日

导　言

一、创造社研究的对象与范畴

创造社在现代文坛上之所以能够异军苍头突起,特别引人注意,与他们四处挑衅、猛烈的批评活动有关。初期创造社同人通过"打架"①的方式在现代文坛上杀开了一条血路,开辟了现代文学新的发展路径。犀利的文学批评与翻译批评,四处挑衅的姿态最终还需以实力作为后盾,否则,四处挑衅与猛烈批评的行为只能徒然成为别人的笑柄,难以产生真正的、深远的影响。其实,以"骂人"、"打架"形式出现的批评活动(包括翻译批评)只是初期创造社同人亮相文坛,争取自身生存空间的一种话语策略,真正显示他们实力,使整个现代文坛都无法忽略创造社这一文学社团存在的,还是他们自身卓异的文学创作与译介实绩。

从一九二一年六月八日在日本东京改盛馆郁达夫的寓所里正式成立之时算起,直到一九二九年二月七日被国民党政府查封时为止,创造社前后近十年的历史发展进程中,译介实践始终都是创造社同人热衷从事的事业,是文学社团活动的重要组成部分。自《创造》季刊创刊伊始,创造社便将翻译批评作为自己追求的一项重大文学事业,几乎每期都以专文或书信或小说等形式进行翻译批评,提出自己的翻译理想,指摘现代翻译的病瑕。继《创造》季刊之后所创办的《创造周报》,"更是将重点放置在了评论和翻译上,它在创刊之初就侧重于文学翻译栏目的设置,全年五十二号之中除第七、四十二、四十四、四十八、五十一、五十二号外其余每期都出现过文学翻译的文章,像第十一、十六、十八、二十一、二十六、三十七号除了几篇并不重要的通信和杂感外,其余全部都是有关翻译文学的,这也几乎可以算作是文学翻译专号了。特别值得一提的是郭沫若利用《创造周报》在中国第一次完整地译介了尼采的《查拉图司屈拉》第一部,这也在青年读者中造成了广泛的影响。就外国文学翻译问题,《创造周报》也分别在第十号和第三十七号刊登了郭沫若的《论翻译的标准》和《古书今译的问题》,这样《创造周报》对于文学翻

---

① 　最早使用"打架"一语描述创造社与文学研究会论争的是馥泉(汪馥泉),语见《"中国文学史研究会"底提议》(1922 年 11 月 11 日《文学旬刊》第 55 期第 3 版)一文,后来成仿吾在《创造社与文学研究会》的回应文字中也使用了这个字眼。

译从实践到理论也逐渐加以提升。另外像郭沫若《未来派的诗约及其批评》、《瓦特裴德的批评论》、《惠施的性格与思想》等外国文学作家和文艺思潮的译介更是令广大读者耳目一新。"①翻译与创作一起筑就了创造社辉煌的文学事业。与创造社文学创作有些虎头蛇尾的发展趋向相比，译介实践始终都是使创造社的文学活动占据时代前沿，引领文坛潮流的利器。

在研究创造社翻译文学及其译介实践时，视野就不能仅仅集中于一九二一年六月八日创造社正式成立至一九二九年二月七日被国民党政府查封这个时间段内。毕竟，所谓创造社的正式成立与最后的被查封，只是文学社团存在的一种外在表现形式。作为一个文学社团，创造社的出现并不是偶然的，而作为一个越来越具有组织意识、甚至被视为"最有组织"②的社团，也不是政府的一纸封条便宣告烟消云散，不复存在的。社团是由人组成的，创造社同人的译介实践早在创造社开始之前就已进行，而在创造社被查封之后仍然在延续，从人事的角度说，社团的正式宣告成立和被查封只是一种外在形式。在正式宣告成立之前，结成创造社的同人们就已经在进行一些团体性的活动，而在社团被查封之后，创造社同人也仍然依托其他的途径进行着一些团体性的活动。因此，我们所研究的创造社翻译文学及译介实践活动，在时间范围上应该是以正式成立到被查封这一段时间为重心，适当地向前后相关时期延伸。其实，这一判断也与实际情况相符，一些早于或晚于创造社存在时间的译介实践，有时也被冠以创造社的名目，比如《茵梦湖》的翻译，歌德《浮士德》等的翻译，皆在创造社成立之前就已开始，而正式出版却是在创造社登台亮相之时。另外，有些创造社成员如田汉等，当时也参加了少年中国学会（比参加创造社还要早），田汉翻译的《哈姆雷特》和《莎乐美》都发表在少年中国学会会刊《少年中国》上，对于这样的情况应该如何处理，是否还将其归入创造社译介研究的范围之内……都是需要仔细考虑的问题。因此，在研究创造社同人译介实践活动时，不得不考虑译介实践的延展性，只有如此，才能将一些译介实践发生及其进行置入相应的文化背景、动力因素及其表现出来的独有的时代特征中给予恰当的考察。作为一个以友谊为基础的文学社团，我们应该以核心人物的聚合离散作为社团内在活动

① 张勇：《"球形天才"是这样形成的——前期创造社期刊创办与郭沫若早期的文学创作》，《当代视野下的郭沫若研究》，巴蜀书社 2008 年版，第 463 页。

② 贺玉波：《革命文学家郭沫若》，《致文学青年》，乐华图书公司 1934 年版。

的根本。如此一来,我们起码要将研究的视野上限追溯至一九一八年创造社筹备期,至于下限,起码在"左联"时期创造社同人的一些活动("左联"囊括了创造社很多成员,其他不在"左联"的成员在三十年代的译介活动也需要囊括进我们的研究视野),我们也应该囊括其中。我们拓展研究视阈的目的当然不只是简单地扩大研究的对象范围,而是要将作为主体的人的活动(在这里主要是译介活动)作为一个连续的整体进行研究,不至于断章取义,造成不应有的盲点。

　　创造社同人共有五十二位:郭沫若、成仿吾、郁达夫、张资平、田汉、郑伯奇、穆木天、何畏、陶晶孙、张定璜、徐祖正、王独清、邓均吾、方光焘、滕固、周全平、洪为法、叶灵凤、潘汉年、敬隐渔、倪贻德、柯仲平、周毓英、成绍宗、严良才、徐耘阡、邱韵铎、梁预人、漆树芬、蒋光慈、徐葆炎、段可情、黄药眠、周灵均、赵其文、张曼华、苏怡、阳翰笙、李一氓、李初梨、冯乃超、彭康、朱镜我、李铁声、沈起予、王学文、许幸之、沈叶沉、傅克兴、王敦庆、白薇、龚冰庐。外围同人十二位:陈尚友、叶鼎洛、冯沅君、赵伯颜、白采、楼建南、张友鸾、何道生、曹石清、窈窈、顾仁铸、汪宝渲。① 由于外围同人基本没有译文或与翻译相关的文章在创造社刊物上发表,也没有参与过与创造社相关的翻译问题讨论,是以研究的范围可以缩小到五十二位创造社同人身上。当然,我们不必也不能一一讨论每个创造社同人的翻译实践及其翻译理论,毕竟有些同人的译介活动量少之又少(就我们目前掌握的材料而言),而且又有很多译文根本不注明原文的来源,而且有时可能还是改译或编译,使我们的研究除了说明这位成员曾译介过此文之外,别无更进一步的研究门径。对于像郭沫若那样的翻译大家,我们也只能选择某些译文进行具体的研究,不可能对其翻译成果进行面面俱到的研究,那是本书的框架无法容纳得了的巨量内容。在团体与个人之间,我们只能选取一些适当的平衡点,带着问题意识去研究某些关键的点,通过这些点去透视团体和个人译介方面的成就、特色及其优劣。另外,随着时间的流逝,译者水平的高下已经非常显豁,对于一些粗糙的译文,我们现在的研究也只能进入文化研究的层面,而真正值得深入全面地进行探讨的对象,可说寥寥无几。因此,在行文中,我们将采取点面结合的方式,既从整体上全面梳理创造社翻译实践的流变,又结合一些典型

① 创造社同人及外围同人的确认问题,请参照咸立强:《寻找归宿的流浪者——创造社研究》,东方出版中心 2006 年版,第 1 - 11 页。

个案,揭示创造社翻译文学及其实践的特色、价值与意义,力求详略有序地勾勒出创造社的文学译介地图。

创造社同人的译介活动,丰富异常,既有将西方文学译介到汉语中来的实践,也有将自己创作的英文、法文著作翻译成汉语的实践,比如郭沫若一九二二年七月三日作的《辛夷集·小引》,原为英文无韵律诗稿,后改译成中文,《我们的文学新运动》一文原稿也是英文。郭沫若自己说,"日本的大阪每日新闻在本月二十五日要出一次英文的《支那研究专号》,该报驻沪记者村田氏日前来访,要我做一篇关于我国新文学的趋向的文章。我得仿吾的帮助做了一篇'Our New Movement in Literature'的短论寄去。我现在把他自译成中文,把初稿中有意未尽处稍补正以发表于此,我想凡为我们社内的同志必能赞成我们这种主张,便是社外的友人我们也望能多来参加我们的运动。"[1]陶晶孙在《创造季刊》第一卷第二期上发表的小说《黑衣人》,便是日文写成,后来才又翻译成中文发表的。陶晶孙在《创造季刊》第一卷第三期上发表的小说《木犀》,也是由日文翻译成中文的。郭沫若回忆说,"我们在日本由几个朋友组织过一种小小的同人杂志,名叫'Green',同人是郁达夫、何畏、徐祖正、刘垲元、晶孙和我。晶孙这篇小说,便是'Green'第二期中的作品;原名本叫'Groire en destinee'(相信命运。)原文本是日本文,我因为爱读此篇,所以我怂恿他把它译成了中文,改题为《木犀》。"[2]此外,还有将中国古代诗文翻译成外文的实践,如敬隐渔将唐朝诗人金昌绪的《春怨》译成法语,刊登在《创造周报》第十六号上。另外,也有将自己或同人的汉语创作翻译成法语或英语的实践,比如敬隐渔译郭沫若历史小说《函谷关》为法文,发表在《创造季刊》第二卷第二期上。对此,郭沫若曾回忆说,"敬隐渔是我的同乡四川人……我们在办《创造周报》的时候,他到了上海,住在徐家汇的一座天主教的学堂里面。他用法文翻译了我的《函谷关》和《鹡鸰》,都先后登在《创造周报》上,因此便时常到我寓里来。后来他竟成为了创造社的中坚分子,自己也写小说,仿吾是十分激赏的,曾夸示为'创造社所发掘的天才'。"[3]叶灵凤在回忆中也曾谈到过敬隐渔将自己的文章由法文译成中文的事:"敬隐渔是四川人,据说是从小在四川一个天主教的修道院里长大的。

---

① 郭沫若:《我们的文学新运动·附白》,1923年5月27日《创造周报》第3号,第15页。
② 郭沫若:《〈木犀〉附白》,1922年10月《创造季刊》第1卷第3期。
③ 郭沫若:《一封信的问题》,1947年《人世间》第2卷第1期。

他是先学会了法文,然后再学中文的。后来不知怎样到了上海(也许是由于郭老的关系吧,因为郭老是四川人),在《创造周报》上发表了好几篇创作,这才同创造社诸人往还起来,并且也住在周报编辑部的楼上。他当时所发表的那几篇创作,还是先用法文写好,自己再译成中文,经过成仿吾先生润饰后才发表的。"①这类译介实践虽然并不多,有些却很引人注目,除了有力地证明了创造社同人外语程度高明之外,还与现代文坛上许多文学现象有密切的关系,比如敬隐渔将鲁迅的小说《阿Q正传》译成法文后,罗曼·罗兰读后感动得流泪,由此还引发现代文坛关于罗曼·罗兰致鲁迅信件的有无得失等问题的争论。

在创造社同人的翻译活动中,还有古书今译的实践,如郭沫若白话译《卷耳集》,这也是创造社同人进行的一项极有意义的工作。在《古书今译的问题》一文中,郭沫若说,"整理中国的古代文书,如考证真伪,作有系统的研究,加新式标点,做群书索隐,都是很必要的事情,但是此外我觉得古书今译一事也不可忽略,且于不远的将来是必然盛行的一种方法。整理国故的最大目标,是在使难解的古书普及,使多数的人得以接近。古书所用文字与文法与现代已相悬殊,将来通用字数限定或则汉字彻底革命时,则古书虽经考证,研究,标点,索隐,仍只能限于少数博识的学者,而一般人终难接近,于此今译一法实足以济诸法之穷,而使古书永远不朽。"②对此,唐弢在《书话·译书经眼录》中说,"近于《文汇报》《笔会》中,读郭沫若《离骚》今译两章,热情奔放,不减当年。今人治古文学,不曰王母琼液,即曰冢中枯骨,爱之恶之,截然异趣。沫若远在一九二三年,于大家反对旧文学声中,即曾译《诗经》四十首,成《卷耳集》一册,由创造社出版,列为《辛夷小丛书》第二种,《辛夷小丛书》第一种名《辛夷集》,为沫若、均吾、仿吾、达夫等创造社同人的合集;第二种就是这本由沫若翻译《诗经》的《卷耳集》。"③如果我们认可帕兹的观点,"当孩子向母亲询问某个单词的意义时,他其实是在要求她用简单的词把新词翻译出来。在这一意义上,语内翻译和语际翻译并没

---

① 叶灵凤:《敬隐渔与罗曼·罗兰的一封信》,《读书随笔》,生活·读书·新知三联书店1988年版,第51页。

② 郭沫若:《古书今译的问题》,1924年1月20日《创造周报》第37号,第7页。

③ 唐弢:《〈诗经〉今译》,《晦庵书话》,生活·读书·新知三联书店2007年版,第277页。

有本质的不同。"①故而,我们可以进一步认为,"任何在译入语系统中以翻译形式呈现或被认为是翻译的文本都是翻译。"②在上述意义上理解翻译,研究创造社翻译文学及译介实践,就不能忽视古书今译现象。为了在有限的时间内完成研究计划并保证研究的质量,在研究的对象和范围选择上,我们不得不再加上另外一个方面的限定,即我们的研究工作关注的是创造社同人的汉译实践活动。

　　创造社同人的译介取材非常广泛,除了小说、诗歌、散文等文学作品的译介外,还有文学批评、社会哲学、科学技术、经济与艺术等各种品类。这从创造社编辑的各丛书目录可略见一斑。一九二八年十月,《创造月刊》第二卷第三期登载了创造社重新编号的《创造社丛书目录》,其中共列出了四十一种图书。其中,译介书目有:第七种,《沫若译诗集》;第八种,《查拉图斯屈拉钞》;第十种,《少年维特之烦恼》;第十一种,《银匣》;第十二种,《法网》;第十三种,《鲁拜集》;第十四种,《茵梦湖》;第十五种,《浮士德》;第十六种,《德国诗选》;第十七种,《雪莱选集》;第三十六种,《商船坚决号》;第三十九种,《磨坊文札》。除了上述各书外,还有"世界名家小说":《杜莲格来》(〔英〕淮尔特,原著,郁达夫译,一直未见出版),《沉钟》(〔德〕霍特曼,原著,郁达夫译,一直未见出版),《鲁森堡之一夜》(〔法〕葛尔孟,原著,郑伯奇译);"世界儿童文学选集":《圣诞节歌》(〔英〕狄更斯,原著,张资平译),《新月集》(〔印度〕泰戈尔,原著,王独清译);"世界名著选":《商船"坚决号"》(〔法〕维勒德拉克,原著),《蜜蜂》(〔法〕法郎士,原著,上海泰东图书局一九二四年六月初版时列为"创造社丛书"第十四种,又列为"世界儿童文学选集"第三种),《王尔德童话集》(〔英〕王尔德,原著,上海泰东图书局一九二二年二月十日初版时列为"世界儿童文学选集"第一种)以上皆穆木天译。《虚无乡消息》(〔英〕毛利斯,原著),《贫民》(〔俄〕杜斯妥以夫斯基,原著);以上邓均吾译。李一氓译:《工钱劳动与资本》(〔德〕马克思,原著),《马克思昂格斯传》(〔苏〕李阿萨诺夫,原著)。沈起予译:"社会科学丛书"之《社

　　① Paz, Octavia (1992) Translation: Literature and Ltetters. In: Rainer Schulte and John Giquenet(eds.) Theories of Translation: An Anthology of Essays from Dryden to Derrida. Chicago: The University of Chicago, pp. 152 - 163.

　　② Toury, Gideon(1982) A Rationale for Descriptive Translation Studies. In: Andre Lefevere and Kenneth David Jackson(eds.) The Art and Science of Translation. Dispositio 7. Special issue: pp, 22 - 38.

会变革底必然性》([日]河上肇,著)……上述所列,仅是创造社译介活动中的冰山一角,为了突出创造社翻译文学及其译介实践方面的研究,科学、哲学、经济与艺术品类的译介,只能粗略梳理,细致具体的研究只能留待日后进行。

翻译(translation)一词本身所具有的多层面的涵义:它既可以指总的研究领域(general subject field),又可以指产品(product),即翻译出来的文本(text),也可指翻译的过程(process),即译本生产的行为(art of producing),即"translating"。① 在研究创造社的翻译时,基本也就围绕着"翻译"的三个层面展开,只是在进入具体的研究时侧重稍有不同。本书对创造社译介实践的研究既在一定程度上遵循了传统的以语言分析和文本对照为主的批评式研究,通过典型个案的剖析,研究创造社同人译介实践的得失成败及其历史经验教训。另外又借鉴西方翻译研究学派的研究方法论,对创造社译介实践进行历史的、功能的和文化的描写与阐释,将创造社的译介实践活动放在二十世纪初中国现代文学的发生、发展的历史文化背景中考察其扮演的角色和所起的功能。首先,本文拟完成的任务是系统地梳理并勾勒出创造社译介实践活动的历史进程,各历史阶段变迁的动力机制及其特征,与创造社相关或由创造社发动的翻译问题论争,在冲突与对撞过程中自身翻译特色和翻译观念的形成,主要解决创造社译介实践特色的形成原因及其背后的动力机制等问题,同时通过这一问题的解决,探讨当时的文学准则和文化成规如何制约着译者的决策,而译者的译介实践活动又是如何以及在何种程度上对当时的文学准则、文化成规及过渡期的文学文化发生影响。

按照翻译涉及的种种因素:原文的文化背景、原文、原文读者、译文、译文的文化背景、译文读者、译者,在翻译研究中侧重点的不同随之也就产生了不同的翻译研究模式。"过去中国的翻译研究,一直以语言分析和文本对照为主要任务,很少涉及翻译活动如何在主体文化里面运作的问题。在这样的研究范畴之内,从事研究的人很难脱离'原文'观念的限制,也因此绝少触及翻译活动所能产生的庞大文化力量,以及翻译活动和主体文化间的互动关系……翻译是否能造成文化影响,又或是造成怎么样的影响,其实并不在于语言转换的过程,而完全视其主体文化如何制约,又如何接受这个过程

---

① Jeremy, Mund, Introducing Translation Studies. . NewYok and Londno:Routeldege,2001,PP.4
-5.

的产物,所以如果我们把眼光局限于文本或翻译机制,而漠视主体文化所发挥的决定性作用,面对中国翻译传统如此丰富的材料,实在让人有入宝山而空手的感叹。"①孔慧怡所谈传统翻译研究的局限可谓切中肯綮,但强调翻译造成的文化影响"其实并不在于语言转换的过程"时,结论下得却又未免操之过急。语言是人类诗意栖居的家园,语言与思维的一致性,使得语言的转换本身便蕴藉着巨大的文化影响的因子。在我们进行翻译研究时,面临的困难不仅仅是两种语言、两种文化间的融通问题,更有译者与原作者意图等问题的探讨。但是,除了译文相对于原著的忠实这一点外(其实这一点也很让人怀疑,到底什么是忠实,又是何种意义上的忠实等等,也是需要探讨的问题,即便是传统认定的误译和错译,从不同的角度审视,似乎也有着不同的价值和意义),其他一些评判的标准也总是难免令人疑惑,正如王宏志所说,"当人们斥责这个翻译不像中文,那个翻译过于欧化的时候,他们的权威来自哪里?我们是不是要求每一位译者都只能以同一模样的'中文'来翻译作品?如果真的是这样,阅读翻译作品还有趣味吗?作者或译者的个人风格哪里去了?'原作者的中文写作'又从何谈起?早从'五四'开始,便不断有人倡议,要建立中国现代白话,必须吸收各方面的养分(胡适1935:25);就是在一九五〇年代出现的'汉语规范化'运动及讨论,也从没有要求只能容忍一两'种'中文书写模式,而是鼓吹要多吸收方言及外来因素来丰富现代汉语。一些被认为'生硬牵强'的中文,不也可能是丰富现代汉语的元素?"②错译、误译以及译得好坏的判断背后,不仅仅是原文与译文的对照问题,更有深层次的语言文化心理等方面的影响制约。当我们考察译文与原著的时候,往往预设了一个汉语的平台,将翻译研究中的某几个因素固定了下来,以之作为评判的准则。在创造社大量译介外国文学时期,现代汉语的平台尚未真正建构起来,其实真正的包含了语言文化等诸多因素的平台从来没有也不可能被固定地建构,评判的参照物本身就是人为建构出来的,研究的平台永远只能处于动态的变化中,这自然使得翻译研究充满了不确定性。从现代汉语的生成及中文书写模式来说,从原文到汉语译文的"翻译"过程已不可考,而留给我们的,其实就是译文文本,因此,从翻译文学的角

---

① 孔慧怡:《翻译·文学·文化》,北京大学出版社1999年版,第3页。

② 王宏志:《重释"信、达、雅"——二十世纪中国翻译研究》,清华大学出版社2007年版,第7页。

度,也就是国别文学的角度,研究创造社翻译文学,从译文文本的传播接受进行研究,似乎比拘囿于忠实抑或叛逆更切实而有现实意义。

在进行翻译研究的过程中,笔者试图像 Bassnett 说的那样,"不再说译者'应该'或'不应该'这样做。这种评价式的术语,只适用于教授语言的课堂上,那里的翻译,只有一个非常明确、狭小的教学用途。"因此,王宏志教授认为,"研究二十世纪中国翻译,最少可从下列几个方面入手:(一)选材:什么样的作品给大量翻译过来? 为什么这些作品会在这特定的时空受到垂青? 这些作品有什么共同的特点? 这些作品跟中国原有作品的分别在哪里? (二)译者:什么人当译者? 他们的资历和背景是怎样的? 他们对西方的认识是怎样的? 他们以什么途径取得这些认识? 他们在社会中扮演什么角色? 为什么人们愿意接受他们作为译者? 他们为什么选择扮演译者的角色? 他们要以这样的角色来尝试达到什么目的? (三)赞助人:什么人支持着这些翻译活动? 他们以什么形式出现? 他们的日程在哪里? 这些日程跟他自己、跟译出语或译入语的社会和文化有什么关系? 他们具备什么条件去扮演赞助人的角色? 他们怎样制约着译者的活动? (四)读者:谁在读翻译作品? 他们的资历和背景是怎样的? 为什么他们愿意接受外来的思想及作品? 他们如何对待翻译? 他们期待从翻译中得到什么? 这些期待对翻译造成什么制约? 他们在社会中扮演了什么角色? (五)社会/文化系统:当时的社会/文化系统有什么特征? 这系统的意识形态及诗学上的准则是怎样的? 这些准则怎样制约翻译活动? 翻译怎样融入及改变社会/文化系统? 这些准则在受到翻译冲击后产生什么回应及变化。"①我们在这里大段引用王宏志教授的文字,就是想以王宏志教授指出的方向作为创造社翻译文学及其译介实践研究的指导。在具体的翻译研究中,我们不可能解决上述全部问题,但是期待能够将上述问题灌注在整个研究的过程中。

在文学译介的研究中,在关注译文与原著对等关系的同时,有必要将重心放置在译文及译文的接受者上,即关注原著如何被选择,译文又如何进入译入语文化并被接受,译介如何对译入语文化及语言等相互作用和影响的。将翻译研究的重心转向译者及译文接受者,有一个问题便不可避免地出现在研究者们的面前,即众多译本的甄别及其作为翻译与创作的关系问题。

---

① 转引自王宏志:《重释"信、达、雅"——二十世纪中国翻译研究》,清华大学出版社 2007 年版,第 43 页。

唐弢在《书话·译书经眼录》中谈到郭沫若译《茵梦湖》时说,"这本书有多种译本:商务印书馆有唐性天译本,书名作《意门湖》;开明书店有朱偰译本,书名作《漪溟湖》。朱偰在序文里指出唐译语句滞重,不堪卒读,'实逊似郭译'。但郭译也有错误,并指出可以商榷之处凡十五条。最后,北新书局又有英汉对照本,为罗牧所译,序文中对郭钱合译之译文施以攻击,谓不可信。早期译者常持此种态度,实则所据原文不同,罗译既系英汉对照,根据英文本转译,实难据为信史。"①在具体的翻译实践中,既有直接译,又有从第三方语言(甚至是第四方语言)的转译,而译介者又可能是许多人,而译介的形式又多种多样,诗歌翻译尤其如此,译文读者在何种意义上接收了原诗的信息,实是难以判断的问题,更何况译诗还是不是原语诗歌,这也很值得怀疑。当代诗人韩作荣谈到这个问题时说,"我读过的只是译诗,我不知道,也怀疑这些汉语中的外国诗,是否是真正的域外诗。这让我想起美国诗人奥登的话,奥登读过译诗之后,不理解为什么曼德尔斯塔姆被称为大诗人,因为他从译诗中看不出其诗究竟好在哪里。我也想到法国诗人波德莱尔的《恶之花》,曾被译为五言、七言的旧体诗和自由体新诗,先后在大陆出版,同时我也读过台湾诗人所译的《恶之花》,这三种版本读来差异甚大,我不知道哪一部更接近原诗,给我的感觉是三个波德莱尔,我无法将其统一在一个诗人的作品之中。"韩作荣进而认为,"用汉语译成的外国诗已不是原本意义上的外国诗,在某种程度上,它已是汉语诗歌的组成部分。对不懂外文或无法精通多种外语的人来说,其影响还是汉语本身带来的影响。"②译本与原文的关系不足以解释翻译中出现的众多问题,将研究的对象转入译者及译文的接受者,也不能企望所有的翻译问题都得到圆满的解决。另外,众多的译本的存在本身就是一个问题,这些译本在什么意义上才是对同一文本的翻译,这些译本的优劣高下如何判定,读者对这些译本的反应差别又说明了什么问题?倘若对这些问题视而不见,翻译研究的转向也就失去了应有的意义。上述问题虽然复杂而难以解决,却有一个扭结的点,即译文文本,将译文文本作为研究的基点,是创造社翻译文学研究的突破口。

二、创造社与中国现代文学翻译

初期创造社同人基本都是日本的留学生,而且在日本留学时间都比较

---

① 唐弢:《茵梦湖》,《晦庵书话》,生活·读书·新知三联书店 2007 年版,第 351 页。
② 韩作荣:《诗歌讲稿》,昆仑出版社 2007 年版,第 73 页。

长,饱受日本文化环境的影响,这种日本因子的影响深深烙印在中国现代文学自身的发展及外国文学的译介上。创造社成员沈绮雨曾指出,"中国的文坛的大部分,是由几个日本留学生支配着的事实,老早就是没人否认的。一直到现在,普罗艺术挺身起来,这个现象还莫有变更。但这两句话并不是在为日本留学生夸功,乃是使大家知道日本文坛影响于中国之深刻。"①鲁迅、周作人等,都是留日学生,而前期创造社成员,几乎全部都是留日学生,他们的文学译介活动,也就不可避免地浸染有日本这一中介的某些色彩。陈思和教授认为,"中国新文学初期有个有趣的现象:一般留学英、美的知识分子所受的西方文学影响,主要是启蒙主义、理性主义、人文主义,以及比较高雅的现实主义,他们对资本主义民主政治报有好感,喜欢讲究理性、讲究秩序,一般都瞧不起正在崛起的现代主义哲学与艺术……相反,处于动荡生活之中的留日、留法学生,由于对中国的封建传统与西方的资本主义抱有'双重的失望',他们对现代主义一般都比较容易接受。鲁迅、周作人是如此,创造社成员更是如此。"②创造社元老之一的郑伯奇也曾总结过创造社文学倾向的产生根源,"第一,他们都是在外国住得很久,对于外国的(资本主义的)缺点和中国的(次殖民地的)伤痛都看得比较清楚;他们感到两重失望,两重痛苦。对于现社会发生厌倦憎恶。而国内国外所加给他们的重重压迫只坚强了他们反抗的心情。第二,因为他们在外国住得很久,对于祖国便常生起一种怀乡病,而回国以后的种种失望,更使他们感到空虚。未回国以前,他们是悲哀怀念;既回国以后,他们又变成悲愤激越;便是这个道理。第三,因为他们在外国住得长久,当时外国流行的思想自然会影响到他们。哲学上,理知主义的破产;文学上,自然主义的失败,这也使他们走了反理知主义的浪漫主义道路上去。"③在国外留学时接受的不同类型的文化影响,与留学生内在的心理需求相激荡,随之催生出现代文学创作界与翻译界不同选择趋向及其类型。

　　讨论创造社与中国现代文学翻译的关系,需要勾勒的不仅仅是创造社之于翻译的种种关系,还有创造社翻译与文学研究会、新月社等其他文学社

　　①　沈绮雨(沈起予):《日本的普罗列塔利亚艺术——怎样经过它的运动过程》,1928 年 11 月 25 日《日出》旬刊第 3 期。

　　②　陈思和:《中国新文学整体观》,上海文艺出版社 2001 年版,第 328－329 页。

　　③　郑伯奇:《中国新文学大系·小说三集导言》,良友图书出版公司 1935 年版,第 12 页。

团等文学译介者的差异,而且这种差异应该放到具体的语境中给予探讨,具体地说,便是创造社不同的发展阶段具有不同的翻译追求,这使创造社翻译本身就摇曳多姿,在比较研究中不能一概而论。简单地指出一些创造社同人贡献给我们的翻译珍品,评价其历史功绩,并不十分困难,可是要详细地勾勒创造社同人文学译介的地图及其发展轨迹,却是一个相当困难的工作。这困难不仅与译本与所从译的原始材料的搜集方面,更与创造社这个文学社团自身的发展及译介实践的多样性等情况密切相关。这种多样性不仅表现在翻译题材从科技书籍到社科书籍再到文学书籍等几乎无所不包上,更表现在译介实践的多次转向等问题上。创造社近十年的历史发展进程中,文学社团成员、文学创作的主张、审美风格等等先后发生过几次较大的转变,而这种转变同样也反映在创造社翻译文学及其译介实践中。具体来说,笔者以为创造社译介实践的历史进程大约可以划分为初、中、后三个阶段。初期创造社同人的译介实践活动精彩纷呈,难以具体概括,大体上对应的是《创造季刊》、《创造周报》和《创造日》这几份刊物存在的时期,向前可溯至创造社成立之前。中期创造社的译介实践情况也比较复杂,除了初期译介实践活动的延续外,还出现了马列思潮译介的萌芽,而最能代表这一时期译介特色的是世纪末思潮,大体上对应的是前期《洪水》和早期《创造月刊》。后期创造社的译介实践比较简单,以马列为主的社会科学思潮的译介成为绝对主流,大体上对应的是后期《创造月刊》、《文化批判》等。在创造社译介实践活动历程中,有些似乎与中国现代文学翻译并无直接关联,实际上却也对文学翻译的选取,发展方向等起着至关重要的规约作用。因此,讨论创造社与中国现代文学翻译之间的关系,除了创造社贡献出来的精彩的译文、译论之外,还需考虑创造社为中国现代文学翻译培养提供了一批高水平、高素质的译者队伍,在文学翻译批评方面做出的开拓性贡献等等。

从文学翻译的角度审视创造社翻译之于中国现代文学翻译的价值意义,窃以为最重要的一点便是创造社为中国现代文学翻译开辟了审美现代性这一维度。拉什认为,现代性有两种迥然不同的范式,一种是从科学的假设出发,另一种现代性范式则是美学的。[①] 在《现代性的五副面孔》一书中,

①　[德]乌尔里希·贝克、[英]安东尼·吉登斯、[英]斯科特·拉什:《自反性现代化:现代社会秩序中的政治、传统与美学》,商务印书馆2001年版,第268页。

马泰·卡林内斯库指出："现代性广义地意味着成为现代,也就是适应现时无可置疑的'新颖性'。"而"美学现代性应被理解成一个包含三重辩证对立的危机概念——对立于传统;对立于资产阶级文学(及其理性、功利、进步理想)的现代性;对立于它自身,因为它把自己设想为一种新的传统或权威。"①借用卡林内斯库指出的"三重辩证对立的危机概念",能够透彻地说明创造社文学翻译的复杂性及其深刻内涵。为此,我们将借助于卡林内斯库的危机概念及其暗含的三重张力关系,对创造社文学翻译所表现出来的审美现代性给予细致说明,以期对创造社与中国现代文学翻译间的关系有一个更为全面而深入的认识和理解。

卡林内斯库指出:只有在一种特定时间意识,即线性不可逆的、无法阻止地流逝的历史性时间意识的框架中,现代性这个概念才能被构想出来。审美现代性也必须在线性不可逆的、无法阻止地流逝的历史性时间意识的框架中才能呈现自身存在的价值和意义。没有线性时间观念,现代性便失去了存在的意义,审美现代性便也失去了参照对象。走上现代文坛的创造社同人,从一开始便置身于审美现代性范畴之中,纠缠于三重辩证对立的危机,这从郭沫若自己的一段文字中就可清晰地见出。"创造社这个团体一般是称为异军特起的。因为这个团体的初期的主要分子如郭、郁、成、张对于《新青年》时代的文学革命运动都不曾直接参加,和那时代的一批启蒙者如陈、胡、刘、钱、周,都没有师生或朋友的关系。他们在当时都还在日本留学,团体的从事于文学运动的开始应该以一九二〇年的五月一号《创造》季刊的出版为纪元(在其一两年前个人的活动虽然是早已有的)。他们的运动在文学革命爆发期中又算到了第二个阶段。前一期的陈、胡、刘、钱、周主要在向旧文学的进攻,这一期的郭、郁、成、张却主要在新文学的建设,他们以'创造'为标语,便可以知道他们的运动的精神。还有的是他们对于本阵营的清算的态度。已经攻倒了的旧文学无须乎他们再来抨击,他们所攻击的对象却是所谓新的阵营内的投机分子和投机的粗制滥造,投机的粗翻滥译。……陈独秀本来并不是一个文学家,他的行径和梁任公、章行严相同,他只是一个文化批评家,或者是文化运动的启蒙家。他起初其实也不外是一个资产阶级的代言人。……总之,文学革命是《新青年》替我们发了难,是陈、胡诸人

①　[美]马泰·卡林内斯库:《现代性的五副面孔》,顾爱彬、李瑞华译,商务印书馆2002年版,第337页,第16-17页。

替我们发了难。陈、胡而外,如钱玄同、刘半农、鲁迅、周作人,都是当时的急先锋,然而奇妙的是除鲁迅一人而外都不是作家。"①上述文字中,郭沫若不仅将创造社描述为旧文学的对立面——对立于传统,同时也将其描述为自身的对立面——对于本阵营的清算的态度,其实也包含了对创造社自身历史的清算,勾勒出了创造社"对立于资产阶级文学(及其理性、功利、进步理想)的现代性"的一面。周宪认为,"审美现代性不仅集中体现在文学艺术活动中,还广泛地呈现在人与自然的审美情趣,对自我的感性解释和发现,对日常生活惯例化和刻板化的颠覆,对生存所导致的种种审美化策略等等。因此,审美现代性是一个蕴含了深刻人道主义内涵的概念。在逻辑的层面上说,审美现代性是社会历史现代性的一部分,又是相对分离和充满张力的一部分。它的自主性的获得反过来又赋予它对社会的现代化某种'反思监控性',因此呈现为一种地方性的范畴特性。它像一个爱挑剔和爱发牢骚的人,对现实中种种不公正和黑暗非常敏感,它关注着被非人的力量所压制了的种种潜在的想象、个性和情感的舒张和成长;它又像是一个精神分析家或牧师,关心着被现代化潮流淹没的形形色色的主体,不断地为生存的危机和意义的丧失提供种种精神的慰藉和解释,提醒他们本真性的丢失和寻找家园的路径。"②在对待传统的问题上,郭沫若等创造社同人一方面坚持批判的态度,同时也重新开掘孔子等先贤被遮蔽的精神原质,看似矛盾的活动又都统一在现代性的诉求下;在新文学阵营中,《新青年》阵营和文学研究会掌握着话语权,勾画着新文学发展的蓝图,不愿屈居人下的创造社同人就"像一个爱挑剔和爱发牢骚的人",关注着之前未被关注或有意被遮蔽的因素,开辟着新的路径。以上种种,在创造社翻译文学及其译介实践活动中皆有所体现,前期创造社同人翻译批评和翻译路径的选择等都明显体现出审美现代性的诉求。

鸦片战争之后,实用性译介占据了主导地位,即便是纯文学的译介,背后也或多或少搀杂些须实用的目的。梁启超谈及小说的译介时说,"在昔欧洲各国变革之始,其魁儒硕学,仁人志士,往往以其身之所经历,及胸中所怀,政治之议论,一寄之于小说。于是彼中缀学之子,黉塾之暇,手之口之,

---

① 郭沫若:《文学革命之回顾》,《郭沫若全集》第 16 卷,人民文学出版社 1989 年版,第 91、94 页。

② 周宪:《审美现代性批判》,商务印书馆 2005 年版,第 71 页。

下而兵丁、而市侩、而农氓、而工匠、而车夫马卒、而妇女、而童孺,靡不手之口之。往往每一书出,而全国之议论为之一变。彼美、英、德、法、奥、意、日本各国政之日进,则政治小说,为功最高焉。”并主张“采外国名儒所撰述,而有关于中国时局者,次第译之。”①中国文学传统中历来被轻视的小说被推崇至文学中心的位置,并被赋予了启发民智、改造社会的重大责任,“次第译之”的翻译主张自然也被置于富国强民的总体政治追求框架中,梁启超道出的正是当时大多数文人共同的心声。“梁启超这一具有很浓重的‘文学救国’色彩的民族功利主义的文学观,构成了现代文学观念的一个基础。”“在作为现代文学伟大开端的‘五四’文学革命中,首先强调的是文学革命与思想革命的密切联系,文学的思想启蒙作用。”②创造社同人的文学活动,包括文学译介活动,无法脱离现代文化生态语境的影响制约,难以避免地带有“民族功利主义色彩”,只是创造社翻译文学及译介实践活动与他们的文学创作一样,先是守着纯艺术宫殿的大门,而后才遽然肩起革命文学的大旗,所以创造社也被视为译界“为艺术”的一群,而区别于“为人生”的文学研究会。

　　五四新文化运动早期,王尔德、尼采、屠格涅夫、泰戈尔、易卜生等都是《新青年》的译介对象。竹内好说,“《青年杂志》的创刊号的封面上刊登了卡内基的肖像照片……屠格涅夫、王尔德、泰戈尔和易卜生一起被介绍;陈独秀、吴稚辉、高一涵和苏曼殊一起执笔,却没有一点不协调。”③有的学者在其研究中指出,“翻阅《新青年》前九卷,我们会发现,虽然杂志所刊载的翻译文章的数目繁多,且翻译文章的性质类别各异,而所代表的理论流派或学说立场芜杂多样,但它们都能归拢到编辑或译者的一个大的、或者说他们一致所默认的共同旨趣之中,那就是对于‘青年’、现代中国人所应该具备的各种现代化素质的培养和劝诫。”④一九一九年之后,译文内容出现了较显著的变化,即弱小民族文学与俄国文学作品的大量译介。当创造社同人大量译介无产阶级文艺,倡导革命文学时,《新青年》就被创造社同人当成新的传统给

---

①　梁启超:《译印政治小说序》,《二十世纪中国小说理论资料》第 1 卷,北京大学出版社 1997 年版,第 37 页。

②　钱理群、吴福辉等著:《现代文学三十年》,上海文艺出版社 1987 年版,第 5 页。

③　[日]竹内好:《鲁迅》,浙江文艺出版社 1986 年版,第 48 页。

④　潘艳慧:《〈新青年〉翻译与现代中国知识分子的身份认同》,华中师范大学 2006 年博士论文(未刊),第 55 页。

予扬弃了，"当年《新青年》所标榜的'自由的平民的文艺'，再进一个阶段仍不外是'新封建的新贵族的文艺'。"①

《新青年》影响下的《新潮》将"介绍西洋现代思潮"作为第一宗旨，并指出选择译介对象时"不消说应当先译最好的"。可是，傅斯年接着又说，"好不好本没一定，只是看他有用没有用。有用便好，没用便不好。"故此，翻译应当选取那些"对于中国人最有用的"。具体来说，便是："（1）先译门径书。这都因为中国人对于各种学问很少知道门径，忽然有一部专门著作出现；没人看他，不若先翻门径书，作个引路的。（2）先译通论书。通论书籍容易普及；况且这样一部里包含的意思比精细特殊的著作，定然多的，读的人可以事半功倍。至于研究精细特殊的著作，固是学者当有的事，但是做这样事业的人，应当直接读外国文书，不能仅靠翻译。翻译只为普通的读者而设。（3）先译实证的书，不译空理的书。这是因为空理不能救济中国思想界。（4）先译和人生密切相关的书；关系越切，越要先译。（5）先译最近的书。因为后来的书，是修正前者而发；前人的好处，他包括了，前人的坏处，他改过了。我们只须求得最后最精的结果，所以要先译最近的书。（6）同类书中，先译最易发生效力的一种。（7）同类著作者中，先译第一流的一个人。（8）专就译文学一部分而论，也是如此；'只译名家著作，不译第二流以下的著作。'这是胡适之先生在他的《建设的文学革命论》中的一条提议。"②《新青年》、《新潮》社团的翻译旨趣，与梁启超的文学翻译观有着内在的相通之处，实用性、功利主义是翻译最初的考虑基点。

传承《新青年》的文学研究会，将介绍和翻译世界文学作为社团的宗旨之一，以弱小民族国家文学作为自己翻译的不懈追求，侧重点与《新青年》一脉相承，都在"启蒙"。沈雁冰、郑振铎等文学研究会骨干成员反复申述文学翻译"经济性"、"系统性"之必要，并以此筹划社团成员的译介选择。鲁迅在致周作人的信中就曾屡屡提及。"雁冰令我做新犹太事，实无异请庆老爷讲化学，可谓不届之至。"③不是从译介主体的爱好兴趣出发进行译介筹划，而是为了既定的启蒙目标而规范译者具体的译介计划，讲究翻译的系统性、经

① 郭沫若：《文学革命之回顾》，《郭沫若全集》第16卷，人民文学出版社1989年版，第93页。

② 傅斯年：《译书感言》，1919年《新潮》第1卷第3期。

③ 鲁迅：《鲁迅全集》第11卷，人民文学出版社2005年版，第403页。

济性，为启蒙而译介便构成了文学研究会翻译的特色。功利性价值取向的翻译活动自然有其不可抹杀的价值和意义，但是工具理性的推崇同时也对个体感性构成遮蔽。

周宪说，"在韦伯和哈贝马斯的现代性理论中，价值领域的分化导致了认知－工具理性、道德－实践理性和审美－表现理论的三足鼎立，现代性也呈现为三个不同领域的张力关系。如果我们从符号学角度来理解这种分化，不妨将三种理性结构视为三种不同的话语形式，亦即科学活动的认知－工具理性话语，伦理活动的道德－实践理性话语，以及艺术活动的审美－表现理性话语。"①如果我们将三种现代性理论及其话语视为三种倾向，具体化为现代文学活动家在思想观念上表现出的不同的侧重，那么，我们似乎可以将《新青年》同人和文学研究会成员大体上视为认知－工具理性类型，而创造社则是审美－表现理论类型。这种划分虽然差强人意，但也在某种程度上彰显出创造社与文学研究会及《新青年》同人的差别。其实，就在《文学革命之回顾》一文中，郭沫若就曾指出说，"陈、胡而外，如钱玄同、刘半农、鲁迅、周作人，都是当时的急先锋，然而奇妙的是除了鲁迅一人而外都不是作家。"②郭沫若对"作家"的强调其实正突出了创造社与文学研究会及《新青年》同人的区别。《新青年》同人及文学研究会在文学创作上与其说是实践者，毋宁说是新规则的设计者和鼓吹者，他们更多的是从理性而非感性的角度对尚未成形的新文学提出种种设想规划，带着非常显著的认知－工具理性的色彩，在文学翻译实践活动方面也是如此。相比之下，创造社的翻译从一开始就从译介者的个体感性出发，比较关注世界名著，对审美现代性的关注使其译介活动对《新青年》和文学研究会等既有的洋溢着工具理性色彩的译介活动构成了反动。除了歌德、莎士比亚等伟大作家们的代表作品之外，王尔德等洋溢着唯美颓废色彩的创作，为创造社文学翻译贴上了独具特色的标签。《创造季刊》第一卷第三期"补白"指出，"真的伟大的艺术品，是超过了时空之制限。然而这是因为他所表现出来的东西，是超过了时空的（也许又因为他的 Technique 是超过了时空的）。若想创作伟大的艺术品，我们不可不极力减少时代与地方的彩色，从一切的对象中，看出他们有永恒性的

---

① 周宪：《审美现代性批判》，商务印书馆 2005 年版，第 344 页。

② 郭沫若：《文学革命之回顾》，《郭沫若全集》第 16 卷，人民文学出版社 1989 年版，第 94 页。

方面;然而这非伤及使用的价值不可,并且由艺术的发生上说起来,差不多是不可能的事。"①在《曼衍言之二》中,郭沫若重申,"毒草的彩色也有美的价值存在,何况不是毒草。人们重腹不重目,毒草不为满足人们的饕餮而后减其毒性。'自然'亦不为人们有误服毒草而致死者遂不生毒草。自然不是浅薄的功利主义者,毒草不是矫谲媚世的伪善者。"②创造社和文学研究会两大文学社团在翻译的目的、选材、方法等方面存在的差异,使一些学者将文学研究会的文学翻译归入现实主义,而将创造社的文学翻译归入浪漫主义的行列,正如这两大文学社团在文学创作及文学主张上的表现一样,在文学翻译上也在对立的同时构成了互补关系。不过这种互补关系是旁观者或后来者看取的眼光,这种互补在当时却是以激烈的批评、反叛等形式体现出来的。"现代中国知识人在对德国审美思想的批判性诠释中所体现的审美现代性,正是对现代文化发展中人的位置与人的命运的一个最切近个体本身的思考。人,首先不是现代经济与政治制度中理性的人,不是社会结构中伦理的人,而是作为一个活生生的个体的人,成为现代性问题的中心所在。这同时实际上也就意味着,在韦伯意义上的'理性化'的现代性线索之外,我们还能发现一条从'感性个体'出发的现代性线索。如果说,前者构成了一整套现代社会的特征性标志,如科层制的官僚体制,科学的法律和经济制度乃至现代大学建制等;而后者则与现代性之中的理性化因素及其后果形成鲜明对照,形成了现代性的另一个重要维度,成为现代性内在文化逻辑和精神表征的另一种体现,一种现代性中自我否定的因素。"③在现代文学翻译界,"苍头异军突起"的创造社横空出世,重要的贡献便在于与普遍存在着的工具理性的压抑形成了鲜明的比照,开拓出了文学翻译的审美现代性领域。

三、创造社翻译与中国现代文学

文学翻译与翻译文学是中国现代文学发生、发展的历史进程中不可或缺的一维,甚至可以说是至关重要的一维,从某种意义上来说,正是翻译的兴盛推动了现代文学的萌生。《中国近代文学大系·翻译文学·导言》中,施蛰存指出:"从一八九〇年到一九一九年这一段时期,是中国文化史上继

---

① 郭沫若:《"补白"》,1922年12月《创造季刊》第1卷第3期,第73页。

② 郭沫若:《曼衍言之二》,1923年2月《创造季刊》第1卷第4期,第63页。

③ 张辉:《审美现代性批判》,北京大学出版社1999年版,第180页。

翻译佛经以后的第二次翻译高潮。"①从现存的各种文献资料中,我们都可以见到对这一时期翻译盛况的描述。在解放前的文学史著作中,文学翻译或者说翻译文学都占据一定的位置,比如一九二九年出版的陈子展的《中国近代文学之变迁》中,翻译文学是其中重要一章;一九三三年出版的王哲甫的《中国新文学运动史》就列专章介绍翻译文学,勾勒出外国文学译介的大体轮廓,同时还给出了较为详细的译介书目,并将文学研究会等文学社团的成立视为翻译文学"正式发达的时期"。多元系统论(Polysystem Theory)认为,翻译文学系统在译入语文学多元系统中处于中心位置约有三种情况:一是当译入语文学处于发轫初期;二是译入语文学处于边缘或弱势的阶段时;三是译入语文学出现危机或转型的时期。② 文学翻译或翻译文学在中国现代文学史上能够游移于中心与边缘之间,不时地占据中心的位置,很大程度上正源于中国现代文学自身发展的内在需要。随着五四新文化运动的勃兴,新文学的建设更迫切地要求着外国文学的翻译,正如王哲甫指出的那样,"中国的新文学尚在幼稚时期,没有雄宏伟大的作品可供借镜,所以翻译外国的作品,成了新文学运动的一种重要工作。""翻译外国文学作品以资借镜"③成了最佳途径。黄修己教授在评点中国现代文学史的撰述情况时指出,"文学方面的翻译,对于'五四'新文学的创造、发展,影响极大。创造'五四'新文学的前辈作家,他们直接从原著吸取营养,又把原著译为汉语,不仅有助于更多作家了解、借鉴外国文学,更重要的意义还在于在更大范围内普及外国文学,扩大读者的眼界,培育开放的心态,培养更多的熟悉世界文学的人,为新文学的发展创造良好的社会、文化环境。所以,翻译外国文学如不列入中国新文学史中,为一个重要方面,至少也应作为新文学发展的重要背景,给予应有的介绍。"④

中国现代文学初创时期,"翻译文学与小说创作构成了一种对话关系。两者各属不同的文学体系,就同一主题或某一审美对象发出各自的声音,且参照对方进行自我调整。在第一个十年中,这种对话有时显得不很协调,翻

① 施蛰存:《中国近代文学大系·翻译文学·导言》,《北山四窗》,上海文艺出版社2000年版,第369页。

② Ttamar Even–Zohar, "The position of translated literature within the literary polysystem", in Papers in Historical Poetics, pp. 21–27.

③ 王哲甫:《中国新文学运动史》,上海书店1982年影印版,第259页。

④ 黄修己:《中国新文学史编纂史》,北京大学出版社1995年版,第47页。

译文学的声音总的比较成熟，而小说创作的声音却是那么稚嫩，或仅仅是对翻译文学的一种摹仿。"①翻译文学的模板效应，是中国现代文学发生的一个典型特色。其实，翻译文学与小说创作的关系不仅仅是作为参照系或摹仿的对象那样一种对话关系，这两者间的对话要宽泛得多。翻译在为创作提供可资摹仿的模板的同时，也在为新文学的资格提供辩护，在这个追逐着西洋、追逐着新潮的时代，这种辩护的意味及其影响是十分深远的。郁达夫译英国淮尔特的《〈杜莲格来〉的序文》，便带有为自己的文学创作辩护的意思，后来创造社革命文学转向过程中大量译介的无产阶级文学理论更是借他山之石的典型案例。创造社同人最初选译的大多是西方文学名著，与他们自身的才情十分契合，初期创造社同人以才情洋溢的译笔给当时蹒跚学步时期的现代文学贡献了许多精美的译品，在当时的文坛上产生了广泛而深远的影响，引导许多爱好文学的青年走上了文学创作的道路。郭沫若译《少年维特之烦恼》、《茵梦湖》，田汉译《哈姆雷特》、《莎乐美》，穆木天译《王尔德童话集》等皆为译界一时翘楚，为现代爱好文学的青年们提供了精神食粮。创造社小伙计之一的周全平自言早年时曾外出漂泊，归家后仅剩两块钱在身，便拿来买了一些新文学的书，其中一本是《茵梦湖》，正是因为读了这部译作，"才突然嗜好起文学来。"②更准确地说，是翻译者根据时代的需要择取翻译的对象，或者是出于主观情趣爱好进行翻译，而在客观上却契合了时代精神的需要，这类作品在时代读者群里产生了强烈的影响，打开了作家们的视野，给他们提供了创作和精神等各方面的指引。

最初提出"翻译文学"国别归属问题的是谢天振。一九九〇年，谢天振教授在《翻译文学——争取承认的文学》一文中提出了翻译文学应归属国别文学而非外国文学的观点，在学界引起较大反响。③ 后来，谢天振教授又在《翻译文学当然是中国文学的组成部分——与王树荣先生商榷》一文中重审翻译文学作为中国文学的合理性，"我们肯定翻译文学的相对独立性，不光

---

① 陈改玲：《"五四"翻译文学与小说创作的"互动"关系》，《中国比较文学》，1996 年第 3 期，第 74－75 页。

② 郭沫若：《到宜兴去》，《郭沫若全集》第 12 卷，人民文学出版社 1992 年版，第 358 页。

③ 谢天振：《翻译文学——争取承认的文学》，1990 年《探索与争鸣》。另外一些学者的相关论文有，张南峰：《从多元系统论的观点看翻译文学的"国籍"》，2005 年《外国语》第 5 期。梁婕：《关于翻译文学的归属问题》，2005 年《广西民族学院学报》第 S2 期。张友谊：《翻译文学归属之研究——"不等边三角形"论》，2006 年《华中师范大学学报》第 S1 期。

是因为译作不等值于原作,更重要的是因为译者在翻译过程中的再创造所赋予译作的相对独立的价值。"①在《中国现代文学总书目》中,贾植芳先生把翻译文学正式作为中国现代文学的一个有机组成部分,并且明确指出,"我们认为中国现代文学的历史,除理论批评外,就作家作品而言,应由诗歌、散文、小说、戏剧和翻译文学五个单元组成……我们还把翻译作品视为中国现代文学不可或缺的重要部分。"②乐黛云教授在为《中国翻译文学史》写的序言中指出,"翻译文学由于其进入了另一种文化语境,在另一种语言结构中,并通过译者个人的思想和语言习惯来表达,这就构成了一种新的文学——翻译文学。"③高玉在《重审中国现代翻译文学的性质和地位》一文中指出,中国现代时期,文学翻译和文学创作深深地交融在一起,具有多层次的一致性,从"生产"到"消费"都脱离不开中国的现实语境和中国文学语境,因此,中国现代翻译文学是"属于中国现代时期的文学作品,主要是现代汉语形态的作品,是在中国现代文学体制下运行,所以本质上也属于中国现代文学,应该纳入中国现代文学史的'书写'"。④ 从广义的语言翻译的角度而言,很多本属于翻译文学的作品,已经被文学史作为国别文学接受和阅读了。南北朝时期的《敕勒歌》本是鲜卑族民歌,《乐府广题》:"本鲜卑语,易为齐音。"胡适翻译了美国女诗人 Sara Teasdale 的 Over the Roofs 为《关不住了!》,并将其收入自己的诗集中。胡适自言:"这个时期,——六年到七年年底——还只是一个自由变化的词调时期。自此以后,我的诗方才渐渐做到'新诗'的地位。《关不住了》一首是我的'新诗'成立的纪元。"⑤翻译的创造性活动,已经逐渐得到人们的认可,翻译文学也由此取得了自身无以替代的特殊地位。当然,执著于翻译文学的国别问题的判断本身并无实质意义,毕竟这只是一种人为的划分,划分的方式和标准并不能够为对象增添或减少内在的质素,但是却能为研究和阅读打开一扇新的窗口,提供崭新的进入途

---

① 谢天振:《翻译文学当然是中国文学的组成部分——与王树荣先生商榷》,1995 年《书城》第 4 期,第 26 页。

② 贾植芳、俞元桂主编:《中国现代文学总书目》,福建教育出版社 1993 年版,第 5 页。

③ 乐黛云:《序》,孟昭毅、李载道编,《中国翻译文学史》,北京大学出版社 2005 年版,第 2 页。

④ 高玉:《重审中国现代翻译文学的性质和地位》,2008 年《中国现代文学研究丛刊》第 3 期,第 160 页。

⑤ 胡适:《尝试集·再版序》,《尝试集》,人民文学出版社 1984 年版,第 186 页。

径。从文学翻译到翻译文学,可以说在对象的把握和理解上是一个大的突破和跨越。

翻译文学的确立,首先意味着翻译本身对于目的语的创造性使用,好的翻译必不可免地带有创造性叛逆的成分。"文学翻译是一种审美再创造活动。语言层面上的转换只是文学翻译的外在行为方式,其本质与文学创作一样,都是一种审美创造活动。相对于原作而言,文学翻译是依据原作的一种审美再创造。"①许渊冲在《文学翻译是两种语言的竞赛》中指出,"翻译的最高目标在于成为翻译文学,翻译作品本身首先必须是文学作品。"②朱自清在《译诗》中说,"译诗对于原作是翻译;但对于译成的语言,它既然可以增富意境,就算得一种创作。况且不但意境,它还可以给我们新的语感,新的诗体,新的句式,新的隐语。就具体的译诗本身而言,它确可以算是创作。"③正是基于翻译与创作无异的思想,胡适将自己翻译的外国诗收入自己的创作集中,周作人亦将一些翻译作品收入自己的文集中。周作人在《永日集序》中说,"有人或要不赞成,以为翻译不该与自作的文章收在一起。这句话自然言之成理。但我有一种偏见,文字本是由我经手,意思则是我所喜欢的,要想而想不到,欲说而说不出的东西,固然并不想霸占,觉得未始不可借用。正如大家引用所佩服的古人成句一样,我便来整章整节地引用罢了。"④在《艺术与生活序一》中又说,"集中有三篇是翻译,但我相信翻译是半创作,也能表示译者的个性,因为真的翻译之制作动机应当完全由于译者与作者之共鸣,所以我就把译文也收入集中,不别列为附录了。"⑤当然,周作人也在《关于林琴南》一文中说过这样的话,"我在《人间世》第十四十六这两期上看见了两篇讲林琴南的文章,都在'今人志'中,都是称赞不绝口的。十六期的一篇盛赞其古文,讲翻译小说则云,'所译者与原文有出入,而原文实无其

---

① 谢天振、查明建:《总论》,《中国现代翻译文学史》,上海外语教育出版社 2004 年版,第 1 页。

② 许渊冲:《文学翻译是两种语言的竞赛——〈红与黑〉新译本前言》,1993 年《外国语》第 3 期,第 24 页。

③ 朱自清:《译诗》,《朱自清全集》第 2 卷,江苏教育出版社 1988 年版,第 371 – 374 页。

④ 周作人:《永日集序》,《周作人自编文集·苦雨斋序跋文》,河北教育出版社 2002 年版,第 59 页。

⑤ 周作人:《艺术与生活序一》,《周作人自编文集·苦雨斋序跋文》,河北教育出版社 2002 年版,第 45 页。

精彩.'这与十四期所说,'与原文有出入,却很能传出原文的精神,'正是同样的绝妙的妙语。那一位懂英文的人有点闲空,请就近拿一本欧文的Sketch Book与林译《拊掌录》对照一两篇看,其与原文有出入处怎样地能传出原文的精神或比原文怎样地更有精彩,告诉我们,也好增加点见识。"①也就是说,当我们将翻译文学作为国别文学对待的时候,是从译文读者接受的角度来考察的,本来的目的是脱离那种将译文紧紧依附于原文的研究模式,如果再将译文与原文比一高下,无疑又回到了旧的研究思路上去,虽然这种比较意在说明译文之可贵,翻译文学之独立性等问题。

现代文学开创之初,人们毫无顾忌地将翻译作品与创作并收一集,②都将其作为优秀的汉语作品介绍给读者,其中表现出来的,正是我们现在要求树立的"翻译文学"的自觉意识。当然,当时的人们这样做并非是想为什么"翻译文学"争取自身独立的地位,而是在中国文学由传统向现代转型过程中,以译文的形式寻求自身文学表达语言、技巧和观念等一系列变革的突破口,翻译文学在这一变革的过程中既充当了先锋,也是模板,而且已经融进了现代文学的源流之中。就此而言,文学翻译和翻译文学肩负了沉重的历史责任,首先是颠覆传统的意识形态,重新构建现代思想文化的图景,其次是担负起与传统文学决裂,重新创造崭新的文学面貌的责任。姜义华谈及文言文向白话文转型问题时说,"文言文是传统中国文人运思与构思的工具,凝聚着自古以来陈陈相因与经验世界相脱节的意型,古圣先贤微言大义托之以传,文章词客思想情感赖之以表,士人能否为官作宰、扬名声、显祖宗,皆由此定。因此,鼓吹文学革命与白话文,实际上是在召唤士人们从远离经验世界转向接近经验世界,从旧的思想方式转向新的思想方式。"③所谓白话文,并非如胡适所想象的那样是纯粹口语化语言,"有什么话说什么话;

---

①　周作人:《关于十九篇·关于林琴南》,《苦茶随笔》,河北教育出版社2002年版,第154页。

②　在《〈永日集〉序》里,周作人说,"有五篇是翻译,有人或要不赞成,以为翻译不该与自作的文章收在一起。这句话自然言之有理。但我有一直偏见,文字本是由我经手,意思则是我所喜欢的,要想而想不到,欲说而说不出的东西,固然并不想霸占,觉得未始不可借用。"(周作人:《〈永日集〉序》,《周作人自编文集·永日集》,河北教育出版社2003年版,第1页)虽言"借用",但"借用"在自己的创作集子里却有了一种微妙的奇特效应,这也是"有人或要不赞成"的原因,即有将翻译当作创作的嫌疑。

③　姜义华:《胡适学术文集·新文学运动》,中华书局1993年版,第1页。

话怎么说,就怎么说。"①而是以欧化为底子的新的书面语,其最终造成很大程度上都仰仗于翻译。通过文学翻译和翻译文学,现代中国实现的不仅仅是文学上的转型,更有国人思维上的转型。新的语言、新的文学与新的思维构成了三位一体,已经不能单纯地将文学翻译和翻译文学视为附加的因素,它就是中国现代文学的血脉之一。

中国现代文学史上第一部新诗歌编集,新诗社编辑部编辑,上海新诗社出版部于一九二〇年一月初版的《新诗集》,收有孙祖宏翻译的《穷人的怨恨》、郭沫若翻译的《从那滚滚大洋的群众里》、王统照翻译的《荫》。胡适的《尝试集》里也收入译诗《老洛伯》、《关不住了》、《希望》和《哀希腊歌》、《墓门行》,胡适还将《关不住了》这一首诗视为"我的'新诗'成立的纪元。"②另外,许德邻编《分类白话诗选》共收译诗十四首,计郭沫若译歌德两首,刘半农译泰戈尔一首,田汉译吕斯璧三首,SZ 译三首,胡适译三首,蔚南译泰戈尔一首,黄仲苏译太戈尔十六首。诗歌选第一首便是郭沫若译歌德的诗《暮色垂空》:

暮色自垂空,

近景以迢递;

隐约耀霞辉,

明星初上时!

万象在暗里浮沉,

薄雾在空际凄迷;

反映着暗影阴森,

湖水静来无语。

俄见东边天际,

仿佛月明如火;

纤柳细细如丝,

丝枝弄湖波。

垣娥的灵光委佗,

---

① 胡适:《自序》,《尝试集·附去国集》,安徽教育出版社 2006 年版,第 24 页。
② 胡适:《再版自序》,《尝试集·附去国集》,安徽教育出版社 2006 年版,第 27 页。

　　涓涓的夜景清和，

　　清和的情趣由眼到心窝。①

　　郭沫若译的另一首诗仍然是歌德的，题目是《感情之万能》：

　　你若于此感情之中全然觉着荣幸，

　　你可任意地命他一个名，

　　名他是幸福！名他是心！名他是爱，名他是神！

　　我看他是名不可名！

　　感情便是一切；

　　名号只是虚声，

　　只是迷绕着天光的一抹烟云。②

　　将翻译文学作为国别文学对待和研究，在弱化原文本强势影响的同时，译者及译文接受者的信息被凸显出来。胡适在《建设的文学革命论》中明确地指出，"创造新文学的第一步是工具，第二步是方法。方法的大致，我刚才说了。如今且问，怎样预备方才可得着一些高明的文学方法？我仔细想来，只有一条法子：就是赶紧多多的翻译西洋的文学名著做我们的模范。"③通过翻译以输入西方文学及语言作为范本，也就成了一些知识分子们的共识。鲁迅在《玩笑只当它玩笑》中郑重指出，"欧化文法的侵入中国白话中的大原因，并非因为好奇，乃是为了必要。"④随着严复译的《天演论》风行于中国现代知识界，进化论也造就了人们对中西社会、文化乃至文学等级序列的体认。而在这个体认序列中，凡是中国的，传统的，也就成了过去时，一个有待改造完善的对象，而西方的，新的事物却成了"高等凭借物"。在现代知识分子中，这种思想并不罕见。梁实秋在《新诗的格调及其他》中说，"要明目张胆的模仿外国诗……取材的选择，全篇内容的结构，韵脚的排列，都不妨斟

---

① 　许德邻编：《分类白话诗选》，人民文学出版社1988年版，第3页。

② 　同上，第207页。

③ 　胡适：《建设的文学革命论》，1918年4月《新青年》第4卷第4号。

④ 　鲁迅：《玩笑只当它玩笑》，《鲁迅全集》第5卷，人民文学出版社2005年版，第548页。

酌采用。"①梁宗岱在《宗岱的世界·诗文》中也指出，"创作所以施行和实验，理论(包括了批评)所以指导和匡扶，它们的重要大概是不会有人加以否认的。还有翻译，虽然有些人觉得容易又有些人觉得无关大体，我们却以为，如果翻译的人不率尔操觚，是辅助我们前进的一大动力。试看英国诗是欧洲近代诗史中最光荣的一页，可是英国现行的诗体几乎没有一个不是从外国—法国或意大利—移植过去的。翻译，一个不独传达原作的神韵而且在可能内按照原作底韵律和格调翻译，正是移植外国诗体的一个最可靠的办法。"②徐志摩在《征译诗启》中也呼吁，"我们期望的是从认真的翻译研究中国文字解放后表现缜密的思想与法度的声调与音节之可能；研究这新发现的达意的工具究竟有什么程度的弹力性与柔韧性与一般的应变性。究竟比我们旧有的方式是如何的各别；如其较为优胜，优胜在哪里？为什么？"③西方文化与文学"模范"、"高等凭借物"等的确认，自然使得翻译的地位水涨船高。在文学翻译的推动下，中国现代文学扬起了自己的风帆。张德明认为，中国现代作家们的创作，"从思想基源到艺术手段到语言技巧，无不折射出翻译文学对他们的影响和启发。"④翻译文学造成的这种影响反过来又影响着文学翻译时的语言文体等的应用。翻译文学与文学翻译的互动，促使中国现代语言及文学本身的变革，这种变革使得一种新型的语言表达方式和文学形式的诞生成为可能，而这些又都根基于传统文化审美意识的变革，换言之，翻译文学已经通过各种方式渗透进来，在事实上确立了自身独特的审美价值和地位。对翻译改换中国文化与文学巨力的推重，从另一个方面又充分显示出了现代中国知识分子的一种普遍焦虑。正是这种强烈的焦虑感，使得现代中国翻译文学中的相关问题的探讨充满了火药味。另外，恰是在这个社会转型期中，知识分子仕隐出处的传统路途被改变，而社会又没有给出知识分子应有的生活及理想追求保障，这一切使现代知识分子不断走向分化，同时也使他们追求理想的路途显得异常艰辛。体现在翻译文学上，便是这一段时期内的文学翻译与翻译文学呈现出泥沙俱下五色斑斓的状态。

---

① 梁实秋：《新诗的格调及其他》，杨匡汉、刘福春编《中国现代诗论》，花城出版社1985年版，第143页。

② 梁宗岱：《宗岱的世界·诗文》，黄建华、余秀梅编，广东人民出版社2003年版，第201页。

③ 徐志摩：《征译诗启》，1924年3月《小说月报》第15卷第3号。

④ 张德明：《翻译文学与中国现代文学现代性》，2004年《人文杂志》第2期，第115页。

第一章

创造社译介活动的历史进程

　　创造社译介实践活动丰富多彩,而且富于变化,正与这个社团本身一样,"善变"也是创造社译介实践的一大特色。详细地勾勒创造社译介实践活动的特色及其变化,具体地描述出译介实践的发展阶段,是从整体上把握创造社翻译文学及译介实践活动首先需要解决的问题。创造社译介活动与整个文学社团的文学活动相辅相成,有内在的一致性,勾勒创造社译介活动的历史进程,划分出几个阶段,首先必须考虑文学社团发展的历史进程。从一九二一年六月八日正式宣告成立至一九二九年二月七日被国民党政府查封为止,创造社前后存在了十余年,其中虽也多有波澜,经历了数次人员离散,但仍被视为"最有组织"①的一个文学社团。目前对创造社发展的历史阶段的划分,基本上就是两分法和三分法两种,这两种划分方式都由郭沫若开启,郑伯奇等创造社同人加以发展,至今仍被奉为经典。② 在两分法中,将创造社划分为前后两个历史阶段,目的是为了突出后期创造社的"革命"意义,阶段划分的标志是《创造月刊》的转向及《文化批判》的出版。"创造社分前期和后期。创造社的前期,以成仿吾、郁达夫、我和张资平为主脑……创造社前期和后期都起过相当大的作用,但后期的同志们犯了一些错误。他们从国外回来,对国内情况不够了解,把内部矛盾看成主要的,骂鲁迅,骂蒋光慈。前期创造社是混混沌沌的思想,后期创造社把鲜明的马克思主义旗帜打起来了,但是不懂策略。后期创造社的功劳还是不小的,鲁迅说'创造社

---

　　① 　贺玉波:《革命文学家郭沫若》,《致文学青年》,乐华图书公司 1934 年版。

　　② 　将创造社划分为两个时期与三个时期,最初皆源于郭沫若。划分为前中后三个时期的文献有,郭沫若:《创造十年》,《学生时代》,人民文学出版社 1979 年版,第 15－169 页。郭沫若:《文学革命的回顾》,《沫若文集》第 10 卷,人民文学出版社 1959 年版,第 372－376 页。将创造社划分为前后两个时期的文献有,郭沫若:《"眼中钉"》,《沫若文集》第 10 卷,人民文学出版社 1959 年版,第 386－395 页。持三分法的同人有王独清等,主要参考文献有,王独清:《创造社——我和它的始终与它底总账》,1932 年《展开》第 1 卷第 3 期。持两分法的同人有郑伯奇等,主要参考文献有,郑伯奇:《沙上足迹》,黑龙江人民出版社 1999 年版,第 3－73 页,第 175－194 页。

逼迫我读了几本马列主义书籍'。"①将创造社划分为前中后三个历史阶段，标准则是以刊物作为标志，与之对应的则是以郭沫若为代表的中心人物、以周全平为代表的创造社小伙计和以冯乃超等为代表的后期新进力量这三种势力。郭沫若指出，"《洪水》半月刊的刊行要算是第二期创造社的事实上的开始。（注意：以后还有第三期。）这个开始可以说是创造社的第二代，因为参加这一期活动的人，都是国内新加入的一群年青的朋友。在那时，第一期的一些成员有多数还在日本留学，而回了国的几位又是分散了的，只有我一人住在上海，但我却是最不努力的一个。真的，我并没有直接主持其事，就连那创刊日期，我都只能约略记得是在'五卅'以后。"②在拙著《寻找归宿的流浪者——创造社研究》一文中，提出了以创造社同人活动的场所作为阶段划分的依据，并以之将创造社划分为泰东图书局和创造社出版部两大发展阶段，并将创造社出版部进而细分为前、中、后三个发展时期。这样划分的目的，既是为了保持创造社出版部活动的相对完整性，又是为了将后期创造社三诗人王独清、穆木天和冯乃超的活动相对完整、清晰地勾勒出来，给予其应有的评价。创造社翻译文学及其译介实践虽然与创造社整体发展历程大体上一致，但以目前对创造社发展的历史阶段的划分看，还不足以恰到好处地给创造社翻译文学及其译介实践勾勒出较好的发展轮廓。结合创造社翻译文学及其译介实践的具体情况，以及现有的创造社发展阶段的几种划分方式，我们采用以人事的变换作为翻译文学及其译介实践发展阶段划分的标志。这样做的理由在于，创造社人事方面的变换，往往直接带来翻译文学及其译介实践在题材、方法和审美情趣等方面的变革。按照这个标准，我们将创造社翻译文学及其译介实践的历史进程划分为前、中、后三个阶段，以郭沫若为代表的中心人物、穆木天、王独清和冯乃超三位创造社诗人（包括以叶灵凤等为代表的创造社小伙计）和以冯乃超等为代表的后期新锐分别构成了三个阶段的活动主体，在译介的风格特征方面，前期是自由取材的个性之窗（侧重浪漫主义），中期是象征狂飙的突起，后期则是马列思潮的涌入。这样的阶段划分及特点概括是非常粗略的，举其要者而言罢了。作为具体活动者的人，译介活动有时所费时日颇多，在动手开译到译毕再到正式出版发表，这中间的时间也难以具体确定，有的译作发表时，译介者自身却

---

① 郭沫若：《答青年问》，《郭沫若论创作》，上海文艺出版社 1983 年版，第 170 页。

② 郭沫若：《创造十年续编》，《学生时代》，人民文学出版社 1979 年版，第 264 页。

早已变换了译介思想,诸如此类的因素,促使我们只能将阶段的划分视为知其不可而为之的研究手段,而在具体的研究过程中,并不将阶段的划分与人员的限定和特征的概括强求保持一致。

第一节 个性之窗:初期创造社同人的译介活动

在日本的高等学校读书时,初期创造社同人如郭沫若、郁达夫、成仿吾、张资平等学的都是理工医科,但是在以德国作为自己学习榜样的日本,各高校对外语学习要求都比较高,除了学习日语之外,创造社同人还要学习德语和英语。日本高校外语讲授皆以文学名著作为教材,这无形当中激发并培养了初期创造社同人对于外国文学的兴趣和认知,在长期不间断的外语学习过程中,他们接触了大量的西方文学,而这一学习和接触过程直接、间接地也就与文学翻译联系在了一起。

一九一三年,郭沫若二十二岁,在成都高等学堂读书,他自己回忆说,"当时的四川教育界的英文程度是很低的,在中学校里读了五年的英文只把匡伯伦的《廿世纪读本》的前三本读了,但那其中的诗是除外了的:因为那时候的英文教员照例不教诗。他们说诗没有用处,其实他们有一多半是读不懂。民国二年进了高等学校的实科,英文读本仍然是匡伯伦。大约是在卷四或卷五里面,发现了美国的朗费洛(Longfellow)的《箭与歌》(Arrow and Song)那首两节的短诗,一个字也没有翻字典的必要便念懂了。那诗使我感觉着异常的清新,我就好象第一次才和'诗'见了面的一样。诗的原文我不记得了,目下我手里也没有郎费洛的全集,无由查考,但那大意我是记得的。那是说,诗人有一次射过箭,箭飞过去了,但后来又发现着,在一座林子里面,诗人有一次唱过一首歌,歌声飞去了,但后来又发现着,在一位朋友的耳里。就这样一个简单的对仗式的反复,使我悟到了诗歌的真实的精神。并使我在那读得烂熟、但丝毫也没感觉受着它的美感的一部《诗经》中尤其《国风》中,才感受着了同样的清新,同样的美妙。"① 卜庆华评论说,"郎费罗的《箭与歌》是郭沫若有生以来第一次读到的新诗,这对他以后从事新诗的写作很有关系。"②

---

① 郭沫若:《我的作诗的经过》,《沫若文集》第 11 卷,人民文学出版社 1959 年版,第 138 – 139 页。

② 卜庆华:《郭沫若研究新论》,首都师范大学出版社 1995 年版,第 95 页。

谈到自己的文学经历及翻译事业时，郭沫若总是强调日本留学时教育的影响，"日本人教外国语，无论是英语、德语，都喜欢用文学作品来做读本。"外语教师也多由文学士担任，学生们往往就以翻译这些文学作品作为学习外语的手段。"因此，在高等学校的期间，便不期然而然地与欧美文学发生了关系。我接近了太戈尔、雪莱、莎士比亚、海涅、歌德、席勒，更间接地和北欧文学、法国文学、俄国文学，都得到接近的机会。"①当然，这种外部的条件，必得与译者内心的需要发生共鸣，才会结出丰硕的果实。《创造十年》中，郭沫若回忆说，"仿吾随身带了不少的德文书，雷克朗牟（Reclam）版的屠格涅夫的小说。他的托尔斯泰的研究又已经转换成屠格涅夫的研究了。我睡船上算得到机会把屠格涅夫的《父与子》、《处女地》等读了一遍。"②而对于屠格涅夫的书，郭沫若自言"这部书的自身我很喜欢，我因为这书里的主人翁涅暑大诺夫，和我自己有点相像。"③在致成仿吾的信中，郭沫若也曾提及自己对屠格涅夫小说的喜爱，"你是晓得的，我此次到日本的时候只带了三部书来，一部是《歌德全集》，一部是河上肇氏的《社会组织与社会革命》，还有一部便是屠格涅甫的《新时代》了……我们不是时常说：我们的性格有点像这书里的主人公'涅暑大诺夫'吗？我们的确是有些相像：我们都嗜好文学，但我们又都轻视文学；我们都想亲近民众，但我们又都有些贵族的精神；我们倦怠，我们怀疑，我们都缺少执行的勇气，我们都是些中国的'罕牟雷特'。我爱读《新时代》这书，便是因为这个原故呢。"④郭沫若小说《圣者》中的主人公爱牟，"很像屠格涅夫的许多小说中的主人公一样，自己很想在现实世界里做一番牺牲，但又时常怀疑，结局终被引到虚无里去了。他想自杀也不知道想过多少回，但他并不是因为失恋，也并不是因为悲观，他是想借此解决他内心中的烦扰。"⑤个人的好感，内心的共鸣，促使郭沫若选择着自己的译介对象，这是郭沫若早期文学译介实践的特征。从个人的兴趣爱好出发，翻译与自己的个性气质相近的文学作品，郭沫若的译介实践及其选择在创造社内并非特例，而是创造同人文学译介实践的一个基本出发点。

---

① 郭沫若：《我的学生时代》，《学生时代》，人民文学出版社 1979 年版，第 17 页。
② 郭沫若：《创造十年》，《沫若文集》第 7 卷，人民文学出版社 1959 年版，第 77 页。
③ 郭沫若：《〈新时代〉译序》，商务印书馆 1925 年版，第 3 页。
④ 郭沫若：《沫若书信集》，泰东图书局 1933 年版，第 171 - 172 页。
⑤ 郭沫若：《沫若文集》第 5 卷，人民文学出版社 1959 年版，第 402 页。

从个人的兴趣爱好出发进行的文学译介,自然也就使这一时期的译介显得比较散漫,恰如郑伯奇指出的那样,将歌德的《少年维特的烦恼》和古尔孟的《鲁森堡之一夜》"两种性质绝不相同的书都编在《创造社丛书》里面,仅这一点就可以说明当时创造社并没有一个严格的中心思想的。"①

个人兴趣爱好的养成除了所受教育及身处的社会文化环境等因素的影响外,与朋友间的相互砥砺亦密切相关。本就喜欢歌德著作的郭沫若,当他收到宗白华的信,说他"不久预备做一篇《德国诗人歌德(Goethe)的人生观与宇宙观》"②的文章时,郭沫若译介歌德的心意无形当中也被激荡起来。"你意想中的歌德,和我意想中的歌德是相吻合的……我想歌德底著作,我们宜尽量地多多地介绍,研究"。③ 在致田汉的信中,郭沫若提出,"关于歌德,我是莫有什么具体的研究的。翻译一层还可以做到。"④在给宗白华的信中,郭沫若说,"《维特之烦恼》一书,我很有心译成中文,你以为如何? 我对寿昌兄所说的'歌德底研究会'只不过是个提议,并未从事组织。我的意思是想把歌德底杰作一一翻成中文,作个彻底的介绍。这样的事业非是一人之力所能办到的,所以想纠集些同志来分工易事。就歌德作品中各人自任几种分头从事译述,我想不消两年底功夫,全部底歌德会移植到我们中国来呢!"⑤如果说个人的兴趣使郭沫若接近歌德,友朋间的交流则使译介实践更加快速地提上工作日程,待到后来创造社正式成立,用稿两日见加大,使得友朋间相互催促而得以进行的译介事例也越来越多。

在日本高校学习的经历以及个人兴趣爱好的共同作用下,初期创造社同人最初译介的基本都是世界名著,或一些较为另类的文学作品,而与当时国内文坛的译介实践及需求没有多少真正的沟通。文学研究会主要理论批评家周作人就曾这样说,"留学生以为中国读者的程度,译者的人数,出版界的力量,都同法国一样,所以怪'谈新文学者'为什么不译'荷马当德之作'。其实岂知连'少许莫泊桑之短篇小说'还难得赏识者,译者也只是精力有限的这一打的非'天才';篇幅稍多的书如《战争与和平》,有人愿译而没有书店

① 郑伯奇:《忆创造社》,《沙上足迹》,黑龙江人民出版社1999年版,第15页。
② 宗白华致郭沫若函,《三叶集》,安徽教育出版社2000年版,第9页。
③ 郭沫若致宗白华函,《三叶集》,安徽教育出版社2000年版,第17页。
④ 郭沫若致田汉函,《三叶集》,安徽教育出版社2000年版,第52页。
⑤ 郭沫若致宗白华函,《三叶集》,安徽教育出版社2000年版,第88页。

肯担任出版呢?"①这种环境与个人气质爱好导致的译介选择，并不是什么不可跨越的藩篱，我们也不能以创造社同人译介了什么而没有译介什么而遽然判定他们自身的文学价值判断，正如陈思和教授指出的那样，"既然创造社成员是以感伤情绪来取舍外国文学，为何不喜欢感伤小说《新爱洛绮丝》而喜欢愤世嫉俗的《忏悔录》? 创造社成员何时何地说过对《浮士德》时代的歌德不感兴趣? 如果真是这样，郭沫若为何后来翻译这部文学名著? 他们选择介绍雪莱是否就意味拒绝拜伦? 他们什么时候表示过对雨果不感兴趣? 如果不感兴趣为什么王独清要自称是'雨果第二'呢?"②创造社同人留给我们的，有一个"雪莱研究专号"，但选择介绍雪莱真的并不就意味拒绝拜伦。我们更不能够说创造社同人对雪莱和拜伦的取舍因为有无专号或专集而有所区别。其实，创造社同人也曾筹划过拜伦专号。郭沫若在致梁实秋信中说："拜伦专号准出(在二卷三号或四号)，我在外还可约些朋友，稿齐请即寄来。我现在异常忙碌，年谱手中无出，恐难编出，请你们供给我些材料吧，达夫已北上，在北大法大两校任课，仿吾不日返湘，沪上只能留我一人了，周报事太忙，望你们救我。"③由此可见，已经想要出拜伦号，只是因为太忙而刊物又停刊，所以没有出。另外一个原因，就是闻一多劝说梁实秋撤出他们的稿件单干，这从闻一多的信中也可看出。种种原因，使郭沫若的筹划成为泡影。

在影响初期创造社同人文学译介选题、译介数量及译介质量等的众多因素中，经济原因是相当重要而又不被重视的一个。就翻译的数量和质量而言，现代文学史上，很少有其他文学社团能够与创造社相媲美的。但是，这并不能够掩盖创造社许多翻译的粗糙甚至错误，粗糙和错译误译的出现，除了译者个人的知识素养，时代条件的限制外，也与创造社同人的生活境遇有关。与衣食无忧的茅盾、郑振铎等文学研究会成员相比，郭沫若从事翻译的目的有时未免显得太过庸俗。在《太戈尔来华的我见》中，郭沫若说，"在孩子将生之前，我为面包问题所迫，也曾向我精神上的先生太戈尔求过点物

---

① 周作人：《新文学的非难》，《周作人自编文集·谈虎集》，河北教育出版社2002年版，第31页。

② 陈思和：《二十世纪中外文学关系中的"世界性因素"的几点思考》，2001年《中国比较文学》第1期，第12页。

③ 1923年11月16日郭沫若致梁实秋信，《郭沫若书信集·上》，中国社会科学出版社1992年版，第260页。

质的帮助,我把他的《新月集》,《园丁集》,《曷檀伽里》三部诗集来选了一部《太戈尔诗选》,想寄回上海来卖点钱。但是那时的太戈尔在我们中国还不曾行世,我写信问商务印书馆,商务不要,我又写信去问中华书局,中华也不要。"①一九二四年四月十八日,郭沫若在致成仿吾的信中说:"明天是拜轮的死期了,但是我的文章还没有作。我一时想起他轰轰烈烈死在海外的精神也很激起些追慕的心事,但我又想起他是贵族,他有钱有幸福,他的世界终不是我的世界。"②《孤鸿》里,郭沫若感叹说,"我们的物质的生活简直象伯夷叔齐困饿死在首阳山上了。以我们这样的精神,以我们这样的境遇,我们能够从事于醺醒的陶醉吗?……我们生在这个过渡时代的人只能做个产婆的事业的。我们现在不能成为纯粹的科学家,纯粹的文学家,纯粹的艺术家,纯粹的思想家。要想成为这样的人不消说是要有相当的天才,然而也要有相当的物质。在社会革命未实现以前能成为这样纯粹的人格的天才,我们自然赞仰,但他们不是有有钱人的父亲,便是有有钱人的保护者,请看意大利文艺复兴期中的一群大星小星罢,请看牛顿、歌德、托尔斯泰,更请看我们中国最近所奉为圣人的太戈儿罢!他们不是贵族的附庸,便是贵族自己,他们幸好有这种天幸才得以发展了他们的才能;没有这种天幸的人只好中途无端地饿死病死了!"③《创造十年续篇》中,郭沫若谈到《社会组织与社会革命》一书的翻译动机时也说,"我对于社会科学的憧憬,更加上一家的生活迫切地有待解决之必要,于是乎便开始了对它的翻译。"④郭沫若等前期创造社同人的清苦生活,闻一多等人也感到愤愤不平。在给弟弟的信中,闻一多说,"昨与梁实秋谈,得知郭沫若在沪卖文为生,每日只辣椒炒黄豆一碗佐饭,饭尽犹不饱腹,则饮茶以止饥。以郭君之才学,在当今新文学界应首屈一指,而穷困如此。世间当有公理哉?"⑤冯乃超在回忆与鲁迅先生的交往时也谈到过因生活所迫而进行翻译的事。"一九三〇年底由国民党封锁书店,使我们生活发生困难,一次冯雪峰来看我,知道我当时拮据情况,下次来

① 郭沫若:《太戈尔来华的我见》,《郭沫若研究资料(上)》,王训昭等编,中国社会科学出版社 1986 年版,第 188 页。

② 郭沫若:《郭沫若书信集(上)》,中国社会科学出版社 1992 年版,第 226 页。

③ 郭沫若:《孤鸿》,《郭沫若研究资料(上)》,王训昭等编,中国社会科学出版社 1986 年版,第 204 – 205、229 页。

④ 郭沫若:《郭沫若全集》第 12 卷,人民文学出版社 1992 年版,第 204 页。

⑤ 闻一多致闻家骥,《闻一多书信选集》,人民文学出版社 1986 年版,第 173 页。

访时,带来日文养羊一类的小册子,分了一半给我翻译,我很快译出来换成稿费,这是鲁迅给安排的。"①文坛虽已逐渐确立起现代稿费制度,但是能够依靠稿费生活的却没有几个。沈从文在给朋友的信中抱怨说,我来上海就是卖文,上海资本家无时无刻不在敲诈我,逼得我成了写作机器,我一天不写就没有钱,没有钱在上海就没办法生存,我只能拼着命写。"我的性情越不行了,在上海作文章,大约我再支持两年,也不能再支持下去了……"②巴金在《巴金答法国〈世界报〉记者雷米问》中说,"今天的中国只有极少数的作家是可以靠作者版税生活的。在旧中国也只有三个可以这样做:鲁迅,茅盾和我,所有其他的作家都非得干别的工作不可。拿我来说,我至今依然靠版税维持生活,因为我出版的多——我写了好几十本书!"③著书译介皆为稻粱谋,虽有以偏概全之嫌,但求之于他们自己留下来的回忆述评文字,可以见出这种在生活的夹缝中进行的译介带给他们的强烈刺激,这种生活的艰难所带来的压力和积聚起来的怨气,也使得他们在译介问题的论争方面难免充满了火药味,而不能平心静气地站在纯文学或学术的层面进行讨论。当然,我们也不能太过老实地将创造社同人为生活所迫而从事译介的话当真。虽然一方面这也是事实,但另一方面,在以弱者面目出现在现代文坛、总是书写着穷与愁的流浪型知识分子群体中,为生活而文艺、而译介已经成了一种话语表述的策略,自我言说的惯性。其实,就是在这些似乎难登大雅之堂的表述中,也隐藏着为文学理想追求而放弃生活现实利益打算的豪情。

其实,生活与翻译、文学的问题,并非创造社同人单独面临的问题,翻开古今中外的文学史,很多文学家都是挣扎在生活的穷困与理想的夹缝。读书自然并非单为稻粱谋,但没有稻粱却也读不成书。贡古(Goncourt)在《日记》中曾记载左拉驳辩福楼拜:"你,你有一份小小的财产,允许你跳过若干的困难……我,我的生涯,我不得不完全靠着我的笔赚钱,我,我不得不写各式各样的文章,是的,可憎的文章……唉! 我的上帝,和你一样,我也看不起自然主义这个词,然而我不厌其重复,因为有些事物必须加一洗礼,好叫人

---

① 冯乃超:《鲁迅与创造社》,《冯乃超文集》,中山大学出版社1986年版,第392页。

② 1931年2月6日沈从文给王际真的信,《沈从文别集·友情集》,岳麓书社1992年版,第21页。

③ 巴金:《巴金答法国〈世界报〉记者雷米问》,《巴金——从炼狱走来》,中国工人出版社2002年版,第205页。

家相信是新的……你瞧,我将我的写作分成两种,一种是人家用来批评我的,一种是我希望人家用来批评我的……我先来它一个钉子,随后一锤子,我往读众的脑内打进一分,然后再一锤子,我打进二分……我的锤子,就是围住我的作品我自己弄起来的报章主义。"①如果以左拉的说法来观照创造社同人的翻译文学及其译介实践中出现的种种问题,大概也还是不错的。对于挣扎与生活与文学理想夹缝中的初期创造社同人来说,生活的压力带给文学译介实践的影响是多方面的,而消极的因素只是其中的一个方面而已。概而言之,虽有为生活所迫而进行的翻译活动,亦不免瑕疵,但并非有意为之,且为糊口的翻译多体现在译作的出版阶段,而非翻译过程之中;即便是以翻译糊口,也并不放任自流。这一点从郭沫若前期译作的出版遭遇便可以见出。如果纯粹是为了经济的目的,郭沫若大可以选择一些迎合文坛情趣的书稿,被拒的可能便会大为减少,事实却并非如此。郭沫若翻译的《少年维特之烦恼》等书虽风行一时,却是引导阅读潮流,而不是迎合潮流,郭沫若的翻译取向与新文学的主潮并不吻合,甚或有所背离。为生活而从事翻译,取材却坚持个人趣味,两者碰撞妥协的结果,便是一些稍嫌粗糙的译品的诞生。对此,郭沫若自己也很清楚,并屡屡表示过忏悔。在《论国内的评坛及我对于创作上的态度》一文中,郭沫若说,"假使创作家纯以功利主义为前提从事创作,上之想借文艺为宣传的武器,下之想借文艺为糊口的饭碗,这个我敢断言一句,都是文艺的堕落,隔离文艺的精神太远了。这种作家惯会迎合时势,他在社会上或者容易收获一时的成功,但他的艺术(?)绝不会有永远的生命。这种功利主义的动机说,我从前也怀抱过来;有时在诗歌之中借披件社会主义的皮毛,漫作驴鸣犬吠,有时穷得没法的时候,又想专门做些稿子来卖钱,但是我在此处如实地告白:我是完全忏悔了。"②"个人的吃饭当然是要附带解决的问题,而在我们现在已经睁开了眼睛的人,一言一动都应该以社会的效用为前提,换句话说,便是对于理想社会实现上的政治的价值要占一切价值的首位。"③应该说,无论是转向前还是转向后,郭沫若译介实践活动中始终存在着个人趣味、生活需要与社会责任三方的搏弈,

————————

① 李健吾:《福楼拜评传》,湖南人民出版社1980年版,第44页。
② 郭沫若:《论国内的评坛及我对于创作上的态度》,《郭沫若研究资料(上)》,王训昭等编,中国社会科学出版社1986年版,第158页。
③ 郭沫若:《反正前后·发端》,上海现代书局1929年版,第4页。

只是郭沫若对三方的具体理解及处理方式在不同的阶段有所差异罢了。

除了留学语境和自身情趣等因素外，影响初期创造社同人译介活动及译介策略的问题还在于中国现代文学及文化实践的需要。刘禾在《跨语际实践》中指出，"问题的关键不在于不同文化之间的翻译（人们以各种方式从事这项工作）是否可能，也不在于'他者'是否是可以了解的，甚至不在于某一晦涩的'文本'是否是可以翻译的，问题的关键在于究竟出于何种实践的目的或者需要（它们维系着一个人一整套的方法论），文化人类学家才孜孜不倦地从事文化的翻译。"①焦灼于中国现代文化与文学之薄弱的初期创造社同人，他们从事译介活动时，决非仅仅出于个人兴趣爱好或为了养家糊口，而是不可避免地带有社会文化与文学改良的目的。"如果从中日文化交流史上来看大正时期到昭和初年的两国文化交流，可以说创造社的文学在其中占有代表性的位置。而且这种文化上的'交流'，是在日本帝国主义侵略中国的政策日见露骨、日见扩大这样大的历史背景下进行的。在这样的历史背景下，创造社文学一方面以反映这样不幸的历史（不是为了逃避战争责任才用了这样的语言，这是必须预先申说的）、反抗日本帝国主义和批判日本以及日本人民并表示反感为内容；尽管如此，但在另一方面，它也从日本'近代'文学那里学到许多东西，把它带进中国文学中来。我们从创造社成员的作品里，都可以看到他们对于日本以及日本文学的深刻理解和热爱的感情。……当时（二十世纪二十年代），为了能在中国文学中产生新的口语的文体，每一个作家都在进行种种的试探，而创造社的作家们，虽然也写出了各自不同的文体，但从全体来看，可以说，他们在学习日本短篇小说的基础上，在自己的作品中，尝试写出新的口语的文体。（这样的看法我曾请教过小野忍先生。先生曾就这个问题直接问过陶晶孙，陶的回答是：'有那样的事。'）和郭沫若的诗齐名的创造社初期的代表作品是郁达夫的小说，所以受到中国青年的热烈欢迎，那原因之一就是学习了具有新鲜魅力的日本文学的那种充满感情、平明的文体。"②初期创造社同人的文学翻译与他们的文学创作一起为中国现代文学开辟了一个崭新的发展阶段，为广大的青年

---

① 刘禾：《跨语际实践——文学，民族文化与被译介的现代性（中国，1900—1937）》，生活·读书·新知三联书店2002年版，第3页。

② ［日］伊藤虎丸：《鲁迅、创造社与日本文学——中日近现代比较文学初探》，北京大学出版社2005年版，第145、154页。

宣泄胸中情感提供了恰当的书写形式。

在初期创造社同人的译介实践中,有一个向来不被研究者注意,然而却又意义重大的事件,那便是对于科学方面的著作的译介。近代社会以来,开眼看世界的人越来越多,可是真正著力于科学书籍译介的却很少。郑振铎在《一九一九年的中国出版界》一文中说,"我统计这一年间出版的书籍,最多的是定期出版物,其次的就是黑幕及各种奇书小说,最少的却是哲学科学的书。除了《北京大学丛书》和尚志学会出版的丛书外,简直没有别的有价值的书了。……希望他们能够去了投机牟利的心理,做真正的新文化运动,希望他们能够多多出版些关于哲学科学的译著;希望他们能够把出版'黑幕'、'奇书'的纸张油墨,来印刷打破迷信,提倡人道的著作。"①郑振铎谈的是哲学科学,异军突起的创造社所从事的,却是科学方面书籍的译介。在《曼衍言·5》里,成仿吾呼吁:"我们对于一个文艺家也劝他研究科学,减少他不精密的缺点。从前大家都说文艺的真与科学的真是标准不同的二物,然而这已经是从前的误解了。……科学是一切精密知识的嫡母,现在如是,将来亦当永远如是。并且将来一般人的常识,会比我们现在所有的专门知识全部凑拢来还丰富,也是可有的事。所以我们的文艺,若想于远的将来,对于人类也保持现在的价值与兴会,我们是决不可不与科学携手的。"②《创造周报》第十一号上,成仿吾译了法国 H·Poincare 的《〈科学之价值〉的序论》,在"书后"中,成仿吾指出,"坡氏原文简洁而秀丽,把译文与他对比起来,一妍一丑,原可立判,惟自信对于原文尚不至于不忠实,而近来科学与玄学的论争,颇有误解科学之处,我故不惮烦把他译出来登在这里。"③从事于文学活动的社团,却执著地坚持科学书籍的译介,这从另一个角度也说明创造社并非"为艺术而艺术"的社团,并没有把守纯艺术宫殿之门的愿望。科学书籍的译介,自然不是没有目的。一九二三年二月一日,《创造》季刊第一卷第四期出版,空白地方有成仿吾的小语:"文艺批评的职务有二:1.批评作品的好丑,2.为作者教育民众。在现在的中国,这第二条似乎比第一条还要

---

① 郑振铎:《一九一九年的中国出版界》,《郑振铎译文集》,人民文学出版社 1985 年版,第304 页。

② 成仿吾:《曼衍言·5》,1922 年 12 月《创造》季刊第 1 卷第 3 期。

③ [法]H·Poincare:《〈科学之价值〉的序论》,成仿吾译,1923 年 7 月 22 日《创造周报》第11 号,第 5 页。

紧,我们的批评家应当把民众的脑髓换过一下,应当教他们如何去观察,也教他们如何去思想。"科学书籍的译介,正是实现"教育民众"意愿的一条途径。

周全平在《读〈科学大纲〉第一册后》中写道:"在文化勃兴的现在,我们可以看见:研究文学或哲学的团体,发表文学或哲学的刊物,如雨后春笋般,满园都是了。再看:批评社会,讨论政治的机关和刊物,也很受社会上群众的注目和赞助。这都是'五四'以来社会上对于学术研究十分热心的明证。但是,在这种可喜的景象里面,我们可以找着一个缺憾——就是对于科学(狭义的科学,指天文,地质,生物,理化……而言)的研究者和宣传者太少了。因此我们不易在现在的出版界中找着一本讲到通俗科学的著作。"①在《创造日》第 8 期《通信一则》中,张资平说,"我自新学制高中矿物学编好后,很多剩余的时间,近来就在本县中学,兼了一个教席,担任英文法和地理学。我想从此温习英文,并且可以编部地文学,和海洋学,充创造社及学艺社丛书之一。"②在《创造季刊》第一卷第三期后封上,刊登有"创造社科学丛书"和"创造社新智丛书",便是创造社在这方面努力的表证。其中,"创造社科学丛书"计有:《科学概论》、《近代物理学概论》(张心沛)、《生物哲学》(费鸿年)、《海洋学》(张资平)、《旋转汽机》(成仿吾)、《社会学》(郁达夫)、《杂种及遗传》(汪厥明)、《放射能》(刘文艺)、《工业数学》(成仿吾)、《地球史》(张资平)。在预告中,标注的都是"著"而非"译"。虽然是"著",其实大多参照了西方书籍,带有编译的色彩。《创造季刊》第一卷第四期刊登成仿吾《编辑纵谈》,文中说,"我们现在又发起了一个'创造社科学丛书'。我们想从今年起,每年弄出几部。国内出版的科学书,差不多把中学程度,做了他们的最高点。我们想把这种界碑打碎,把程度渐次提高。又现在专门以上的学生,能看英文原本的颇多,而能看德法文原书的很少,我们如果有时间,还想把德法文的科学上的文献 literature 多多翻译出来,以饷我们一天天进步的青年学子。资平开了一张很长很长的单子来,并且提议把这丛书扩张,叫做'新智丛书'。我想最好还是把内容是科学的做科学丛书,内容是通俗的做新智丛书。"③初期创造社同人虽然纷纷从理工医科的学习转到文学创作,但是从他们的译介实践中可以看出,实业救国的梦并没有随着个人兴趣

---

① 周全平:《读〈科学大纲〉第一册后》,《创造日汇刊》,上海书店 1983 年版,第 23 页。

② 张资平:《通信一则》,《创造日汇刊》,上海书店 1983 年版,第 69 页。

③ 成仿吾:《编辑纵谈》,1923 年 2 月《创造季刊》第 1 卷第 4 期,第 26 - 27 页。

的转移而消散,在从事文学类作品译介的同时,他们仍然时时眷顾着科学类书籍的译介工作。

在创造社的译介实践里,最成功的自然还是文学作品的翻译,尤其是那些浪漫主义文学的译介,在现代翻译文学史上尤其显得熠熠生辉。一九二一年五月,待在泰东图书局里的郭沫若改译了由钱君胥初译的《茵梦湖》,七、八月间翻译了歌德《少年维特之烦恼》。作为创造社最早推出的译作,这两部书稿都获得了成功。郑伯奇回忆说,"《女神》出版以前,沫若改译的《茵梦湖》已由泰东出版了。这部抒情的中篇也曾受到读者的欢迎,还有一些青年作者摹仿过这样的作品。"①唐弢在《书话·译书经眼录》中谈到郭沫若译《茵梦湖》时说,"《茵梦湖》有誉于世,我早年读此,倍受感动,印象之深,不下于《少年维特之烦恼》。"②周全平在其自叙传小说中描写一个漂泊的主人公用所剩不多的钱买了一本《茵梦湖》,从此这位主人公"爱《茵梦湖》几乎成了一种怪癖了,从初版买起,一直买到现在,版版都有。"③至于《少年维特之烦恼》,在当时读者中间引起的反响更巨。事实证明,创造社同人如郭沫若等人的翻译作品在当时很能迎合读者们的需要。但是当郭沫若等未来泰东图书局之前,为了生活而四处卖稿时,为什么商务等出版机构不愿意采用他们的译稿?④ 推究起来,肯定不是因为翻译品的好坏,而是时机与出版者的趣味,换句话说便是话语权的问题。不是翻译的能力存在问题,也不是没有市场,事实证明了创造社同人可以按照自己的意愿去从事翻译活动,只要他们有能力将译作展现在读者们面前就可以。因此,对郭沫若等早期创造社同人来说,他们在翻译方面所焦虑的,其实正与他们在创作方面遇到的问题一样,都是出版与发表的问题。反过来说,出版机会的获得,也就意味着他们自身的翻译情趣在现实中的实现。

在《中国新文学发展中的两种启蒙传统》一文中,陈思和教授提出"启蒙

---

① 郑伯奇:《忆创造社》,《沙上足迹》,黑龙江人民出版社 1999 年版,第 16 页。

② 唐弢:《〈诗经〉今译》,《晦庵书话·译书经眼录》,生活·读书·新知三联书店 2007 年版,第 352 页。

③ 郭沫若:《到宜兴去》,《郭沫若全集》第 12 卷,人民文学出版社 1992 年版,第 358 页。

④ "《新月集》《园丁集》《曷檀伽里》三部诗集来选了一部《太戈尔诗选》,想寄回上海来卖点钱。但是那时的太戈尔在我们中国还不曾行世,我写信问商务印书馆,商务不要,我又写信去问中华书局,中华也不要。"郭沫若:《太戈尔来华的我见》,《郭沫若研究资料(上)》,王训昭等编,中国社会科学出版社 1986 年版,第 188 页。

的文学"和"文学的启蒙"两种启蒙意义："第一种意义是新文学用文体的变革来适应启蒙的需要(比如用白话通俗地传播新思想)，以文学为手段，承担起新文化运动中的思想启蒙工作；第二种意义是新文学的文体革命过程，也即是审美观念的变革过程，用白话文建构起一种新的审美精神，它摆脱了传统文学中'文以载道'、'代圣贤立言'的陈腐观念，使文学与人的自觉联系起来，在现代意义上重新界定何为文学。"在梳理文学研究会和创造社的文学追求时，陈思和教授指出，"文学研究会的大多数成员，基本取向仍然是两种启蒙意识并存的态度，创造社虽然强调'文学的启蒙'的作用，但他们并没有因此排斥文学为人生战斗的意义，而且其创作实践也表明了他们在'文学的启蒙'，即纯美的意义上，确无太新的贡献。相反的，倒是郁达夫的小说，在性与个性意识的启蒙上，发生过较大的影响，——尽管这是他们自己所不愿意，也不屑去承认的。"①从两种启蒙的梳理中，陈思和教授指出了两大文学社团的内在趋同性，同时也在周作人、郑振铎到茅盾的流变叙述，以及其他创造社同人对郁达夫对于性与革命意识启蒙的不屑的梳理中指出了某种缝隙的存在，这种缝隙便是两种启蒙意识的对峙。如果以两种启蒙意识梳理两大文学社团间的翻译问题，陈思和教授的思路大体上仍然是适用的。出于思想启蒙和建设新文学的双重现实需求，文学研究会同人在翻译文学的现实功用与学术价值之间更重前者。从现代中国的现实需要出发，疏远浪漫主义而主要倾向于写实主义的译介，充分体现出文学研究会同人对翻译文学现实功用性的高度重视。《小说月报》从一九二一年第十二卷第一号到一九三二年第二十二卷第十二号，所刊载的翻译文学作品中数量最多的是俄国文学，共一百六十余种，其次是法国和弱小民族的文学，也都是一些现实主义因素较强的作品。除此之外，还以专号的形式出版俄国文学专号、法国文学专号、被损害民族文学专号，通过大规模翻译作品与高水平研究论文，集中介绍俄国、法国及东北欧诸弱小民族的现实主义文学，更进一步推出了莫泊桑、陀思妥耶夫斯基、屠格涅夫、法郎士、罗曼罗兰等著名作家的专辑，从文学作品译介到作家研究和作品批评等，全方位展现在读者面前。虽然如此，我们仍然不能忽略文学研究会成员也译介泰戈尔、歌德以及王尔德的文学创作，唯美颓废的文学翻译并不比初期创造社同人狭隘。但是，若是

---

① 陈思和：《中国新文学发展中的两种启蒙传统》，《陈思和自选集》，广西师范大学出版社1997年版，第31、43页。

从篇幅及频次上看,对于两种启蒙意识的文学作品的译介,显然不是均衡的。同样,与文学研究会成员相比,初期创造社同人的文学译介虽然也翻译北欧等弱小民族文学(郭沫若译约翰·沁孤的戏剧),但显然更倾向于浪漫主义,其中世纪末的颓废更是惹人瞩目的亮点。当然,随着中国社会历史的变迁,创造社同人的译介也发生了一些变化,越来越由文学的启蒙向着启蒙的文学倾斜。两大文学社团在译介方面,经过了由某种程度上的对峙到融合的过程。文学的启蒙色彩越来越淡化,启蒙的文学越来越突出,与初期创造社同人归国后越来越融入中国社会的步伐相一致,同时也说明当时中国语境下启蒙现代性①作为时代共名主题的强大制约性。

　　创造社向来被视为倾向于浪漫主义的一个文学社团,而创造社的浪漫主义从一开始就与世纪末文学思潮有着密不可分的关联,正如郑伯奇说的那样,"创造社的浪漫主义从开始就接触到'世纪末'的种种流派……创造社的倾向虽然包含了世纪末的种种流派的夹杂物,但,它的浪漫主义始终富于反抗的精神和破坏的情绪。"②陶晶孙回忆说,"《创造》发刊时,沫若说要把新罗曼主义作为《创造》的主要方针。"③所谓"新罗曼主义",便是对西方世纪末文学思潮的总称,包括了象征主义、表现主义、唯美主义等。陶晶孙还说,"创造社的新罗曼主义是产生在日本,移植到中国。"④创造社文学创作及其译介的世纪末特征,从其在现代文坛上初次亮相伊始,便受到人们的注意。一九二一年八月二十九日鲁迅在写给周作人的信中说:"郭沫若在上海编《创造》(？)。我近来大看不起沫若田汉之流。又云东京留学生中,亦有喝加菲(因アブサン之类太贵)而自称デカーダン者,可笑也。"⑤后来,鲁迅在:《〈竖琴〉前记》中说:"创造社竖起了'为艺术的艺术'的大旗,喊着'自我

---

　　①　我们在这里使用的启蒙现代性,是与审美现代性相对的一个概念。审美现代性主要体现在哲学、文学和艺术中对社会现代化进程进行反思和批判;启蒙现代性主要表现在强调工具理性和人文精神的理性精神,以及肯定人的自然属性和享乐欲望等的世俗精神两个层面。

　　②　郑伯奇:《中国新文学大系·小说三集》,良友图书出版公司1935年版,第13页。

　　③　陶晶孙:《创造三年》,饶鸿兢等编,《创造社资料(下)》,福建人民出版社1985年版,第772页。

　　④　陶晶孙:《创造社还有几个人》,饶鸿兢等编,《创造社资料(下)》,福建人民出版社1985年版,第789页。

　　⑤　1921年8月29日鲁迅致周作人信,《鲁迅全集》第11卷,人民文学出版社2005年版,第413页。

表现'的口号,要用波斯诗人的酒杯,'黄书'文士的手杖,将这些'庸俗'打平。"①所谓"波斯诗人的酒杯",指的是郭沫若《鲁拜集》的翻译,"'黄书'文士"指的是郁达夫对英国《黄面志》的介绍,两者都是被视为颓废一派。与鲁迅的看法相呼应,周作人在《冬天的蝇》中说,"谷崎有如郭沫若,永井仿佛郁达夫。"②谷崎润一郎和永井皆是日本唯美主义作家,周作人如此比照,显然也是将郭沫若和郁达夫这两位创造社大将归入世纪末一流。汪馥泉在《中国文学史研究会底提议》中说,"文学研究会提倡自然主义,创造社底重要分子,很明白(是)颓废派。"③沈从文如此评说创造社文学倾向:"'文学研究会'的庄严人生文学,被'创造社'的浪漫颓废作品所压倒。"④在《郁达夫张资平及其影响》中,沈从文又如此评说创造社,"由上海创造社方面作大本营,挂了尼采式的英雄主义,或波特莱尔的放荡颓废自弃的喊叫。"⑤钱基博在《现代中国文学史》中概括说,"郭沫若代表青年抵抗一派"、"郁达夫代表青年颓废一派"。⑥ 日本学者滕井省三在《鲁迅与夏目漱石—俄罗斯之影》中也说,"以《沉沦》这样感伤、颓废的作品而风靡一世的创造社。"⑦创造社的"颓废"色彩,除了表现于他们的文学创作及主张之外,更体现于他们对于西方世纪末文学思潮的译介上,而这种译介反过来又深深地影响到他们的文学创作及主张。正如一些论者指出的那样,"译者每完成一部译著,就会成为一个'新'的译者,因此译者的艺术再创造包含二个方面:译者对原作的再创造和原作对译者艺术人格的塑造(译者通过艺术再创造重塑自我人格)。"⑧不过这种"颓废"或"世纪末"的文学倾向是否为创造社同人所普遍认可,却值得商讨。在《江南的春讯》中,成仿吾说,"有些人宣传我们的本来不值一钱的文字为'为艺术的艺术',称我们为颓废派,一些以耳代目的人便也一齐向我们乱指。"⑨也就是说,在探讨创造社同人世纪末文学译介与其创

① 鲁迅:《〈竖琴〉前记》,《鲁迅全集》第4卷,人民文学出版社2005年版,第443页。

② 周作人:《冬天的蝇》,《苦竹杂记》,良友图书公司1936年版,第4页。

③ 汪馥泉:《中国文学史研究会底提议》,1922年11月11日《文学旬刊》第55期。

④ 沈从文:《记丁玲》,良友图书印刷公司1934年版,第75页。

⑤ 沈从文:《郁达夫张资平及其影响》,1930年3月10日《新月》第3卷第1期。

⑥ 钱基博:《现代中国文学史》,岳麓书社1986年版,第505页。

⑦ [日]滕井省三:《鲁迅比较研究》,陈福康编译,上海外语教育出版社1997年版,第81页。

⑧ 王平:《引论》,《文学翻译探索》,吉林人民出版社2005年版,第8页。

⑨ 成仿吾:《江南的春讯》,1924年4月13日《创造周报》第48号,第10页。

作的关系时,须特别谨慎小心地处理各种说法与创作及译介实践中出现的种种吻合或背离的关联。

在现代文学初创时期,创造社是最初有意识地译介西方世纪末文学创作及其思潮的一个文学社团。无论是在译介的强度、力度还是广度方面,创造社对西方世纪末文学思潮的译介都是其他文学社团难以媲美的。在创造社近十年的发展历程中,"世纪末"的译介从未停止过,而且始终处于变化和前进当中。对于创造社来说,尤为引人注目的是,他们对西方世纪末文学及思潮的译介并未停留在"媒婆"的层面上,而是将译介与自身的创作等紧密联系在一起,形成了创造社文学倾向及其特色抹不去的涂层。

要梳理创造社对西方世纪末文学的译介,首先需要明确的是何谓"世纪末",哪些文学和思潮才能算作世纪末的文学和思潮,弄清楚了这一点,我们才能在创造社为数众多的文学译介活动中将他们对于世纪末的关注及译介努力分离出来给予关照。在现代中国,世纪末、为艺术而艺术和颓废是紧密相联系的几个概念。朱光潜认为,"'为艺术而艺术'一句话起于雨果(V. Huguo)"①,最早明确使用这个概念的中国现代作家周作人的《论文章之意义暨使命因及中国近时文论之失》。一八六八年,戈蒂耶在为波德莱尔的《恶之花》所写的序言中对颓废做了一些论述,"被不恰当地称为颓废的风格无非是艺术达到了极端成熟的地步,这种成熟乃老迈文明西斜的太阳所致:一种精细复杂的风格,充满着细微变化和研究探索,不断将言语的边界向后推,借用所有的技术词汇,从所有的色盘中着色并在所有的键盘上获取音符,奋力呈现思想中不可表现、形式轮廓中模糊而难以把捉的东西,凝神谛听以传译出神经官能症的幽微密语,腐朽激情的临终表白,以及正在走向疯狂的强迫症的幻觉。"②英国文人阿瑟·西蒙斯在《文学中的颓废运动》一文中指出,颓废是现代文学的基本特征,"颓废,是一种强烈的自我意识,一种无穷的探求的好奇,一种精致之上的过分精致,一种精神和道德上的反常。如果我们称为古典的艺术——它们具有完美的淳朴、完美的健全、完美的适度等品质——的确是优越的艺术,那么,能够代表今天的、有趣的、美的、新颖的文学,却确实是一种新的、美的、有趣的病。我们不再能吁求健康,而且健康

---

① 朱光潜:《文艺心理学》,《朱光潜全集》第 1 卷,安徽教育出版社 1987 年版,第 301 页。

② [美]马泰·卡林内斯库:《现代性的五副面孔》,顾爱彬、李瑞华译,商务印书馆 2002 年版,第 176 页。

本身也不希望被思虑。"①然而,我们上述所列出的西方对"为艺术而艺术"和颓废风格的阐释,仅仅是一种见解而已,这些概念在西方世界向来都是众说纷纭,难定一端的,在为中国现代文学中"世纪末"思潮追溯西方根源时,增添了诸多障碍。

在"世纪末"文学和思潮的界定方面,郁达夫曾做过努力。在他看来,所谓世纪末文学思潮,就是"因产业革命的结果,在文明烂熟,物质进步,人性解放了的现代,个人的自我主张,自然要与古来的传统道德相冲突的。所谓法律,所谓国家观念等束缚人性的枷锁,若在一击之下打破了的话,那当然是没有另外的问题;可是几千年来的幽灵,要想用一般年青不解事的人的智力来驱逐,却也是谈非容易。这些青年战得筋疲力竭,自然要感到倦颓,自然也要变成悲观。精神萎顿的时候,要想感到生的快乐,自然只好去寻求官能的享乐;在物质文明进步,感官非常灵敏的现代,自然要促生许多变态和许多人工刺激的发明。这一种"世纪末"的精神与物质上的现象,是人类进步不停止一天,在这世上也决不会绝迹的。""世纪末的文学思潮,在法国已经开了高蹈派与恶魔派(Parnassians and Diablists)的花,到英国就结了唯美派的果;而 Arthur Symons 所力说的象征主义派的运动(The Symbolists Movement)也就是这一种思潮的末流。"②郁达夫对世纪末文学思潮的界定相当宽泛,他所指出的西方世纪末思潮有法国的高蹈派与恶魔派,英国的唯美派,还有象征主义派。

在郁达夫的论述中,"世纪末"其实正是"人类进步"不停止的一种表现。郁达夫的观点并非独创,创造社同人沈起予也曾说过,"新浪漫主义是十九世纪末在欧洲抬头起来的一种文艺潮流。它的倾向与前一期的自然主义或写实主义相对立;自然主义等努力于社会的现实及人类之具体的世态等的描写,新浪漫主义则忌避物质方面的东西,而注重主观的神秘梦幻的情绪。从这一点说来,新浪漫主义的范围实很漠然,似乎凡是代表世纪末的、主观的、颓废的、享乐的、神秘的精神等的东西都可以放进去。将其内容分析起来,也是十人十色,有的特别从事于心理解剖,有的特别用'象征'来讴歌'神

---

① Beckson, Karl. The Oscar Wilde Encyclopedia, New York: AMS Press, 1995. 64.

② 郁达夫:《怎样叫做世纪末文学思潮》,《郁达夫文论集》,浙江文艺出版社 1985 年版,第 643 页。

秘'，有的则极端地以'热情'为主，有的则从事于'唯美'的主张。"①其实，将"世纪末"思潮视为自然主义的反驳，是文学否定之否定链环上的更进一步的发展，这几乎是当时文坛的共识，而这种认识与日本厨川白村《近代文学十讲》里的看法非常相似。在书中，厨川白村把浪漫主义比作二十岁前后的热情时代，自然主义是三十岁前后的烦闷时代，而新浪漫主义则是四十岁前后的圆熟时代。这样的一个排列顺序，自然给人一种与"人类进步"相类似的感觉。对于"世纪末"，厨川白村解释说，"'世纪末'，意指十九世纪末期那种特有的气氛。然而……它只是人类为方便计所杜撰的词汇，与思潮变迁的径路毫无关系……其实从十九世纪迄今，这种情调仍普遍存在着。"厨川白村又解释了新浪漫主义，认为这个词涵括了神秘、唯美与颓废等为基本特征的唯美主义、颓废主义、象征主义等新的文艺思潮。由此可见，厨川白村实际上是弃"世纪末"而取新浪漫主义，而两个概念实际涵括的内容大致相似，并无本质性差异。厨川白村一九一三年起在京都帝国大学任教，是大正时期浪漫主义文艺思想的重要代表，而这一时期正值创造社同人留日最为重要的一段时光。当时，田汉和郑伯奇还专门去拜访过厨川白村。厨川白村及日本文坛的风气，无疑对热恋着文学的初期创造社同人有着非同寻常的影响。

一九二一年，日本文坛刮起了"波特莱尔热"，象征主义弥漫于日本文坛学界。也就在这一时期，《莎乐美》热也在席卷日本。据日本学者考证，《莎乐美》于一九〇七年首先由 mori ohgai 译成日文。一九一二年首次由一个外国剧团（allan wilkie and company）在东京演出，一九一三年由日本本地剧团演出。仅在一九一二至一九二五年间，《莎乐美》就上演了一百二十七场，在日本掀起了一场"莎乐美热"。一位作家曾这样描述说，"一九一四年，欧洲爆发世界大战。但是在地球那边数千里外的日本，台上的灯光仍在闪耀，舞蹈也在继续。东京在议论连续上演奥斯卡·王尔德的《莎乐美》。王尔德一八九一年用法文写的这部颇有争议的剧本，在伦敦遭到禁止，从未在那里演出过。但在欧洲大陆极受欢迎，许多见多识广的日本人在那里看它的演出。它的名声流传到日本后，形成很大的狂热。剧中的七层面巾舞似乎象征了日本妇女对自由越来越强烈的渴求，正合乎日本表面已经西方化本性实属

---

① 沈起予：《什么是新浪漫主义》，傅东华编，《文学百题》，生活书店 1935 年版，第 87 页。

放纵的暧昧环境。"①日本文学界对新浪漫主义、"世纪末"思潮的认知对创造社同人的影响是无论如何也难以抹杀的。就《莎乐美》而言,中国的接受者从某种程度上就带有了日本中介的色彩。陈独秀一九一五年十一月十五日出版的《新青年》第一卷第三期上发表《现代欧洲文艺史谈》,给王尔德以很高评价,将其与易卜生并列。一九一七年二月一日出版的《新青年》第二卷第六期上发表的《文学革命论》中又说,"欧洲文化,受赐于政治科学者固多,受赐于文学者亦不少。……予爱培根、达尔文之英吉利,予尤爱狄铿士、王尔德之英吉利。"在王尔德的创作中,陈独秀特爱《莎乐美》。在一九一五年为苏曼殊小说《绛纱记》所写序言中,陈独秀称王尔德《莎乐美》"写死与爱,可谓淋漓尽致"。在《东西民族根本思想之差异》中称赞莎乐美在爱与死的问题上表现出"恶侮辱,宁斗死"的态度。②《新青年》和《新潮》杂志曾连续刊登了一些王尔德戏剧和小说的译文,但是等到五四新文化运动落潮,文学研究会和创造社先后集体亮相文坛并且成为现代文坛主角后,《莎乐美》和王尔德其他带世纪末颓废色彩的文艺译介似乎便与创造社结下了不解之缘。

创造社正式成立后,最初待在泰东图书局里的同人有两位:郭沫若和郑伯奇。那时,郭沫若翻译歌德的《少年维特的烦恼》,郑伯奇则在翻译法国作家古尔孟的小说《鲁森堡之一夜》。郑伯奇回忆这两部书的译介情况时说:"一部是德意志'狂飙运动'的号角,而另一部却是资本主义'世纪末日'的呓语,两种性质绝不相同的书都编在《创造社丛书》里面,仅这一点就可以说明当时创造社并没有一个严格的中心思想的。"在整个泰东图书局时期,激情昂扬的《女神》是众人瞩目的焦点,乃所愿学歌德的郭沫若翻译《少年维特的烦恼》也是理所当然;与之相比,"世纪末日"呓语虽是初期创造社文学不可或缺的一翼,却还没有得到足够重视,《鲁森堡之一夜》的翻译工作也缺少必要的思想基础。郑伯奇自己说,"我当时译它,并不是为了介绍什么象征主义,老实说我也并不怎么喜欢象征主义,某些象征派诗人的那种阴暗情调和晦涩的表现手法我还很反感。不过当时我读了厨川白村的《文艺思潮论》对于古尔孟所主张的'灵肉一致'的'新享乐主义'颇感兴趣,因而将他的这

---

① Lesley Downer: Madame Sadakko: The Geisha Who Seduced the West, REVIEW (Heading Book Publishing), 2003, P273.

② 陈独秀:《东西民族根本思想之差异》,蔡尚思等编:《中国现代思想史资料简编》第1卷,浙江人民出版社1982年版,第8页。

本代表作携带回国,便翻译起来了。"①事过境迁后,郑伯奇的说法与当初的
选择有多少相合之处,难以具考。因为郑伯奇在别的地方还说过,"象征派
诸人的思想,实可以应我们心坎深处的要求。"②不过,有一点是确定无疑的,
与备受肯定的《少年维特的烦恼》的译介相比,《鲁森堡之一夜》那类文学作
品的译介虽然一直存在,长期以来都没有得到应有的重视和评价。

　　郭沫若在初期创造社也曾译介过带世纪末色彩的批评创作,如节译英
国唯美主义文艺批评家佩特《文艺复兴:艺术和诗的研究》一书的序论,撰写
《瓦特·裴德的批评论》的介绍,发表《未来派的诗约及其批评》,介绍意大利
人玛利奈蒂(Fillippo Tomassp Marometti)等。一九二二年十一月二十五日,
《创造季刊》第一卷第三期发表郭沫若的《波斯诗人莪默伽亚谟》。译介了曾
对"英国世纪末"诗歌情调有较大影响的《鲁拜集》,菲茨杰拉德译本的第四
版,共一百〇一首。对此,闻一多批评说,"在《创造》里发现了这篇莪默底
诗,颓废派底罪名恐怕又加了一层印证。但是,译者不用讲并无颓废底嫌
疑,这在他的'感想'里已说得清楚了;便是这篇诗底本身—莪默底原著兼斐
芝吉乐底英译—底价值,读者须记取,是在其艺术而不在其哲学。……郭君
底那洋洋大篇的读 Rubaiyat 后之感想我又怕引起了那一般已经中了'艺术
为人生'底毒的读者之误会,故此不辞口舌之劳,附了这一条解释。"③闻一多
为"颓废底嫌疑"辩护的理由有这样几条:第一,莪默诗的艺术与其哲学应该
分开;第二,郭沫若的感想应该正确理解。反观之,也就是说,在闻一多看
来,莪默的哲学还是不能摆脱颓废的罪名的,只是作为艺术,我们应该欣赏
的是美,而不是颓废与否的思想。无论如何,郭沫若译《鲁拜集》总带些颓废
的价值取向在内。鲁迅批评说,"今年是似乎大忌'矛盾',不骂几句托尔斯
泰'矛盾'就不时髦,要一面几里古鲁的讲'普罗列塔尼亚意德沃罗基',一面
源源的卖《少年维特的烦恼》和《鲁拜集》,将'反映支配阶级底意识为支配
阶级作他底统治的工作'的东西,灌进那些吓得忙来革命的'革命底印贴利
更追亚'里面去,弄得他们'落伍',于是'打发他们去',这才算是不矛盾,在
革命了。'鲁迅不懂唯物史观',但'旁观'起来,好像将毒药给'同志'吃,也

①　郑伯奇:《忆创造社》,《沙上足迹》,黑龙江人民出版社 1999 年版,第 15 页。
②　朱寿桐:《论创造社文学的现代化品格》,1992 年《文学评论》第 6 期,第 125 页。
③　闻一多:《莪默伽亚谟之绝句》,1923 年 5 月 1 日《创造季刊》第 2 卷第 1 期。

是一种'新文艺'家的'战略'似的。"①明显地，《鲁拜集》被作为不合时宜的译作，等同于"毒药"。郭沫若自己就曾说过，"在《棠棣之花》里面我表示过一些歌颂流血的意思，那也不外是诛锄恶人的思想，很浓重地带着一种无政府主义的色彩。……暑假过后回到日本又译出了《鲁拜集》，做了一篇《孤竹君之二子》……其实两篇都是一种倾向，只多少有些消极和积极的不同罢了。"②明确地将《鲁拜集》的翻译归入"消极"的一面。如果从郭沫若的这段言论看，闻一多竭力想要为之辩护的"郭君底那洋洋大篇的读 Rubaiyat 后之感想"，其实就包含着颓废的意味在。美与颓废的思想并不截然对立不相容，颓废之美或者说美的颓废或许正是郭沫若在那篇洋洋洒洒的感想中想要表达的意思。

在前期对"世纪末日"呓语的译介活动中，与郑伯奇所谈译介缘由不同，郁达夫对英国黄面杂志和王尔德长篇小说《杜莲格来》（现通译为《陶莲·格雷的画像》）的注意和介绍显然来自某种内在的认同。在《马蜂的毒刺》中，郁达夫说，"颓废堕落也没有法子……有时候还不能完全把知觉感情等稍为高尚一点的感觉杀死，于是突然之间，就同癫痫病者的发作一样，亦有一种很深沉很悲痛的孤寂之感袭上身来。"③郁达夫的态度直接影响了叶灵凤，叶灵凤说，"我在年轻时候，是爱好过王尔德的作品的，也爱好过英国'世纪末'那一批作家的作品的。这可说全是受了郁达夫先生的影响。那时大部分的文艺青年都难摆脱。"④郭沫若则谈到了他们接受世纪末颓废文艺的精神状态，"我们所共通的一种烦恼，一种倦怠—是我们没有这样的幸运以求自我完成，而我们又未能寻出路径来为万人谋自由发展的幸运。我们内部的要求与外部的条件不能一致，我们失却了路标，我们陷于无为。"⑤郑伯奇在《中国新文学大系·小说三集导言》中为创造社同人的审美选择及译介倾向提供较为全面的阐释，"创造社的作家倾向到浪漫主义和这一系统的思想并不

---

① 鲁迅：《〈北欧文学的原理〉译者附记二》，《鲁迅全集》第 10 卷，人民文学出版社 2005 年版，第 317 页。

② 郭沫若：《郭沫若全集》第 12 卷，人民文学出版社 1992 年版，第 147 – 148 页。

③ 郁达夫：《马蜂的毒刺》，《郁达夫文集》第 3 卷，花城出版社 1983 年版，第 180 页。

④ 叶灵凤：《郁达夫先生的〈黄面志〉和比亚兹莱》，《读书随笔》第 1 卷，生活·读书·新知三联书店 1988 年版，第 341 页。

⑤ 郭沫若：《孤鸿——致成仿吾的一封信》，《郭沫若研究资料》，中国社会科学出版社 1986 年版，第 205 页。

是没有原故的。第一,他们都是在外国住得很久,对于外国的(资本主义的)缺点和中国的(次殖民地的)病痛都看得比较清楚;他们感受到两重失望,两重痛苦。对于现社会发生厌倦、憎恶。而国内、国外所加给他们的重重压迫只坚强了他们反抗的心情。第二,因为他们在外国住得很久,对于祖国便常生起一种怀乡病;而回国以后的种种失望,更使他们感到空虚。未回国以前,他们是悲哀怀念;既回国以后,他们又变成悲愤激越;便是这个道理。第三,因为他们在外国住得长久,当时外国流行的思想自然会影响到他们。哲学上,理智主义的破产;文学上,自然主义的失败,这也使他们走上了反理智主义的浪漫主义的道路上去。"①郑伯奇出于政治因素的考虑,突出了具有进步意义的浪漫主义的影响及接受方面的原因分析,其实,对于创造社同人来说,他们走向世纪末颓废文艺,同样也是缘于上述几个原因。国外的原因,西方文艺思潮的影响,国内学人论述颇多,上海这一独特的活动环境对于创造社同人创作及译介活动的影响,还并没有得到完全的认识。二十世纪二十至三十年代的上海,是亚洲最现代化的都市,十里洋场充满了声光化电,同样也满带着颓废的色彩。日本作家村松梢风在他的小说《魔都》中这样描写当时的上海,"站立其间,我欢呼雀跃了起来。晕眩于它的华美,腐烂于它的淫荡,在放纵中失魂落魄,我彻底沉溺在所有这些恶魔般的生活中。于是,欢乐、惊奇、悲伤,我感受到一种无可名状的激动。这是为何? 现在的我不是很明白。但是,牵引我的,是人的自由生活。这里没有传统,取而代之的是去除了一切的束缚。人们可以为所欲为。只有逍遥自在的感情在活生生地蠕动着。"②在这样的都市环境里,创造社同人倾向于西方世纪末颓废文艺思潮的心灵有了现实的栖息之地。

李欧梵曾经指出,"历史前进的泛道德情绪下,颓废也就变成了不道德的坏名词,因为它代表的似乎是五四现代主潮的反面……人们从不把林纾和王国维那样的遗老视为颓废派,也不将激进派的做法视为颓废,颓废再怎么说也是前进派中的一员。一种独特的颓废派观念,这也是一种时髦。"③颓

---

① 郑伯奇:《中国新文学大系·小说三集导言》,《沙上足迹》,黑龙江人民出版社1999年版,第86页。

② 转引自刘建辉:《魔都上海——日本知识分子的"近代"体验》,甘慧杰译,上海古籍出版社2003年版,第100–101页。

③ 李欧梵:《漫谈中国现代文学中的"颓废"》,《现代性的追求》,生活·读书·新知三联书店2000年版,第146–166页。

废或世纪末都属于前进派所有，颓废派观念也并非仅仅只是作为一种时髦文艺思潮而受推崇，在一些知识分子那里，与其西方源流一样也是作为社会现实反抗力量来接受的。郁达夫在《文学上的阶级斗争》一文中介绍了法国的颓废派、德国的表现主义、俄国的现代文学以及英国和美国的一些表现近代精神的文学，从中勾勒出无产阶级文学突进的路线。在谈到法国鲍特来尔（Baudelaire）等颓废派作家时，郁达夫评价说，"法国文坛里继鲍特来尔（Baudelaire）、凡尔伦（Verlaine）而起的颓废派的作品里头，表现虚无主义，无政府主义的色彩最为浓厚。其他各国的颓废派的作家，差不多可以说都是虚无主义者。他们否定生命，否定自我，所以否定一切。无聊的政治社会，箝制个性发展的目下的政府法律和道德，为他们攻击最烈的目标，当然是可以不必说了。梅特林的戏剧和洛屯罢哈（Rodenbach）的小说及诗，表面上虽则没有攻击社会制度的调子，然而仔细研究起来，哪一篇不是对现实表示不满？哪一句不是对已成社会表示反抗的？"在提到德国表现主义时说，"德国是表现主义的发祥之地，德国表现派的文学家，对社会的反抗的热烈，实际上想把现时存在的社会的一点一滴都倒翻过来的热情，我们在无论何人的作品里都可以看得出来。"①郁达夫这段文字的思维方式，与前期创造社唯美与社会功利两端游移的文学思想表达互为表里。在郁达夫的眼里，颓废也是前进的颓废，反抗的颓废，是一种愤懑不能已的表示。在对象的描述过程中，郁达夫肯定看到了他们自己的身影，有一种自我的投射置于其中。可以说，正是这种内在的契合，使他们对西方颓废派的文学思潮及其创作的译介情有独钟。其实，从郁达夫译介的 Max Stirner 一文中，也可以看出这种译者与所译相互投射的色彩。"Max Stirner 不承认人道，不承认神性，不承认国家社会，不承认道德法律。他所最反对的是一种偶像，不管它是理想呢还是什么，总之自我总要生存在自我的中间，不能屈服在任何物事的前头。他更是反对各种主义，因为一有了主义，自我更要屈服在主义的前头……除了自我的要求以外，一切的权威都没有的，我是唯一者，我之外什么也没有。所以我只要忠于我自家好了，有我自家的所有好了，另外一切都可以不问的。"②在二十世纪初，西方文学及其思潮的译介非常复杂，有些译介是为了启蒙之用，有些译介是为了个人的兴趣爱好，至于郁达夫，他的译介却并不能简单

---

① 郁达夫：《文学上的阶级斗争》，《郁达夫文论集》，浙江文艺出版社 1985 年版，第 43 页。

② 郁达夫：《自我狂者须的儿纳》，《郁达夫文论集》，浙江文艺出版社 1985 年版，第 50 页。

归于任何一方。他译介颓废派文艺思潮及创作的时候,除了内在的契合与共鸣外,还带有自我辩护的成分在。

除了《Max Stirner 的生涯及其哲学》、《THE YELLOW BOOK 及其他》等几篇介绍文字,郁达夫并没有进行过系统的翻译,至于黄面杂志(The Yellow Book)诸作家,也只不过翻译了他们的一些短诗,在当时也没有造成什么影响。在这段时期,创造社初期的另一位同人田汉却在积极地译介西方世纪末文学思潮及颓废色彩的文学创作。一九二一年三月《少年中国》第二卷第九期刊登了田汉翻译的王尔德戏剧创作《莎乐美》。① 同年,田汉又写了长文《恶魔诗人波陀雷尔的百年祭》发表在《少年中国》杂志上,将波陀雷尔(现译波德莱尔)作为颓废主义和象征主义的先锋诗人介绍给国人,同时自承,"我在两年前服膺美国诗人惠特曼……后来的思想艺术并倾向于平民主义,然一年以来,研究方向大变,爱伦·颇(Allan Poe)也,王尔德(Oscar Wilde)也,魏尔仑(Paul Verlaine)也,又大都贵族主义文学作品,甚至自己的创作态度也变成高蹈的。"不仅如此,田汉在叙述自身对于唯美主义系统的爱好时,还将之扩展至初期全体创造社同人。"当初期创造社时代,我们都和许多日本的文学青年一样爱诵读波陀雷尔、爱伦坡、魏尔仑一流的作品。"②田汉列名创造社发起人之一,而在参加创造社之前早已是少年中国学会成员,但人们在讨论田汉文学创作中的浪漫与颓废色彩时,更乐意于将他归入创造社行列而非少年中国学会,是以田汉的几篇著名译介文章虽然没有发表在创造社刊物上,却并不妨碍他为创造社文学创作及译介涂抹上更多的世纪末色彩。

虽然创造社颓废色彩早已被人注意,但是前期创造社积极浪漫主义的思想太过耀眼,创造社同人初期四处挑衅的言行也给人以某种太过激进的色彩,世纪末文学思潮的译介并没有成为初期创造社惹人注意的特色,或者说郭沫若等初期创造社同人本来就是从积极的角度看待浪漫主义的。郭沫

---

① 国内最早翻译《莎乐美》一剧的,是陆思安、裘配岳。1920 年 3 月 27 日至 4 月 1 日的上海《民国日报》副刊《觉悟》,登载了陆思安、裘配岳翻译的《萨洛姆》。1927 年上海光华书局出版徐培仁译本,1937 年 1 月上海启明书局出沈佩秋小说《莎乐美》,1946 年上海星群出版公司出版胡双歌译《莎乐美》,此外又有桂裕、徐名骥、徐褒炎、汪宏声等译本。几乎每个时代都有新的《莎乐美》的译本涌现,可见人们对这个剧作持续不衰的兴趣。

② 田汉:《〈田汉戏曲集第五集〉自序》,《田汉论创作》,上海文艺出版社 1983 年版,第 118 页。

若谈到浪漫主义时说,"有理想,有热情,不满足现状而企图创造出更好的什么的,这种精神便是浪漫主义。"①起码我们从《中国新文学大系·小说三集导言》以来对前期创造社文艺倾向的诸多描述中即可见出这种有意无意的描述与评价方面的偏差,而这似乎也是世纪末文学译介活动在整个创造社内所处地位的一个缩影。从郭沫若《未来派的诗约及其批评》一文对玛利奈蒂的介绍中,我们或许能够找到另外一些原由。在这篇文章中,郭沫若将自然主义视为未来派的祖母,说:"二十世纪是理想主义复活的时候,我们受现实的苦痛太深巨了。"而在郭沫若看来,未来派是与理想主义的复活不相符的,所以又说:"未来派的肯定一切物质文明的态度,虽是免去了冷病而为狂热,但在这全地球绝了火种的时候,我们所需要是 Prometheus 的神手,不是Pandra 的百宝箱,在最近的将来或许有真的未来派发生,但不是玛利奈蒂的过去派。"②也就是说,在郭沫若那里,"未来派"被剖析成了"真"的"未来派"与"假"的"未来派",而玛利奈蒂的未来派却被郭沫若归入了"过去派"。郭沫若指出,我们需要的是真的未来派,而不是过去派。郭沫若的这种态度,较为真切地代表了"世纪末日"呓语在这一时期创造社同人心目中的位置。郁达夫在谈到法国文坛上的颓废派作家时也说,"梅特林的戏剧和洛屯罢哈(Rodenbach)的小说及诗,表面上虽则没有攻击社会制度的调子,然而仔细研究起来,哪一篇不是对现实表示不满? 哪一句不是对已成社会表示反抗的?"③颓废派中见出反抗,这大概是现代中国译介颓废派时一个较为独特的着眼点。在郁达夫等人译介和接受世纪末文学及其思潮时,有着鲜明的创造社特色,就像日本学者伊藤虎丸评论郁达夫《沉沦》时说的那样,"创造社文学运动在小说方面的最初成果是郁达夫的《沉沦》(一九二一)。我认为,这篇小说是在当时的新进作家佐藤春夫的出世作《田园的忧郁》(一九一八)的影响下写出来的,两者确实有共通的地方,如作品的结构和小说的手法,共同受到'世纪末的颓废'的影响。但是,《田园的忧郁》所描写的是'世纪末的倦怠',如前面所说过的那样,是第一次大战前后,日本资本主义出现的经济繁荣的反映;而在《沉沦》中,郁达夫所描写的乃是'世纪末的颓废',但那其实是青年人性的苦闷的告白,同时也是对于日本人的轻视而说出的留

---

① 郭沫若:《创造十年续编》,《郭沫若全集》第 12 卷,人民文学出版社 1992 年版,第 192 页。

② 郭沫若:《未来派的诗约及其批评》,1923 年《创造周报》第 17 号。

③ 郁达夫:《文学上的阶级斗争》,1923 年 5 月 27 日《创造周报》第 3 号。

学青年的悲愤,和对于祖国富强的切盼。……包含着对于世俗反抗的一种社会性的态度。"①郭沫若和郁达夫对世纪末文学及其思潮的独特认知和接受态度,其实也正代表了创造社同人对于世纪末文艺思潮的接受的主流,而且这也是当时中国文坛对西方世纪末文学接受的一般态度。一九二一年九月,茅盾在《为新文学研究者进一解》中说,"能帮助新思潮的文学该是新浪漫主义的文学,能引我们到正确人生观的文学该是新浪漫的文学,不是自然主义的文学,所以今后的新文学运动该是新浪漫主义的文学。"②所谓"新浪漫主义",正如一些学者指出的那样,就是"自然主义文学思潮之后兴起的艺术至上主义、享乐主义、以至唯美主义等等的颓废倾向"。③ 在前面的论述中我们也指出了新浪漫主义与世纪末文学思潮之间的关联。在当时,新浪漫主义是被作为中国现代文学发展的理想目标加以译介的。朱希祖在翻译厨川白村《文艺的进化》时说,"吾国文艺若求进化,必先经过自然派的写实主义,注重科学的制作法,方可达到新浪漫派的境界。"④郭沫若对于新浪漫主义的解释也正基于这种文学上的进化论认识,在他看来,所谓"新浪漫主义"就是"浪漫主义跟现实主义有机结合起来,侧重于主观的创造与激情、幻想的表现,带有新鲜生动的进步内容。"⑤在这样的视野中浮出水面的新浪漫主义,自然带有一种与颓废、唯美不一样的勃勃生机。其实,即便是张扬颓废与唯美的文字,也还是透露出以这颓废与唯美抵抗社会,实现文学上的"进化"的情思。这一现实状况的存在,注定了创造社世纪末文学及其思潮的译介难成气候,其真实面貌在社团文学活动中也始终处于被遮蔽的状态。

第二节 象征之风:中期创造社同人的译介活动

中期创造社同人的译介活动体现在创造社刊物上,主要的阵地有两个:《洪水》和《创造月刊》。《洪水》主要是创造社小伙计们的阵地,在《创造月刊》未问世以前,而前期创造社辉煌时期刚刚结束之后,在相当长一段时间里这份刊物就成了创造社同人唯一拥有的刊物。只有《洪水》时期的创造

① [日]伊藤虎丸:《鲁迅、创造社与日本文学——中日近现代比较文学初探》,孙猛等译,北京大学出版社1995年版,第173-174页。

② 茅盾:《茅盾全集》第18卷,人民文学出版社1989年版,第44页。

③ 王向远:《中日现代文学比较论》,湖南教育出版社1998年版,第89页。

④ 朱希祖:《文艺的进化·译者按》,1919年11月1日《新青年》第6卷第6号。

⑤ 郭沫若:《郭沫若书信集(下)》,黄淳浩编,中国社会科学出版社1992年版,第103页。

社,也可以说是整个创造社历史上最少宗派气息的发展阶段。一九二五年九月十六日《洪水》半月刊创刊号封二刊载《本刊紧要启事》："本刊于仓促中由寥寥几个同志组织起来,自知一定有许多缺点,加以同人的学识和经济能力都很薄弱,知道了缺点也不容易立刻就会修改完满。不过本刊组织的动机和所取的态度,自问还可以对己无愧。本刊并不敢居指导青年的地位,但为青年人的好朋友的努力,却不敢后于他人。本刊一面要尽力修正自己的缺点,但同时还希望有同感的青年朋友们对本刊加以适当的助力。"这份启事并非空言忽悠,只要看看《洪水》半月刊作者的阵容就可以知道开放性和亲切性这些方面的追求得到了实实在在的贯彻。《洪水》是以社会批评见长的小刊物,不以翻译见长,在第一卷和第二卷《洪水》里,重量级的翻译似乎只有张资平译日本江马修的《自杀》、小川未明的《街路里》,蒋光慈译俄国诗人加廖也夫的《五一歌》,穆木天译《万雷白的两首诗》。至于翻译批评,也是偶然才会出现,比如洪为法的《漆黑一团》中挨次批评了创作界、翻译界和批评界,翻译批评只是其中一个小的组成部分,而真正从事译文批评的,也只有顾仁铸的《"胡译"》一文,是指摘胡适译国外短篇小说的,还有焦尹孚的《评田汉君的莎译——〈罗蜜欧和朱丽叶〉》。但看洪为法的《写在〈胡译〉之后》和周全平《对于梁俊青君的意见》,似乎他们对进行翻译批评并非无意,但仅限于批评的态度等,至于具体的译文批评等,却未免有些力不从心。真正能够体现中期创造社译介特色的是《创造月刊》以及在这份刊物上集体登台亮相的后期创造社三诗人。

　　创造社"世纪末日"呓语的译介可以大略地划分为两个历史阶段:以郭沫若、郁达夫和郑伯奇为代表的前期译介活动,还有以王独清、穆木天和冯乃超为代表的后期译介活动。为郑伯奇所"不怎么喜欢"的象征主义被创造社同人大量译介进来,是在后期创造社三个诗人王独清、穆木天和冯乃超集体亮相之后。① 正如朱自清所说,"后期创造社三个诗人,也是倾向于法国象征派的"②与郭沫若、郁达夫等人留日时所面对的大正文化不同,穆木天和冯乃超等人在日学习期间,正逢源于法国的象征主义正在向着世界范围传播,

---

① 这里所说"后期创造社三诗人"是借用朱自清的说法,按照前言中我们对于创造社前、中、后期的划分,这三位诗人刮起象征主义狂飙的活动时期,正是在中期创造社,只是为了行文方便,暂时借用朱自清语。

② 朱自清:《中国新文学大系·诗集导言》,良友图书印刷公司1935年版,第8页。

他们当时所在的日本东京帝国大学迎来了该校"法国文学专业的第一次黄金时代"。① 穆木天自言："到日本后,即被捉入浪漫主义的空气了。但自己究竟不甘,并且也不能,在浪漫主义里讨生活。我于是盲目地,不顾社会地,步着法国文学的潮流往前走,结果,到了象征圈里了。""热烈地爱好着那些象征派,颓废派的诗人。"②在《我的诗歌创作之回忆——诗集〈流亡者之歌〉代序》中,穆木天直言,"我热烈地爱好着那些象征派,颓废派的诗人。当时最不喜欢布尔乔亚的革命诗人雨果(Hugo)的诗歌的。特别地令我喜欢的则是莎曼和鲁丹巴哈了。从这里也可以看出来我那种颓废的情绪吧。"③在《我的文艺生活》一文中,穆木天也说过,"Anatole France 的嗜读,象征派的爱好,这是我在日本时的两个时代。就是在象征派诗歌的气氛包围中,我作了我那本《旅心》。那是一九二五年前后。当时对于社会概没注意过。所以,在一九二六年回国后,还是不要脸地在那里高蹈。我回到北京,亦是想要古典的缘故。"④穆木天向冯乃超谈到自身经历时说,"到了大学便完全进入象征主义的世界了。在象征主义的空气中住着,越发与现实世界相隔绝了,我确实相当读了些法国象征诗人的作品。贵族的浪漫诗人,世纪末的象征诗人是我的先生。"⑤"我年纪愈长,愈喜欢高蹈的东西。梅特林—象征主义—三木露风—加梭力教—北海道的修道院。未进大学以前,以至大学一二年,我大体的倾向是这样。对于中国作家,我也只晓得佩服陶晶孙。"⑥从一九二三年到一九二五年,一直待在法国的王独清,也在"用一种饕餮的形势……消化着玛拉美、谬塞、包特莱尔、魏尔冷等底艺术。"⑦回国后,陆续出版了《圣母像前》、《死前》、《威尼市》和《埃及人》四本诗集,世纪末日的呓语与感伤的情调是其共同特色。穆木天在《王独清及其诗歌》一文中评价王独清说,"当时在中国是新文化的萌芽期,可是在同时代的欧洲,十九世纪的文学已解

----

① 穆立立:《穆立立致黄湛的一封信》,1994 年《吉林师院学报》第 3 期。

② 穆木天:《穆木天诗文集》,时代文艺出版社 1985 年版,第 199、219 页。

③ 穆木天:《我的诗歌创作之回忆——诗集〈流亡者之歌〉代序》,陈惇、刘象愚选,《穆木天文学评论选集》,北京师范大学出版社 2000 年版,第 418 页。

④ 穆木天:《我的文艺生活》,陈惇、刘象愚编选,《穆木天文学评论选集》,北京师范大学出版社 2000 年版,第 411 页。

⑤ 冯乃超:《忆木天》,《冯乃超文集》,中山大学出版社 1986 年版,第 402 页。

⑥ 冯乃超:《我的文艺生活》,《冯乃超文集》,中山大学出版社 1986 年版,第 306 页。

⑦ 王独清:《如此》,新钟书局 1936 年版,第 144 页。

体，到处漂露着世纪末的悲哀。同时在中国，一方面有的人在憧憬着新的世界，另一方面有的人在流露着没落的悲哀。而从旧的地主贵族的环境转到资本主义社会的环境的诗人，更容易怀有着凭吊的悲哀的。……代表贵族的浪漫主义的诗人，则是独清。这种贵族的浪漫主义的诗歌之倾向，是直到某种程度与西欧的世纪末的文学相联系着。……那种感伤主义，不是卢梭的感伤主义，而是世纪末的感伤主义了。一部《圣母像前》是被这种感伤主义的氛围气所罩笼着。如果把各部分的标题看一下，就可以知道感伤主义的空气是如何地浓厚了。《悲哀忽然迷了我的心》，《流罪人语》，《失望的哀歌》，《颓废》（Melancholia），《漂泊》，这些部分的标题已充分暗示出诗人的感伤主义和颓废主义的情调来。"①在外国文学氛围的熏陶下，王独清等三位诗人自身的爱好与文学趣味的养成使得象征主义诗风在创造社内的崛起具备了可能性，但这种可能性的具体实现却还有待其他因素的出现。

穆木天的《Alfred de Vigny》、《法国文学的特质》、《维尼及其诗歌》、《维勒得拉克》等译介文章，王独清的《诗人谬塞之爱的生活》、《Incipit Vita nova》等译介文章，量大而集中。穆木天在《谭诗——寄沫若的一封信》第一次较为完整而系统地向国人介绍了纯粹诗歌、诗的思维术等象征主义诗歌理论，王独清《再谭诗——寄给木天、伯奇》进一步对"纯诗"做了发挥。更重要的是，这种译介真正地体现于这些诗人们的诗歌创作实践中，使得后期创造社出现了一股象征主义诗歌的狂飙。正是在这一段时期，郭沫若、成仿吾等创造社中心人物纷纷南下广州参加革命实践活动，为象征主义译介及创作狂飙突起于创造社内留出了充足的话语空间。虽然穆木天、冯乃超与王独清三位诗人早在创造社筹建伊始就参与其中，但是真正在创造社文学地图中占据一块位置，拥有自己的领地，是在《创造月刊》创刊之后。对已经在文坛上立足，并形成了自身文学特色的创造社来说，一种崭新的文学格局的出现，对外国文学注意力与具体译介活动的大规模转向的实施，需要一种新鲜的血液的输入，同时要具备容纳这种新鲜血液的空间与条件。而在一九二六年之前，适当的空间和条件都还没有出现，稳定的创造社三鼎足使得与之不同的因素最多只能作为陪衬存在。可是在一九二六年初，一个偶然的事件改变了创造社既定的运行轨道，使得创造社原先的文学地图出现了大面积

---

① 　穆木天：《王独清及其诗歌》，陈惇、刘象愚编选，《穆木天文学评论选集》，北京师范大学出版社 2000 年版，第 251－252 页。

的空白。这个偶然的事件指的就是郭沫若、郁达夫应邀到广东大学任教。这次南下的选择,不仅仅意味着沪穗两地的简单位移,而是有着思想感情与文学态度的变化。郁达夫说:"我和两三位朋友束装南下,到了革命策源地的广州。在那里本想改变旧习,把满腔热忱,满怀悲愤,都投向革命中去的。"①郭沫若更是把广州作为"我们的希望所寄系着的唯一的地方"。② 这"希望"当然不是指文学而言,而是革命的实践活动。在郭沫若、郁达夫南下之先,成仿吾早已在广州工作。支撑创造社文学大厦的三鼎足纷纷弃文学而就革命,这就为"世纪末日"呓语的译介与创作留下了充裕的空间,集中的体现就是象征主义狂飙的刮起。换句话说,象征诗风在创造社内的爆发,只能出现在一九二六年三月到十二月那一个特定的历史时期,稍早或稍晚一点都不行。这并非是说象征诗风在创造社内曾受压抑或排斥,而是说此前的创造社诗风属于《女神》,此后的创造社已逐渐转向革命,红色的语境中亦无象征主义狂飙回旋荡漾的余地。两间余一隙,恰有象征诗风来。王独清、冯乃超和穆木天三位后期创造社诗人趁机崛起,"世纪末日"呓语在创造社内获得了一展风采的机会,象征主义诗歌的创作与译介成为此时创造社文学活动唯一的亮点。

象征主义的创作和译介在中期创造社狂飙突起,与《创造月刊》这份刊物有着密切的关联。在创造社内,象征主义的译介并不肇始于《创造月刊》,但《创造月刊》创刊后最初的那段时间无疑表现得最为惹人注目。"后期创造社三个诗人,也是倾向于法国象征派的"③王独清、穆木天和冯乃超同时亮相登场,译介纯诗理论和西方象征主义诗人的相关文字,发表带有浓郁象征主义色彩的诗歌创作,依托《创造月刊》,在现代文坛上刮起了一股象征主义诗歌狂飙。一九三五年,穆木天为《文学百题》撰写了《什么是象征主义》一文,介绍象征主义说,"象征主义(Le Symbolisme),是十九世纪末期在欧洲诸国所产生的一种文艺运动。这一个运动最初是起于法兰西,而渐渐弥漫到比利时、英、法、俄,以及其他诸国的。……象征主义,同时是恶魔主义,是颓废主义,是唯美主义,是底于一种美丽的安那其境地的病的印象主义。这种回避现实的无政府状态,这种到处找不着安慰的绝望的状态,自然要使那些

---

① 郁达夫:《题辞》,〈鸡肋集〉,北新书局 1931 年版,第 1 页。
② 郭沫若:《创造十年续编》,《学生时代》,人民文学出版社 1979 年版,第 268 页。
③ 朱自清:《导言》,《中国新文学大系·诗集》,良友图书印刷公司 1935 年版,第 8 页。

零畸落侣的人们到咖啡店酒场中去求生活,到神秘渺茫的世界中去求归宿了。……虽然在技巧和手法之外,不是没有贡献——音乐性的完成——可是那种非现实的世界的招引,只是使沦亡者之群得到一时的幻影的安慰,对于真实的文学的前途,大的帮助可以说没有的。只有对于真实艺术的建立有确信的人,才可以一边研究象征主义,而不致为它的俘虏的。"①

创造社前后近十年的文学活动,前期以郭沫若的积极浪漫主义为代表,后期以革命文学为代表,只有《创造月刊》创刊后的一段时期内,象征主义诗歌的译介及创作成为创造社文学实绩的代表。为什么象征主义译介与创作的狂飙出现在这一时期,推动这股象征主义译介与创作狂飙的兴衰变化的原因是什么,出现在这一时期内的象征主义译介及创作又对创造社的文学活动造成了什么影响等等,这些问题的探索是考察革命文学转向过程中创造社内部的一些矛盾纠葛,文学与革命的背离与共生关系等难以忽略的问题。法国诗人卡纳认为:"象征主义在某个时期尤其意味着对自然主义,对诗的散文化的反动,意味着在艺术的努力中寻找自由,反对巴拿斯派和自然主义的罗网。"②法国批评家米舍在《象征主义诗歌使命》中强调指出:"颓废派与象征派并非如人所以为的是两个流派,而是同一运动的前后两个阶段,诗歌革命的两个时期。尽管在某个时辰它们曾彼此对抗,而这只是稗史所记载,我们将会看到这种对抗的真正意义。从更高的层次看,'颓废'或人们爱说的'颓废主义'是抒情阶段,是危机状态下的惶恐不安的感受力。象征主义作为智性阶段,则是对这种抒情主义进行思考的时期,它旨在寻求一种在法国浪漫主义不曾认识的整体性,而这种整体性可以在本质上定义诗歌并为新体系奠定基础。"③现代新诗经过了胡适、郭沫若倡导的自由诗体引领下出现的散漫粗糙阶段后,必然要求自身的律法,闻一多、徐志摩的新格律只是从外在形式要求的律法显然不能满足新诗发展的需要,豆腐块的诗形与现代新诗发展的内在要求南辕北辙,正如金丝燕在《文学接受与文化过滤:中国对法国象征主义诗歌的接受》一书中提到马拉美时说的那样,"马拉

---

① 穆木天:《什么是象征主义》,郑振铎、傅东华编,《文学百题》,生活出版社 1935 年版,第 90 - 96 页。

② 转引自金丝燕:《文学接受与文化过滤:中国对法国象征主义诗歌的接受》,中国人民大学出版社 1994 年版,第 9 页。

③ 转引自金丝燕:《文学接受与文化过滤:中国对法国象征主义诗歌的接受》,中国人民大学出版社 1994 年版,第 18 - 19 页。

美诗中的极度精炼、暗示和神秘晦涩正好回答了当时年青诗人革命者在魏尔伦的诗中没能满足的寻求。诗人们似乎不再满足愤世嫉俗,不再满足沉浸于世纪末的痛苦之中,不再满足否定和摧毁。他们心中隐隐萌动着一种渴望,一种对未知、对绝妙而不可及的纯诗的渴望。"①象征主义狂飙在中国现代文坛上的突起,也正适合了现代青年们的文学需要。

如果将视野跳出创造社自身发展流程之外,从现代文学发展的整体格局出发探究创造社世纪末文学译介的历史进程,我们对于象征主义译介在中期创造社的泛起可能会有一种新的认识。陈思和教授认为,"中国新文学初期有个有趣的现象:一般留学英、美的知识分子所受的西方文学影响,主要是启蒙主义、理性主义、人文主义,以及比较高雅的现实主义,他们对资本主义民主政治抱有好感,喜欢讲究理性、讲究秩序,一般都瞧不起正在崛起的现代主义哲学与艺术……相反,处于动荡生活之中的留日、留法学生,由于对中国的封建传统与西方的资本主义抱有'双重的失望',他们对现代主义一般都比较容易接受。鲁迅、周作人是如此,创造社成员更是如此。过去一些研究现代文学史的人常常感到奇怪,为什么创造社早先狂热地提倡浪漫主义、唯美主义与各种现代主义,后来一受革命的刺激,就立即转而鼓吹起革命文学了。如果我们联系现代世界的文化背景来解释就不会奇怪了,现代主义的意识形态本身就包含了反资本主义的倾向,它与当时激进的革命观点之间存在着一种内在的机缘。"②也就是说,创造社同人在文学译介过程中倾向于现代主义是各种因素综合作用的结果,既有自身内在的主动因素,又有各种外在的制约因素。确切地说,便是创造社同人对于现代思潮的接受及译介的多种价值取向,使世纪末思潮的译介呈现出多样化风貌。郭沫若认为,"西方象征派诗人,就爱在音律上做功夫,而故意朦胧其意趣,使人不可摩触。"③王独清在《编辑后》里也针对象征主义等文学译介和创作情况表示不满:"这次到了上海,最使人不满意的便是一般青年低级趣味的增高。像许多人变成了我们中国最无聊的旧戏的戏迷以及社会上流行了下流的小报,这都还是余事,最可注目的便是有些文艺刊物和作品都走向了低级

---

① 金丝燕:《文学接受与文化过滤:中国对法国象征主义诗歌的接受》,中国人民大学出版社1994年版,第23页。

② 陈思和:《中国新文学整体观》,上海文艺出版社2001年版,第328-329页。

③ 郭沫若:《诗歌漫谈》,彭放编,《郭沫若谈创作》,黑龙江人民出版社1982年版,第74页。

趣味的方面。我们并不是奢望甚么纯高的艺术或伟大的传奇,但是像目前一般连通俗还像够不上的市井式的作品确是应该打倒的。——来罢,同志们,我们来努力创造,来联合起来打倒这种病菌的低级趣味。"①于是,我们看到一种奇特的景观:一方面是作家们对自身对于颓废派文学的译介乃至创作表示不满,另一方面却总是不断地在从事译介和创作。郁达夫《茑萝集·自序》第二节的一段文字,似乎为他们对颓废文学的两难态度做了恰到好处的说明。"人生终究是悲苦的结晶,我不信世界有快乐两字。人家都骂我是颓废派,是享乐主义者,然而他们那里知道我何以要去追求酒色的原因? 唉唉,清夜酒醒,看看我胸前睡着的被金钱买来的肉体,我的哀愁,我的悲叹,比自称道德家的人,还要沉痛数倍。我岂是甘心堕落者? 我岂是无灵魂的人? 不过看定了人生的命运,不得不如此自遣耳。"②理想不能实现,佯狂颠倒而亲近世纪末文学思想,从而实现了自身价值观进退出入的合理布局。在某种程度上,这也是古代文人仕隐进退思想的另一种实现方式。

《创造月刊》的创办及其与《洪水》半月刊的潜在对立为象征主义的狂飙突起提供了坚实的阵地。王独清、穆木天等象征主义诗人为创造社内象征主义狂飙的突起准备了主观条件,而在客观上又出现了一个诱人的时空缝隙,剩下的问题就是两者如何被撮合到一起。也就是说,这个空隙为什么没有被创造社另外的作家,如龚冰庐那样富有写实主义色彩的作家所用,没有被周全平、叶灵凤等出版部小伙计们所完全填充,却给刚刚回国的王独清,甚至当时还没有回国的穆木天、冯乃超这样一股象征主义特色的文学力量占据? 造成这一状况的原因很多,其中与《创造月刊》的创办关系最为密切。当时,周全平、叶灵凤等出版部小伙计们掌握的是《洪水》半月刊。《洪水》创刊时,并没有得到创造社中心人物太多的支持。《创造月刊》、《洪水》与初期创造同人、出版部小伙计之间,潜在地存在着分别对应关系。《创造月刊》第一卷共十二期刊物,小伙计们无一篇作品发表。高长虹曾为柯仲平抱打不平,"仲平的诗,在上海期间,只在洪水上发表过几首。《创造月刊》何以不发表他的诗,我常不能明白。"③柯仲平的情况正是众多小伙计们的真实写照。在《创造月刊》创刊之前,《洪水》半月刊已存在半年多,可是郭沫若、成仿吾

① 王独清:《编辑后》,1927 年《创造月刊》第 1 卷 7 期,第 135 页。
② 郁达夫:《自序》,《茑萝集》,泰东图书局 1932 年版。
③ 高长虹:《艺术界》,《走到出版界》,泰东图书局 1929 年版,第 10 页。

和郁达夫等创造社中心人物在上面发表的文章屈指可数。一方面周全平等创造社小伙计否认《洪水》半月刊为创造社机关刊物，另一方面是郁达夫等最初也的确没把《洪水》视为创造社的机关刊物，因而总是想创办创造系列的机关刊物。《创造月刊》创办后，《洪水》半月刊与《创造月刊》潜在地构成了两大刊物阵营，相互之间难以通约，尤其是在最初一段时间内，创造社中心人物基本不在《洪水》半月刊发表文章，而在《创造月刊》上也见不到创造社小伙计们的文字，上述情形的存在，说明创造社内存在某些潜在的游戏规则，这在某种程度上使《创造月刊》在寻求撰稿人员时与后期创造社三诗人发生了契合，与王独清和穆木天等在现代文坛的登台亮相构成了某种共生关系。

一九二六年二月初，郁达夫就与郭沫若商议《创造月刊》出版的具体事项，以作为《创造》季刊的继续。三月十六日，《创造月刊》创刊。综观《创造月刊》创刊号，有郭沫若一篇《论节奏》，成仿吾一篇《文艺批评杂论》，郁达夫的《卷头语》、《寒宵》、《街灯》、《尾声》和给郭沫若的旧信，都是没有多少分量的作品。就此而言，郁达夫说这一期的稿子"没有什么精彩"，①并非谦虚之词，而是表明了郁达夫对后期创造社三诗人崛起的漠然。就在这期创刊号上，王独清、穆木天和冯乃超联手出击。穆木天《诗选》、《谭诗—寄沫若的一封信》，王独清《吊罗马》、《再谭诗—寄给木天、伯奇》，冯乃超《幻想的窗》等作品皆在现代文学史上留下了不可磨灭的印痕。对"世纪末日"呓语文学并不陌生的郁达夫为何没有表现出应有的艺术水准，对此做出适当的评论？原因只能是此时的郁达夫与郭沫若一样，心思并不在纯文学创作，故此视而不见。对于侧重在创作，而又被作为创造社机关刊物的《创造月刊》来说，面临郭沫若、成仿吾和郁达夫三鼎足转向革命实践而文学创作日益减少的局面，稿件自然成为需要解决的首要问题。也就是说，这一时期创造社内（主要体现在《创造月刊》上）"世纪末日"呓语的译介、象征主义狂飙的大行其道并非编辑者有意为之，恰是不得已而留下的缝隙，是一个意外。从此，王独清和穆木天等在《创造月刊》上大批量地奉献他们象征主义诗歌译介与创作，每期都有引人瞩目的作品发表，从理论到创作，贡献给人们以新异的象征主义色彩的诗风，刮起一股强劲的"纯诗"旋风。可以说，正是《创造月刊》的创办，使"世纪末日"呓语的译介、象征主义狂飙得以大放异彩。

①　郁达夫：《尾声》，1926 年《创造月刊》第 1 卷第 1 期，第 137 页。

后期创造社三诗人的崛起,其实是整个新文学发展内在诉求的一个具体表现,而不仅仅是创造社一个文学社团内部的文学事件。就现代新诗发展而言,经过胡适"写诗如作文"的尝试阶段,再到郭沫若激情洋溢的自由诗,新诗创作在不断给人惊喜的同时也暴露出自身的单薄与审美的苍白,人们期待着新的作诗法与诗歌理念的出现。正如魏尔伦在《颓废者》一文中指出的那样,颓废主义的兴起正是"以考究、教养、精致,去反对文学和周围其他事物的平庸和卑鄙",《颓废者》杂志的创办者阿纳尔多也认为,"颓废者代表一批对自然主义非常反感的青年作家,他们追求艺术的革新,他们以敏感而响亮的诗歌来取代帕尔纳斯派呆扳单调的诗律。"①一九二三年春,李金发将自己的两本诗集《微雨》、《食客与凶年》寄给周作人。周作人对李金发别开生面的作品甚感兴趣,将其编入新潮社丛书并由北新书局分别于一九二五年十一月和一九二七年五月出版,"象征派诗从此也在中国风行了"。② 一九二五年六月,李金发回到上海。创造社的王独清也在此时前后从法国回到上海。冯乃超和穆木天从日本留学归国时间稍微晚了一点,相差亦不过半年左右。另外,从在文坛上正式亮相来看,李金发真正进入现代文学的话语空间,为中国现代知识分子所认知,是在一九二五年《微雨》出版后,这与后期创造社三诗人在《创造月刊》上的集体亮相,相差大约也是半年。与无心插柳的李金发相比,后期创造社三诗人在象征主义诗歌创作与理论倡导方面的自觉性和严密性无疑要高出很多。无独有偶,正是在这段时间,曾经《呐喊》的鲁迅经历了《彷徨》之后,也开始了《野草》那种浓郁的富有象征主义意味的文学创作。就在《创造月刊》问世,后期创造社三诗人集体亮相的同年,朱维基翻译了爱伦·坡的《诗的原理》,将西方纯艺术的观念介绍给中国读者,一九二七年,朱自清翻译的布莱德雷(A. C. Bradley)《为诗而诗》和詹姆森(R. . D. Jameson),进一步向国人诠释着纯诗的艺术观念。一九二六年是个重要的年份,或许正如某些学者指出的那样,"一九二六年可以说是中国新诗求真还是求美的分界线,这个分界的意义是非同一般的,它明确剥离开二十世纪中国诗歌的社会历史外部视角和审美内省的心灵一隅。五四白话新诗人既要抱守艺术的独立品格,又想兼顾文艺的社会功用的痛苦的

---

① 黄晋凯:《〈象征主义·意象派〉序》,中国人民大学出版社 1989 年版,第 6 页。

② 李金发:《仰天堂随笔·从周作人谈到"文人无行"》,《异国情调》,商务印书馆 1942 年版。

情感折磨,在这里找到了缓解的余地。这两个不同的走向不仅形成了中国新诗一个世纪的发展模式,也为企图探险完美艺术终极之境的痴迷者,开启了一扇梦想与心灵之门。"①而开启的钥匙,便是翻译,对西方纯艺术与纯诗理论及其实践的译介。比较李金发与后期创造社三诗人的理论及其创作,梳理他们之间的关联,并非本文的任务,在这里只是想指出一个事实,即他们前后几乎同时出现于中国现代文坛,表现出相似的文学创作风格与审美追求,决非偶然的巧合,实是中国现代文学发展的整体趋向与诗人个体的内在诉求相碰撞和融合的结果。

后期创造社三诗人的集体亮相,《创造月刊》的创办及其与《洪水》半月刊的潜在对立,现代诗坛的演进和创造社中心人物纷纷参与革命实践活动等诸多因素交错碰撞在一起,遂为象征主义译介及创作狂飙的突起提供了不可多得的生长空间。然而,这些上述各项条件随着社会时代的变化而出现变化,以及后期创造社三诗人自身创作追求和审美情趣的变化,象征主义狂飙经过短暂的辉煌后随即进入消歇时期。

穆木天"纯诗"理论的提出,既是"世纪末日"呓语的译介与象征主义狂飙崛起的号角,也是这一时期的创造社文学最激动人心的收获。在《谭诗——寄沫若的一封信》一文中,穆木天从剖析"诗与散文的纯粹的分界"开始,提出了"纯粹诗歌"的理论:"我们要求的是纯粹诗歌",是诗的"统一性"与"持续性","是数学的而又音乐的东西",是"若讲若不讲"的"暗示能",是"一种诗的思维术"。这一诗歌理论的提出,当然源于西方现代艺术的影响,从某种程度上亦可以视为对西方纯诗理论的变相译介。作为谈话中产生的感想碎片,《谭诗》没有纠缠于概念的辨析与阐述,在具体的理解上也就出现了相当大的弹性,给当时读者及后人留下了丰富的阐释空间。在推出了一大堆令人眼花缭乱的"纯诗"术语后,穆木天最后指出,"我们最要是 Penser en Poesie。"所谓"Penser en Poesie",即"诗的思维术",这才是"纯诗"理论的真正基点,至于"统一性"与"暗示能"等"思想"和"写法"方面的要求,都应服从这一总的原则。"纯诗"理论的提倡与实践的真正价值,是其迎合了现代新诗发展转型的需要,为现代新诗从实践阶段的粗放型进化到真正的诗寻找到了强有力的支撑。穆木天《谭诗》从文学形式的纯粹性出发,反对诗歌

---

① 高蔚:《"纯诗"的中国化研究》,中国社会科学出版社 2008 年版,第 104 页。

"类型的混乱",严格区分诗歌与散文,是新诗理论建构的重要里程碑。在穆木天看来,"纯粹的诗"是"纯粹的诗的 Inspiration(灵感)"的表现,不能先用散文去思想,然后再翻译成有律的韵文,而是应该从一开始就用"诗的思维术"去创造诗,这就为新诗创作与批评寻找到了更为坚实的理论基础。穆木天在《谭诗》中指出,这种思维术在诗歌所表现的思想情绪上,应是"一个统一性的心情的反映,是内生活的真实的象征……在我的思想,把纯粹的表现的世界给了诗歌作领域,人的生活则让散文担任。我们要把诗歌引到最高的领域里去。"与郭沫若"写"诗理论相比,穆木天重拾"作"诗理论,要求新诗创作从追求清楚直白的"写"复归含蓄蕴藉,认为"诗要有大的暗示能","要暗示出人的内生命的深秘。诗是要暗示的,诗最忌说明的……诗不是像化学的 $H_2 + O = H_2O$ 那样的明白的,诗越不明白越好。明白是概念的世界,诗是最忌概念的。"①关于诗的暗示能等观念,显然来自法国象征主义诗人的理论。马拉美在《谈文学运动》中指出,"帕尔纳斯派抓住一件东西就将它和盘托出,他们缺少神秘感;他们剥夺了人类智慧自信正在从事创造的精微的快乐。直陈其事,这就等于取消了诗歌四分之三的趣味,这种趣味原是要一点一点儿去领会它的。暗示,才是我们的理想。"②虽然诗未必"越不明白越好",矫枉必须过正,穆木天的诗论对于扭转新诗过于"为人生"、追求外在社会功能的创作倾向,重新回到诗之为诗的本体建构上来,无疑有振聋发聩之效。

读了穆木天的《谭诗》后,王独清马上写了《再谭诗—寄给木天、伯奇》,对"纯诗"做进一步发挥:"不但诗是最忌说明,诗人也是最忌求人了解!……求人了解的诗人,只是一种迎合妇孺的卖唱者,不能算是纯粹的诗人。"将新诗价值与"求人了解"截然分开,与强调文学上的"全"与"美"的成仿吾等相比,更显示出文学本体意识的自觉。此外,还特别强调新诗的色彩性与音乐性。"我很想学法国象征派诗人,把'色'与'音'放在文字中,使语言完全受我们的操纵……我理想中最完美的'诗'便可以用一种公式表现出:(情+力)+(音+色)=诗。"③在具体的创作中,王独清努力将其付诸实

① 穆木天:《谭诗——寄沫若的一封信》,1926 年《创造月刊》第 1 卷第 1 期。

② 〔法〕马拉美:《谈文学运动(答儒勒·于莱问,1891 年)》,闻家驷译,转引自黄晋凯、张秉真、杨恒达主编:《象征主义·意象派》,中国人民大学出版社 1989 年版,第 41 页。

③ 王独清:《再谭诗——寄给木天、伯奇》,1926 年《创造月刊》第 1 卷第 1 期。

践,虽然效果并不能令人满意。鲁迅就曾批评说,"这边也禁,那边也禁的王独清的从上海租界里遥望广州暴动的诗,'Pong Pong Pong'铅字逐渐大了起来,只在说明他曾为电影的字幕和上海的酱园招牌所感动,有模仿勃洛克的《十二个》之志而无其力和才。"①"我有时候想到,忠厚老实的读者或研究者,遇见有两种人的文章,他是会吃冤枉苦头的。一种,是古里古怪的诗和尼采式的短句,以及几年前的所谓未来派的作品。"②但是,从另一方面说,王独清"古里古怪的诗和尼采式的短句"与李金发的诗歌创作相似,在当时的中国文坛上都营造出一种特有的陌生化的效果。什克洛夫斯基认为,"艺术之所以存在,就是为使人恢复对生活的感觉,就是为使人感受事物,使石头显出石头的质感。艺术的目的是要使人感觉到事物,而不是仅仅知道事物。艺术的技巧就是使对象陌生,使形式变得困难,增加感觉的难度和时间长度,因为感觉过程本身就是审美目的,必须设法延长。艺术是体验对象的艺术构成的一种方式;而对象本身并不重要。"③色、音、暗示能……后期创造社三诗人的象征主义诗风追求,对于现代新诗初期那种直白浅陋的诗风是一个强有力的反拨。

与成仿吾《诗之防御战》等初期创造社同人的评论文章相比,穆木天和王独清诗论的挑战色彩弱化了。虽然是零碎的感想,却显得系统而有条理;以文学为专业的这些同人,展示出比郭沫若和成仿吾等半路出家者远为深厚的理论功底。继郭沫若、成仿吾之后,创造社同人再次高扬起"文学启蒙"的旗帜。若从新诗理论与创作实践相结合的角度而言,后期创造社三个诗人是新文学开创以来做得最好的诗人。但是,处在水深火热中的现代中国,"世纪末日"呓语的译介与象征主义狂飙注定只能是配角,灿烂花朵的绽放是脆弱的,在时代的大浪潮中鲜有抵抗的强力。

大革命失败后,从革命实践活动中抽身而退的郭沫若、成仿吾等加上日本归来的新进力量,开始努力扭转《创造月刊》既有面貌,创造社乃至整个现代文坛呈现出向着革命文学转向的努力。这从《创造月刊》编者的一些宣言中即可见出。第一卷第八期编辑者的《余谈》中提出,"我们相信文学是时代

---

① 鲁迅:《现今的新文学的概观》,《鲁迅全集》第4卷,人民文学出版社2005年版,第138页。

② 鲁迅:《"寻开心"》,《鲁迅全集》第6卷,人民文学出版社2005年版,第279页。

③ 转引自朱立元主编:《当代西方文艺理论》,华东师范大学出版社1997年版,第45页。

底前趋，我们处在这样的时代，我们第一先要把我们底感情伸张到民众里面去，我们不要把时代忘记了。"①第九期《今后的本刊》指出，"这期底内容除了木天底介绍文字外，几乎全体有了一种共同的倾向，这大概可以说是同人努力精进的表现。……仿吾底《从文学革命到革命文学》是一篇最重要的论文，简直可以说是今后同人要从事于新努力的一篇宣言。"②第十期《编辑事项及其他》指出，"这期除克昂伯奇光慈各人底稿件都是续刊外，仿吾底一篇论文确是很扼要，很有价值的。资平和可情底小说都用时事来作背境，这正是我们应努力的方向，据我看来，我们都是在猛进着的，我们底态度也是一天比一天更见正确。"③第十一期的《编辑后记》宣布，"以后我们务求按月出版；从二卷一期起，我们要一新本刊的面目。"④《创造月刊》第一卷第十二期的《编辑后记》中说："本刊自交文学部委员会编辑以来，本来即时大大地改变向来的编辑方针。但是，这期虽然内容上变换了些少的地方，还未完全脱出旧日圈套。第一因为我们对于新制度还未熟惯，编辑工作也是新上手，其次这期又是第一卷最后的一期，未便完全采用新方针。读者诸君可在第二卷起看出本志的新精神。"⑤火热的革命现实将象征主义诗人从象牙之宫拉出。在革命文学的浪潮中，王独清不得不对自己过去的编辑工作给予检讨："第一卷第八至第十各期的《创造月刊》实是代表创造社转变的过渡期：成仿吾底《从文学革命到革命文学》等论文已经发表（虽然那些论文在现在看去是有可议的地方），而同时穆木天底没有批判性的《维勒得拉克（Ch. Vildrac）的介绍》还占着很多的篇幅，——这现象曾作当时反对创造社的人们底口实，不消说，这是应当由我负责的。"⑥在全盘否定了自己过去的同人看来，王独清还是未免显得太落后了。曾介绍王独清加入创造社的郑伯奇回忆说："《文化批判》出刊以后，王独清更只考虑自己的个人问题，对于如何逐渐改变《月刊》的面貌来配合革命文学活动，他毫不关心。后期诸同志对此屡屡提出意见，仿吾也深为不满。"于是，一个编辑委员会便组织成立了，王独清一个人独霸《创造月刊》的局面彻底被打破。"第二卷以后，决定解除王独

① 王独清：《余谈》，1927 年《创造月刊》第 1 卷第 8 期，第 110 页。

② 王独清：《今后的本刊》，1927 年《创造月刊》第 1 卷第 9 期，第 100 页。

③ 王独清：《编辑事项及其他》，1927 年《创造月刊》第 1 卷 10 期，第 108 页。

④ 石厚生：《编辑后记》，1928 年《创造月刊》第 1 卷第 11 期，第 124 页。

⑤ 文学部：《编辑后记》，1928 年《创造月刊》第 1 卷第 12 期，第 161 页。

⑥ 王独清：《创造社——我和它的始终与它底总帐》，1930 年《展开》第 1 卷第 3 期。

清的编辑,改为编委会,由乃超和初梨多负责任。"①当然,上述这段话是事隔多年后的评述,但在当时王独清发表的一些文字当中,我们的确可以看到他方向转换的努力。《创造月刊》第一卷第十二期发表王独清《Incipit Vita nova》,"献诗"结尾一节:"哦,我是再生了,再生了——/我自从和你见了一面。/你给我的情感是特别健康!/我是已经随着你把一切改变,/从此,从此要努力去作革命的一员!"②《洪水》半月刊第三卷第三十一期发表王独清的《致法国友人摩南书》,信中说,"我是极力想使我一向趋向于个人伤感方面的艺术完全死去,我在希望我的新生。"王独清宣告着向过去的自己告别,也是创造社同人对以往文学创作倾向总清算的典型表现。随着时代的发展,创造社革命文学转向的逐步实现,世纪末文学思潮又逐渐被清除出创造社作家们的文学视野。

王独清的编辑职务确实是被解除掉的,却并非自第二卷始。早在《创造月刊》第一卷第十一期,就已改为石厚生(成仿吾)编辑。在这期的《编辑后记》中,编辑者石厚生(成仿吾)说:"独清的'神经虚弱'近来越发'到了高度',致本刊十一期的编辑的责任忽然推到了我的身上。这事情本不打紧,但它顿使我们感觉有在文学部内组织委员会的必要。于是这个委员会在前礼拜产生了,从下期起,本刊就由文学部委员会编辑。以后的投稿也由这个委员会处置。"③在创造社内,象征主义狂飙遭到了清算;创造社刊物上,就此不见了世纪末日呓语的身影,取而代之的,是革命文学的狂飙突进。在这一转变过程中,并没有想象中的阵痛与困难。轻易的原因不仅在于双方力量的悬殊,更源自象征主义诗人及其理论内在的矛盾与分歧。随着革命文学转向宣言的不断发布,世纪末文学思潮和颓废色彩的文学创作逐渐从《创造月刊》等创造社刊物上消退,这方面的译介和创作活动在创造社内终于得到了全面的清洗。一个有意思也可能是巧合的现象是,当世纪末的文学思潮和颓废色彩的文学创作及译介活动被清除后,创造社作为一个文学社团的生命无论在事实还是形式上,都已接近最后的尾声。

与外在种种不利因素相比,曾掀起象征主义狂飙的后期创造社三诗人自身思想意识所蕴涵的矛盾,逐渐从内部对象征主义的译介及诗歌的创作

---

① 郑伯奇:《创造社后期的文学活动》,《沙上足迹》,黑龙江人民出版社1999年版,第51页。
② 王独清:《Incipit Vita nova》,1928年《创造月刊》第1卷第12期,第133页。
③ 石厚生:《编辑后记》,1928年《创造月刊》第1卷第11期。

构成瓦解之势。沉迷于颓废派诗歌,又不忘家和国,披着世纪末呓语的外衣,内心却饱含现实的进取意识,看似矛盾的因素在王独清、穆木天等人那里被整合起来。王独清将"主张唯美派的艺术"与"主张国民文学"统合在一起。① 在给郑伯奇的信中,穆木天说:"什么是浪漫,/什么是写实/什么是 l'art pour l'art,/什么是 l'art pour la vie,/——这都不是问题!/我们要实现的/是我们祖宗传来的理想的极致。"②由此可见,创造社同人撷取以为己用的"世纪末日呓语"与西方现代派的"世纪末呓语"迥然相异,是被中国化了的,带有中国特色的"世纪末呓语",他们"对象征派的欣赏,即主要在情、力、音、色上,其中'情'(emotion,即情绪)占主导地位",而对"趋向'虚无'的'艺术'表示不满意。"③王独清对象征主义所取态度,很富有代表性。反映在具体的文学创作中,就造成了这样的特征,即便是颓废,也颓废得有些"积极"。恰如李欧梵说的那样:"英国的颓废作品就太过旖旎华丽,而失去了法国颓废作品的大胆震撼力;从波德莱尔以降,直到魏尔伦和沙曼(Albert Samain)皆是如此。妙的是这些外国人物当时在中国也颇知名,即使是沙曼的诗,创造社的穆木天在日本攻读法国文学时的学士论文就是以他为题。然而,这一群中国作家在模仿英、法颓废文学之余,并没有完全体会到其背后的文化意蕴:这是一个欧洲艺术家反庸俗现代性的'表态'。反观中国这个时期的'颓废'文学,其资源仍来自五四新文学商业化以后的时髦和摩登(这是当时人对 modern 这个字眼的译音),并没有彻底反省'现代性'这个问题。"④郑重介绍着颓废派《黄面杂志》的郁达夫,被视为"摹拟的颓唐派,本质的清教徒。"⑤高擎起纯诗理论的穆木天,则被看成"半吊子"象征诗人;⑥钟敬文评价穆木天时说,"木天也是一个翻译家和文学理论家。他在日本留学的时候是专攻法国文学的,早年曾倾心于象征主义,他的毕业论文就是研究法国象征主义诗人萨曼的。最初发表的文章,如《维尼及其诗歌》、《维勒得拉克》等,也是研究法国文学家的。一九三五年,他出版了一部《法国文学史》,是

---

① 王独清:《再谭诗——寄给木天、伯奇》,1926 年《创造月刊》第 1 卷第 1 期。

② 1924 年 10 月 17 日穆木天致郑伯奇信,1925 年 3 月 6 日《京报副刊》。

③ 朱寿桐:《情绪:创造社的诗学宇宙》,上海文艺出版社 1991 年版,第 229 页。

④ 李欧梵:《漫谈中国现代文学中的"颓废"》,《现代性的追求》,生活·读书·新知三联书店 2000 年版,第 165 页。

⑤ 郭沫若:《论郁达夫》,1946 年《人物杂志》第 3 期。

⑥ 朱寿桐:《情绪:创造社的诗学宇宙》,上海文艺出版社 1991 年版,第 229 页。

当时中国最早出版的法国文学史著作之一。后来,他的翻译和研究集中到巴尔扎克和雨果,同时介绍俄苏文学。这恐怕与他在思想上的变化有关。二十世纪三十年代以来,他把自己的翻译和研究同中国革命的实际需要结合了起来。他认为现实主义更贴近中国的实际,巴尔扎克和俄苏文学更符合现实的需要。"①周作人在《新文学的二大潮流》中早就分析过中国现代文学中的"颓废"之革命底色,"觉得未来不能凭信,现在又不满足,过去当然不见得可留恋,但因其比未来为实而比现在为虚,所以便利用他创造出一刹那亦即永劫之情景,聊以慰安那百无聊赖的心情。这在表面上是很颓丧的,其精神却是极端现世的,或者说比革命文学家还要热烈地现世的也未始不可。"②至于冯乃超,他似乎毫不困难地就实现了自我否定,加入了革命"狂飙运动"的行列。这些事情的发生,表明"世纪末日"呓语在现代中国难以找到真正合适的生长土壤,同时也就注定了象征主义诗歌创作及其译介进程昙花一现的历史命运。

与创造社转向的快捷相比,整个社会的审美意识及阅读口味仍处于艰难的转型当中,这从创造社自身出版物的销售情况中也可以看出。鲁迅就曾以此抨击过创造社的"矛盾","不过今年是似乎大忌'矛盾',不骂几句托尔斯泰'矛盾'就不时髦,要一面几里古鲁的讲'普罗列塔里亚特意德沃罗基',一面源源的卖《少年维特的烦恼》和《鲁拜集》。"③市场需要,迫使转向的创造社并没有在出版部的业务经营方面与过去切割,事实上,创造社的转向本身在某种程度上也正是迎合或制造新的读者市场,而两个读者市场虽有交叉,却并不完全重合。因此,创造社的译介方向和主张虽然变了,但是出版部的营业却并没有因此而发生本质性的变化。

第三节 马列思潮:后期创造社同人的译介活动

二十世纪之初,神州大地最令人神往的是社会主义思潮。一九二三年四月,北京中国大学十周年纪念活动时,做了关于中国社会发展走向问题的

---

① 钟敬文:《序》,陈惇、刘象愚编选,《穆木天文学评论选集》,北京师范大学出版社2000年版,第2-3页。

② 周作人:《新文学的二大潮流》,钟叔河编,《周作人文类编·本色》,湖南文艺出版社1998年版,第92页。

③ 鲁迅:《〈北欧文学的原理〉译者附记二》,《鲁迅全集》第10卷,人民文学出版社2005年版,第317页。

公民常识测试。其中一题是："你欢迎社会主义吗?"和"你欢迎资本主义吗?"调查结果为:欢迎社会主义的两千零九十六票,不欢迎的六百五十四票;欢迎资本主义的七百三十六票,不欢迎的一千九百九十一票。① 当然,那时所谓的社会主义,包含范围非常广泛,是一个很笼统的概念,除了科学社会主义,还有无政府主义,工读主义,互助主义,新村主义,泛劳动主义,基尔特社会主义等等。但是,无论如何,上述调查说明了一个事实,即国人对于社会主义思潮的认可,这就成为二十世纪二十年代后期国内学人译介无产阶级文学热潮的大背景,而这股热潮形成的直接推动者之一,便是后期创造社。当时,笼统的社会主义思潮中的各流派之间,存在严重的分歧,信仰无政府主义的巴金与倾向马克思主义的郭沫若之间就曾发生过一些文字纠葛。在诸种社会主义思潮中,深受日本这一中介影响的创造社同人(尤其是郭沫若和李初梨等后期创造社新锐)接受和译介的,却是科学社会主义,虽然他们的接受带有浓郁的文学家的特色,但是对马列思潮的亲近感使他们最终成为二十世纪二十年代后期至三十年代普罗文学的弄潮儿。

创造社同人对于马列思潮及无产阶级文艺的译介及关注,早在大革命失败之前就已在创造社的刊物上出现。郁达夫写过《无产阶级专政和无产阶级的文学》,郭沫若则早在一九二一年五月二十六日写的《〈女神〉序诗》中公开宣称他是一个无产者。后来,郭沫若回忆说,"日本人在当时把布尔什维克叫做'过激派'。但我当时却想做无产者、想做个共产主义者;这种思想表现在一九二一年写的《〈女神〉序诗》中。我以为马克思、恩格斯、列宁是了不起的人物,但对马克思主义的具体内容,却很茫然。"② 不过,郭沫若的迷茫并没有持续很长时间,一九二四年四月至五月河上肇《社会组织与社会革命》的翻译,使郭沫若对无产阶级理论学说有了较为深入的理解,而且直接促成了郭沫若的思想转向。七月一日夜,郭沫若校完《社会组织与社会革命》译稿后,深有感触地写了一段"附白":"此文于社会革命之道途上非常重要,国人对此颇多误解,有人以为列宁改宗,遂援引为例,欲于中国现状之下

---

① 江沛、丁浩:《五四运动时期沿海城市社会文化观念转变评析》,欧阳哲生等:《五四运动与二十世纪的中国》,社会科学文献出版社2001年版,第209页。

② 郭沫若:《郭沫若同志答青年问》,1959年《文学知识》5月号。

提倡私人资本主义者,这真是污辱列宁,遗害社会了。"①一九二四年八月九日致成仿吾的信中,郭沫若忍不住地诉说内心的震撼:"译述中我所最感惊异的是我们平常至少是把他们当成暴徒看待了的列宁和突罗次克诸人,才有那样致密的脑筋,才是那样真挚的学者!"②列宁或者说列宁代表的苏俄道路,被郭沫若直觉地当成了拯救老大中国的特效药方。③"在共产主义完成之前,共产主义者正须以无产阶级为中心而组织新国家。……我们是只有采取新国家主义的一条路,就是实行无产阶级的革命,以励行国家资本主义!"所谓"新国家主义",郭沫若的解释是:"纠合无产阶级者以建设公产制度的新国家,只求达到全人类的物质上精神上的自由解放,不消说就是马克斯的共产主义,但也可以称为新国家主义。"④郭沫若所信奉的,其实就是为列宁所发展了的马克思主义。列宁领导实践的"新国家主义"所具有的能量,无疑使郭沫若敏感地直觉到了应用于中国社会后可能会产生的巨大政治变革。重社会变革中经济因素的作用而忽视了政治变革力量的河上肇,则反使郭沫若感到不满。

郭沫若译介的变化从某种程度上来说体现了他思想上的某种变化,而译介活动反过来又强化了他的这种思想转变。翻译与译者之间构成了互相建构的关系。一九五八年,郭沫若回忆说,"三十多、四十年前的我,是在半觉醒状态。马克思、列宁的存在是知道了,对共产主义是有憧憬的,但只感觉着一些气息。"⑤从感觉着一些"气息"到完成主体的转变,《社会组织与社会革命》的翻译有着至为关键的作用。一九五九年,郭沫若回忆《社会组织与社会革命》的翻译时说,"(这)使我从前的糊涂思想澄清了,从此我初步转向马克思主义方面来。"⑥郭沫若在《译者序》中说,"我在译此书之前,早就有了革命的情绪和要求,希望对马克思主义能有一番深入了解,因而我决定

---

① 郭沫若:《〈社会组织与社会革命〉附白》,《社会组织与社会革命》,商务印书馆1951年版。

② 郭沫若《孤鸿——致成仿吾的一封信》,1926年4月16日《创造月刊》第1卷第2期。

③ 在《一个伟大的教训》中,郭沫若指出中国"假使不想永远做奴隶,不想永做世界的资本国家的附庸",只有走"社会主义的道路","走劳农俄国的道路"。见1925年5月1日《晨报副刊》。

④ 郭沫若:《新国家的创造》,1926年1月1日《洪水》半月刊第1卷第8期。

⑤ 郭沫若:《郭沫若全集》第15卷,人民文学出版社1989年版,第144页。

⑥ 郭沫若:《郭沫若同志答青年问》,1959年《文学知识》5月号。

翻译这本书","以这本书为垫脚石,而迈进了一步。"①从某种角度来说,郭沫若正是通过翻译走向了马列主义,在这个问题上,我觉得顾彬教授的说法不无道理。"一个人通过翻译找到自己的话语,这是德国作家波尔说过的一句非常重要的话。二次世界大战刚结束时德国作家没有自己的语言,所以他们通过翻译找到自己的语言。五四运动前后可能也是这样一种情况,中国作家在找他们的语言。郭沫若也可能通过翻译才找到自己的语言。在找到自己的语言后,郭沫若不想再搞纯文学翻译了。他跟二十世纪三十年代以后的很多文人一样发现,如果太依靠个人主义,很难解决中国所有的问题。他首先是一个文人,但他觉得文人的基础是非常脆弱的。他感觉到他提出的中国文学现代性的问题得不到根本的解决,所以他选择离开起初选择的道路。"②有些学者以为"即使不翻译《社会组织与社会革命》,郭沫若的思想'转换'也照旧发生。问题的要害不在于是否翻译这本书,而在于郭沫若此时对苏俄的政治经济制度产生如此浓厚的兴趣。"③将内因作为决定性因素诠释郭沫若的转向自然有其合理之处,但问题是内因又是怎样出现及转变的? 郭沫若对苏俄产生的浓厚的兴趣是怎样一个过程,在这个过程中《社会组织与社会革命》的翻译又起到怎样的作用? 郭沫若日后的回忆虽然可能包含着许多非个人的因素在内,但是作为主体选择仍是不容置辩。尤其是涉及到主体的转向问题,浸淫时间的长久绝对无法取代偶然因素引发的关键性作用。就郭沫若而言,将感觉着的"气息"化为主体内在的组成因素,从而实现自我主体的根本转变,启蒙的关键性因素便是译介实践。方梦之先生在《翻译新论与实践》中指出,"自我实现则是翻译家以最有效和最完整的方式表现其潜力,实现其本质的需要……自我实现一旦成为植根于翻译家自身的一种需要,那么只有生命的终结才会使这种需要终结。"④作为马列思想译介者的郭沫若,他在这一时期内的译介活动与他自我人格及思想转变的内在要求相一致,成为自我主体建构得以实现的关键。

郭沫若通过《社会组织与社会革命》的翻译等实践活动而实现了译者主

① 郭沫若:《社会组织与社会革命·译者序》,商务印书馆1951年版,第1—2页。

② [德]顾彬:《郭沫若与翻译的现代性》,2008年《中国图书评论》第1期,第119页。

③ 刘悦坦、魏建:《苏俄无产阶级革命文化与郭沫若的思想"转换"》,《郭沫若与东西方文化》,当代中国出版社1998年版,第195页。

④ 方梦之:《翻译新论和实践》,青岛出版社1999年版,第89页。

体的重新建构,新的译者主体同时也就必然要为他倾心的译介实践及其蕴涵着的思想争取社会生存的话语空间,排斥与之相对立的译介与话语实践,具体的表现便是郭沫若对国家主义派的批判。当时流行的国家主义派有"醒狮派"和"孤军派"。"醒狮派"机关刊物《醒狮》一九二四年十月十日创办于上海,主办人曾琦、左舜生等。曾琦(一八九二——一九五一年)原名昭琼,字慕韩,四川省隆昌县人。一九一九年留学法国,一九二三年成立中国青年党(原名中国国家主义青年团),反对国共合作。一九二七年因与国民党有矛盾而去日本,回国后即拥蒋反共。早在留法勤工俭学时,曾琦等人的国家主义思想就已形成,并遭到以周恩来为首的共产党人的批判。"醒狮派"主张以国家观念代替阶级观念,极力鼓吹反苏反共,以"内除国贼,外抗强权"相标榜。实际上,"他们一方面可以和当时的军阀巨头孙传芳携手,而对于吴秀才也在暗送秋波,则他们所'内除'的'国贼'乃反抗军阀的那些'国贼'也。在另一方面,他们又反赤最力,把苏俄甚至广东都视为'洪水猛兽',则他们所'反抗'的'强权'乃企图打倒帝国主义的那种'强权'也。"至于"孤军派"所主张的"社会的产业化和产业的社会化",在郭沫若看来,"不外是个人资本主义的奖励与保护而已。所以'孤军派'的国家主义,如果说得更切实一点,是国家社会主义。""孤军派"代表人物林骙,在文章中骂马克思主义者为"穷汉",扬言中国只要"共产"便要受人"共管"。思想转变了的郭沫若,自然难以忍受这两派攻击共产主义的行为,为此先后发表了《穷汉的穷谈》、《共产与共管》、《无抵抗主义者》、《社会革命的时机》等文,"目的总是想怎样地破除他们的国家主义的迷信和其催眠力。"①努力澄清人们对共产主义的种种模糊认识。

与"孤军派"和"醒狮派"论战中,郭沫若写了《马克思进文庙》。叙述马克思来到中国,到文庙里询问孔子:"究竟你的思想是怎么样? 和我的主义怎么不同? 而且不同到怎样的地步?"随后借孔子之口点出此乃"比付","你先说你的主义,等我再来比付我的意见罢。"交谈中两人互相发现颇多共鸣之处。最后马克思感叹:"我不想在两千年前,在远远的东方,已经有了你这样的一个老同志! 你我的见解完全是一致的,怎么有人会说我的思想和你的不合,和你们中国的国情不合,不能施行于中国呢?"甚至把对方作为"见解完全是一致②

---

① 郭沫若:《创造十年续篇》,《学生时代》,人民文学出版社1979年版,第248—249页。
② 郭沫若:《马克斯进文庙》,1925年12月16日《洪水》半月刊第1卷第7期。

的同志。郭沫若自知这一"本是带有几分游戏性质的"比附之作,"对于孔子信徒和马克斯信徒两方面都是不会讨好的。"①很显然,《马克斯进文庙》的实际效果与郭沫若想要澄清人们对共产主义种种模糊认识的努力,恰相违背,明知出力不讨好却还是要在笔战方酣中抛出,只能说是对孔子"很有研究"的郭沫若在转向马克思接触共产主义理论时按捺不住兴奋,忍不住地就要信手捻来随意生发,诗人脾性再次尽显无遗。在这一段时期,郭沫若发表在《洪水》半月刊上的文章共有十五篇:第二期《盲肠炎与资本主义》,第三期《弹琴者之歌》(节译,Goethe 原著),第四期《穷汉的穷谈》,第五期《共产与共管》,第七期《〈文艺论集〉序》、《马克斯进文庙》,第八期《新国家的创造》,第九期《讨论〈马克斯进文庙〉附陶其情信》,第十、十一期合刊《社会革命的时机》,第十二期《无抵抗主义者(对话)》,第十四期《卖淫妇的饶舌》、《给陶其情的复信》,第十六期《文艺家的觉悟》,第十八期《红瓜》,第二十期《〈少年维特之烦恼〉增订本后序》;《洪水周年增刊》二篇:《着了火的枯原》、《矛盾的调和》。这些文章大多与郭沫若思想的"转向"相关,也许正是因为如此,郭沫若才以为正是他改变了《洪水》半月刊的发展方向,"于是我又才从旁把柁轮捉着,把那偏向着'上帝'的'洪水',向着'猛兽'的一方面逆转了过来。"不仅如此,他认为也正是在他的努力下,漆南薰和蒋光慈也参加进创造社,"使《洪水》,否,不仅《洪水》,是使整个创造社改涂了一番面貌。"②郭沫若的自我评价常常言过其实,但《洪水》的确因此有所改变,作为《洪水》编辑和实际负责人的周全平曾说,"《洪水》自从'穷汉'谈了一次'穷谈'以后,便好似喝了两大杯麦烧,脸上渐渐泛起可怕的红色来了。"③艾芜回忆说,"郭沫若同志还指引我们从文艺的道路走上革命的道路。他在《洪水》半月刊上,发表的《共产与共管》、《马克思进文庙》等等文章,又翻译马克思的《政治经济学批判》,使人突破了文艺这个圈子,引起更新更美好的憧憬。"④虽然有所变化,实际影响却并不十分深远,郭沫若自身的"转向"及相关努力并没有使整

---

① 郭沫若:《讨论〈马克斯进文庙〉附陶其情信》,1926 年 1 月 16 日《洪水半月刊》第 1 卷第 9 期。

② 郭沫若:《创造十年续编》,《学生时代》,人民文学出版社 1979 年版,第 265 页。

③ 周全平:《关于〈洪水〉"赤色嫌疑犯"问题》,1926 年 2 月 5 日《洪水》半月刊第 10、11 期合刊号。

④ 艾芜:《你放下的笔,我们要勇敢地拿起来》,《悼念郭老》,生活·读书·新知三联书店 1979 年版,第 75 页。

个创造社改换一番面貌,随着他南下广州从教,《洪水》倒是真的改换了一番面貌,不过不是向着郭沫若想象的方向转变,反而是将郭沫若先前涂抹其上的一些马列色彩又清除掉了。①

郭沫若在《〈文艺论集〉序》、《马克斯进文庙》、《新国家的创造》等文章中表露出来的观点,给自己引来了一位论敌:巴金。巴金向郭沫若发起驳难的文章有:《马克思主义的卖淫妇——评洪水八期郭沫若之〈新国家的创造〉》(《时事新报》副刊《学灯》一九二六年一月十九日)、《答郭沫若的〈卖淫妇的饶舌〉——并介绍沫若的妙文》(《时事新报》副刊《学灯》一九二六年四月五日)、《洗一洗不白之冤》(一九二六年四月十六日《洪水》半月刊第二卷第十五期)。不赞成列宁无产阶级专政的巴金与正对列宁礼赞得五体投地的郭沫若迎头相撞。至于《马克斯进文庙》等文显示出来的郭沫若在马克思理解方面的不足,只是恰巧为巴金提供了责难的绝佳突破口而已。"'马克思主义的卖淫妇'本来是'马克思派硕学'考茨基赠与列宁的'绰号',现在我把它转赠给郭沫若君也是很合宜的,因为郭君把马克思主义涂上'郭沫若主义'的颜色了。"②考茨基,一八五四年十月十六日生于布拉格,一八七七年加入德国社会主义工人党(后为德国社会民主党)。一八八一年三月被派往伦敦会见 K. 马克思和 F. 恩格斯,由激进的民主主义逐步转向马克思主义。正如列宁所说,考茨基"承认马克思主义中的一切,就是不承认革命的斗争手段,不承认要为采用这种斗争手段进行宣传和准备并用这种精神教育群众。"③考茨基认为:"从拉萨尔开始,我们党就力图明确地确定求助于锁链和铁叉的革命同社会革命之间的不同点,并证明它基本上力求达到的仅是后者。"④考茨基认为列宁曲解了马克思主义,是伪马克思主义,是"马克思主义卖淫妇"。在他看来,社会革命不是破坏国家政权,民主和专政是矛盾的,而以列宁为首的马克思主义左派是冒险主义和无政府主义。反过来,列宁也

---

① 咸立强:《郭沫若与〈洪水〉》,2008 年《新文学史料》第 1 期。

② 巴金:《马克思主义的卖淫妇——评洪水八期郭沫若之〈新国家的创造〉》,1926 年 1 月 19 日《时事新报》副刊《学灯》。

③ 列宁:《无产阶级革命和叛徒考茨基》,《列宁选集(3)》,人民出版社 1960 年版,第 239 页。

④ 考茨基:《论对马克思主义理论和实践的批判》,转引自[苏]斯·布莱奥维奇:《卡尔·考茨基及其观点的演变》,李兴汉、姜汉章等译,东方出版社 1986 年版。

视考茨基为伪马克思主义者，"头号伪君子和糟蹋马克思主义的能手。"①在马克思主义的理论与实践方面的接受差异，使他们道不同不相为谋，进而相互指责非难。

早在少年时期即已倾向于无政府主义的巴金，对马克思到列宁以降的国家学说及其实践向来难有认同感。"一九二四年，中国共产党与国民党合作，成立了革命的统一战线。统一战线的成立，推动了革命的蓬勃发展。吴稚晖等在此启发下，萌发了'安国合作'的念头，提出了'无政府党与国民党合作'的主张。一九二七年"四·一二"反革命政变以后，这种主张又被溶进反共的内容，发展为'安国合作，共同反共'的理论。"毕修勺、李石曾等都属于这一派，另外还有一部分无政府主义者，"他们既不赞成《革命周报》的'安国合作，共同反共'的主张，对蒋介石屠杀共产党的卑劣行为深恶痛绝，但又不愿接受马克思主义，仍然幻想着无政府主义的立即实现。巴金、卫惠林、君毅、卢剑波、张谦弟等人即是如此。"②一九二四年七月一日，巴金发表《〈俄罗斯的悲剧〉译后记》，认为中国共产党"要走俄国人的路"，是"想把俄国的悲剧拿来中国开演。"③十月在《时事新报·学灯》上发表《评陈启修教授之〈劳农俄国之实地考察〉》，认为"劳工专政明明是骗人的鬼话。"④ 十二月十六日又在《学灯》上发表《再论无产阶级专政》，认为马克思无产阶级专政的理论是空想而矛盾的，并不能够达到国家消亡的目的。"苏维埃不是无产阶级专政的形式"，而是"共产党领袖专政的形式"，"一阶级压迫他阶级是不应该的，是足以损害人类的幸福，为人类进步的障碍。那么，我们连无产阶级专政也应该反对。"⑤二十九日又在《学灯》发表《列宁论》，将列宁领导的政府视为"便是压迫和摧残工人农民的机关。"⑥尽管巴金不是考茨基的信徒，但在苏俄问题的思考上却有一致之处。都将列宁道路视为民主的对

① 列宁：《第二国际的破产》，《列宁选集（2）》，人民出版社 1960 年版，第 663 页。

② 汤庭芬：《无政府主义思潮史话》，社会科学文献出版社 2000 年版，第 160 页、第 176 页。

③ 巴金：《〈俄罗斯的悲剧〉译后记》，1924 年 7 月 1 日《民钟》第 1 卷第 12 期。

④ 巴金：《评陈启修教授之〈劳农俄国之实地考察〉》，1924 年 10 月 22－24 日《时事新报》副刊《学灯》第 7 卷第 10 册第 22 至第 24 号。

⑤ 巴金：《再论无产阶级专政》，1924 年 12 月 16 日至 18 日《时事新报》副刊《学灯》第 7 卷第 12 册第 16 号至第 18 号。

⑥ 巴金：《列宁论》，1924 年 12 月 29 日至 31 日《时事新报》副刊《学灯》第 7 卷第 12 册第 29 号至第 31 号。

立面,认为所谓"苏维埃专政"实际不过是一党专政或一阶级中小部分人的专政。"马克思虽然主张废除国家,但是他所取的手段不能达到目的。即凡权力集中的国家不能自行消灭……马克思派废除国家的话,都是骗人的花言巧语。"①从这些文章看,巴金与郭沫若在无产阶级专政以及由此产生的对国家问题的理解势同水火,在某种程度上恰好和考茨基之于列宁相对应。郭沫若对列宁无比推崇,巴金与考茨基则极力反对列宁道路,转向过程中欣欣然的郭沫若碰到了肺病后加倍热狂地宣传无政府主义的巴金,"吵架"就不足为奇;巴金借用"卖淫妇"故典,却也恰到好处地点明了郭、巴两人分歧所在。巴金与郭沫若并未就具体的翻译问题展开论争,他们所争论的是对国家等理论问题的理解,以及国家发展道路的选择等问题,但是正是这些论争为译介的取材等奠定了基础,换言之,便是他们论争的背后其实蕴藏着一个可以译介什么和不可以译介什么的择取问题。

二十世纪二十年代后期,普罗列塔尼亚兴起于中国文坛,随后成为风靡一时的时髦词汇。普罗大众、普罗文学等等,皆由此而来。关于普罗列塔尼亚,冯乃超曾在《阶级社会的艺术》一文中:写到,"无产者—普罗列塔利亚(Proletarier)是什么呢? 它是'除开出卖其劳动以外,完全没有方法维持其生计的,又因此又不倚赖任何种类资本的利润之社会阶级。……总之,普罗列塔利亚—普罗列塔利亚底阶级就是十九世纪的(现在也是的)劳动阶级(Proletariat)'。(恩格斯)"②在当时的文坛上,普罗列塔尼亚的涌现与后期创造社的革命文学转向有着密切的关联。普罗列塔尼亚文学是随着大革命的失败而逐渐涌现于现代文坛之上的,创造社同人的倡导之功有目共睹,而这首先源于创造社内两股力量的努力。"从日本回来的进步作家,加上国内从大革命前线来到上海的作家,合力赋予了'创造社'以新的生命,使被人称为'为艺术而艺术'的创造社一变而为革命文学团体的创造社。"③一方面,郭沫若、成仿吾等创造社同人从革命前线归来,携裹着浓郁的革命气息,喊出了革命文学的口号。另一方面,在成仿吾的邀请下,朱镜我、李初梨、彭康、

---

① 巴金:《马克思主义的卖淫妇——评洪水八期郭沫若之〈新国家的创造〉》,1926年1月19日《时事新报》副刊《学灯》。

② 冯乃超:《文艺理论讲座(第二回)·阶级社会的艺术》,1930年2月《拓荒者》第2期。

③ 杨纤如:《左翼作家在上海艺大》,《左联回忆录》,中国社会科学出版社1982年版,第93页。

李铁声和冯乃超五位留日学生抛弃学业回国,参加创造社文学活动,开创《文化批判》时代,追求的目标便是"批判"和"启蒙",思想资源与五四新文化运动时期相似,皆来源于中国之外,只是已经由个人、个性转向了辩证法唯物论。在这一时期,"翻译文学出现了第二次热潮",译介的焦点已不是古典主义、浪漫主义、现实主义和自然主义等齐头并进,具有革命倾向和左翼特征的作品译介占据了显要位置。初期创造社同人由个人兴趣爱好出发进行译介的价值取向逐渐消歇,社会功利性价值取向甚嚣尘上。有人认为,"在一九二八——九三二年间,中国文学在创作上是没有什么建树的。当时存在着一种重翻译介绍、轻创作实践,翻译介绍成就大、创作实践成就小的局面。这段时期内,体现文坛面貌的,不只是翻译文学影响下的中国作家自身的浮夸理论和粗糙创作,翻译作品本身在更大程度上代表了当时的文学成就和文学特征。"①二十世纪二十年代初期备受瞩目的"媒婆"与"处女"的争论也暂时被搁置起来,翻译而且是左翼文艺的翻译在理论和创作两方面都为当时的中国文学贡献着可供模仿的典范。

一九二一年十月,河上肇《唯物史研究》创刊,十二月由界利彦、山川均等人主办的宣传马克思主义的理论刊物《社会主义研究》创刊,与此同时,《资本论》、《共产党宣言》等经典著作先后翻译出版,彭康和李初梨等人就读的京都帝国大学文学部哲学学科被认为是不折不扣的"日本观念论哲学的最高牙城"。朱镜我等从日本归国的创造社新锐们留学日本时,正值"当时日本无产阶级文学运动盛行,大学和高校的学生颇有参加者,他们也受了相当的影响。"后期创造社新锐们有王学文、傅克兴、沈起予、许幸之、沈叶沉等,先后陆续归国。创造社新来的这批同人,大多都在日本接受了无产阶级的革命理论,理论功底深厚;同时,也与革命阵营退下来的阳翰笙等人不同,他们没有经历过大革命的实践,带有未毕业留学生特有的蓬勃生气,又都"特别关心创造社,希望创造社能转变方向,提倡无产阶级革命文学。""创造社后期的活动,主要是提倡无产阶级文学和宣传马克思列宁主义思想。这可以说是创造社前期活动,特别是《洪水》刊行以后的发展的必然趋势。"②这种必然的趋势与其说是来自创造社内部,毋宁说是整个社会时代思潮的变

---

① 葛中俊:《翻译文学:目的语文学的次范畴》,1997 年《中国比较文学》第 3 期,第 82 页。

② 郑伯奇:《创造社后期的文学活动》,《沙上足迹》,黑龙江人民出版社 1999 年版,第 34 - 35 页。

化使然。

当时,日本流行的福本主义主张对既成作家进行批判,后期创造社同人
甫一拉开革命文学转向的大幕,便将批判的矛头直指鲁迅、茅盾、叶圣陶等
著名作家,《文化批判》第四号因连续刊登四篇攻击鲁迅的文章而被称为"堂
·鲁迅"专号。当然,批判这些已成作家并非源于个人恩怨,正如郑伯奇在
《文坛的五月》中指出的那样,"我们所批评的不是鲁迅个人,也不是语丝派
几个人,乃是鲁迅与语丝派诸君所代表的一种倾向。这种倾向也许支配着
许多青年,然而这种倾向在现阶段是有害的。我们批评了他,是我们遂行我
们对于现阶段的任务。"①由这种认识出发,在文学及社会科学的译介方面,
也就带来了相应的变化。在《创造月刊》特别开辟的"翻译栏"中,连续刊登
了李初梨译塞拉菲莫维奇的《高尔基是同我们一道的吗》、嘉生译倭罗夫斯
奇《高尔基论》等,意在为"在今日没有理解高尔基的中国"②输入必要的知
识,其实也是在为既定作家的批判张目。其他如《托尔斯泰——俄罗斯革命
的明镜》、朱镜我译《绘画底马克思主义的考察》、沈起予译《H. Barbusse 之思
想及其文艺》、芮生译贾克伦敦《德布士的梦》、晴峭译匈牙利缪莲女士《真理
的城》、李铁声译《群众＝人》、张资平译松田解子《碳坑姑娘》、李初梨译藤
森成吉《不拍手的人》、N. C. 译上野壮夫《读壁报的人们》等,皆为无产阶级
文艺或相关文艺论著。N. C. 在《译者附记》中写道,"上野壮夫是日本的新
诗人又是全日本无产者艺术联盟的一员。我们的诗人怎样地喜我们的欢
喜,悲我们的悲哀;我们的同情现在国际地交通起来。这就是使我翻译这篇
作品的动机,同时缺乏表现形式,我们的年青的诗人们也可以拿它来参考一
下。"③这段话其实正说明了这一阶段翻译文学及其译介实践的追求。

倡导普罗列塔尼亚文学,④大力译介外国相关文学及其理论,出于创造
社同人对于当时社会形势的判断及自身历史使命的理解相关。正如周扬所
说,"从世界范围来说,三十年代也就是从资本主义文艺向无产阶级革命文
艺转化发展的年代。'左联'等左翼文艺团体正是在这个转折关头,顺着世

---

① 何大白(郑伯奇):《文坛的五月》,1923 年 5 月 1 日《创造月刊》第 2 卷第 1 期,第 109 页。

② 《编辑后记》,1928 年《创造月刊》第 2 卷第 2 期,126 页。

③ N. C. :《译者附记》,1928 年《创造月刊》第 2 卷第 3 期,第 117 页。

④ 即无产阶级文学,郑伯奇回忆说,"为了隐蔽,宣称,'普罗列塔利亚文学'。"《创造社后期
的文学活动》,《沙上足迹》,黑龙江人民出版社 1999 年版,第 40 页。

界潮流应运而生的。它是国际无产阶级文艺运动的一个组成部分。"①创造社同人当初译介普罗列塔尼亚文学及其理论,出发点也正在此。谈到创造社和鲁迅讨论恢复《创造周报》事时,成仿吾回顾说:"郭沫若想恢复周报是幻想,如果恢复周报,是后退而不是前进,应当宣传马克思主义。"冯乃超认为,成仿吾当时是"直感到大革命失败之后需要加强文化工作,我觉得他当时的想法和我们是差不多的。他和我们之间是相互推动。"②成仿吾的想法,很快得到了郭沫若的应和。

在《从文学革命到革命文学》一文中,成仿吾指出,"我们如果还挑起革命的'印贴利更追亚'的责任来,我们还得再把自己否定一遍(否定的否定),我们还要努力获得阶级意识,我们要使我们的媒质接近农工大众的用语,我们要以农工大众为我们的对象。"③在《创造月刊》第一卷第十一期《编辑后记》中,成仿吾提出,"旧的怎样吸收,新的怎样进展,作家怎样养成,大众怎样接近?以及这不三不四的语体的改革的问题,——摆在我们前面的问题实在太多了,我们要一个一个的解决起去,但是这儿必须有相当的年月。"④一九二八年二月九日,郭沫若和成仿吾"谈《创造月刊》事,我主张把水准放低,作为教育青年的基本刊物。仿吾很赞成。"⑤后来,从日本回国的李铁声则进一步劝成仿吾将创造社里的刊物"作为思想战的基地",以便"从事于辩证唯物论和历史唯物论的推阐工作。"⑥这些信息表明,从革命前线归来的创造社同人和刚刚从日本归国的新进力量,都放弃了"文学的启蒙",不是要求青年读者向文学标准靠拢,而是将文学作为了新的思想启蒙的工具,文学之外的启蒙成为占据主导地位的要求。这也就难怪要引来茅盾讥讽:"想来大家也不会忘记今日之革命的文学批评家在五六年前却就是出死力反对过文学的时代性和社会化的'要人'。这就是当时的创造社诸君。"⑦追求"文学

① 周扬:《继承和发扬左翼文化运动的革命传统——在纪念"左联"成立五十周年大会上的讲话》,《左联回忆录》,中国社会科学出版社1982年版,第9页。

② 宋彬玉、张傲卉:《成仿吾和创造社》,1985年《新文学史料》第2期,第133页。

③ 成仿吾:《从文学革命到革命文学》,1928年2月1日《创造月刊》第1卷第9期,第6页。

④ 厚生(成仿吾):《编辑后记》,1928年5月1日《创造月刊》第1卷第11期,第124页。

⑤ 郭沫若:《离沪之前》,王锦厚编,《郭沫若散文选集》,百花文艺出版社1992年版,第104页。

⑥ 张静庐:《中国现代出版史料(1)》,中华书局1954年版,第190页。

⑦ 茅盾:《谈〈倪焕之〉》,1929年《文学周报》第8卷第20期。

的时代性和社会化"的后期创造社同人不再守候于文艺的象牙之宫,也并不一头钻进社会科学的理论研究中去,而是将群众宣传工作作为了新的关注焦点。所以,李初梨才会套用辛克莱的话说,"一切的文学,都是宣传。普遍地,而且不可避免地是宣传;有时无意识地,然而常时故意地是宣传。"①推阐辩证唯物论和历史唯物论,也就意味着一方面要处理好译介的工作,另外一方面要处理好大众接受阅读的工作。这两个方面的要求及其合理的处理也就构成了后期创造社译介实践的走向与特征。

大众化、普及化的要求,使后期创造社同人在理论倡导方面必然要求表达的煽动性,"我们必定要做到有丰富的煽动的力量的一点。这里所说的煽动的力量,不一定是指技巧上的煽动,当然,内容上的煽动也是必要的,宣传文艺的第一条件,就是要煽动,要起煽动的作用。"②"左联"成立初期,创造社同人占有近半壁江山,他们的文学主张和思想倾向也必然反映在"左联"的文学活动中。当时创造社的言论,实际上代表了左翼文学潜在的发展趋向。时任"左联"常委的郑伯奇曾说:"如何运用文艺武器参加斗争,鼓舞士气,打击敌人,成为革命作家急须解决的问题。革命作家痛切感觉到首先必须向广大群众作宣传,打破'五四'运动以来主要以知识分子为对象的狭隘做法。于是,'大众化'问题才迫切地提上了日程。"③郑伯奇的这段话,可以视为当时文艺大众化倡导的一个重要原因。"左联"随后形成的,更是将大众化、普罗化作为一种制度,强调"'左联'应当'向着群众'!应当努力地实行转变——实行'文艺大众化'这目前最紧要的任务。"④然而,能够煽动大众的,显然不是高深的理论,精致微妙的艺术品,因为煽动目的的实现,首先要以可读能读为前提,而通俗易懂的作品显然更容易被大众所接受。正如鲁迅先生说的那样,"为大众设想的作家,竭力来作浅显易懂的作品,使大家能懂,爱看,以挤掉一些陈腐的劳什子。但那文字的程度,恐怕也只能到唱本那样。因为现在是使大众能鉴赏文艺的时代的准备,所以我想,只能如

---

① 李初梨:《怎样地建设革命文学》,1928 年 2 月 15 日《文化批判》第 2 期,第 5 页。

② 钱杏邨:《前田河广一郎的戏剧——读了〈新的历史戏曲集〉以后》,《阿英全集》第 1 卷,安徽教育出版社 2003 年版,第 170 页。

③ 郑伯奇:《左联回忆散记》,1982 年《新文学史料》第 1 期,第 20 页。

④ 《关于左联目前具体工作的决议》,马良春,张大明编,《三十年代左翼文艺资料选编》,四川人民出版社 1980 年版,第 194 页。

此。"①事实上，就后期创造社译介的普罗列塔尼亚文学及其理论而言，似乎与这一理论框架并不吻合。

打开一九二八年后出版的各种创造社期刊，可以发现其中有一个相当大的变化，即创作的减少与翻译的增加，而翻译又由前期创造社的倾向于文学而变为社会科学。其实，这种变化从一九二七年就已悄然发生，有思想史家认为："中国自一九二七年社会科学风起云涌，辩证唯物论思想大有一日千里之势。"②一九二八年一月十五日《文化批判》创刊号成仿吾在《祝词》中说，"政治、经济、社会、哲学、科学、文艺及其余个的分野皆将从'文化批判'明了自己的意义，获得自己的方略。'文化批判'将贡献全部的革命理论，将给予革命的全战线以朗朗的火光。"并将其视为"一种伟大的启蒙"。对于这"一种伟大的启蒙"的必要性，彭康论述说，社会"是一个矛盾的总体，他自己内部就含有否定自己，奥伏特变的契机……意识形态立在社会的基础，发生的时候，固然可以助长他的发展，统一他的理论；但是社会的矛盾暴露、对立激化，新的形态萌芽的时候，意识形态反变为进化的阻碍，对于新的事实失了解释的能力。在这时候，社会需要一种全面的自己批判，建设一种适合于新社会形态的理论……这就是思想革命。——完成这项工作正是哲学的使命。"思想革命能够对社会文化进行全体系的批判，将"有毒的思想之社会的根据颠覆"，③从而达到变更世界的目的。《创造月刊》第二卷第一期《编辑后记》指出，"本志以后不再以纯文艺的杂志自称。"与文学研究会从周作人到郑振铎再到茅盾逐渐发生了文学的启蒙与启蒙的文学并重到启蒙的文学偏重相似，创造社发展到这一阶段也完成了从文学到启蒙的偏重的转换。于是，我们在创造社期刊和丛书中看到了下面这样的一些著译标题：《社会科学与社会科学名词》、《唯物史观原文》、《科学社会主义的哲学渊源》（Riazanov 原著）、《一九二八年的世界经济——一九二九年第一季世界经济与政策的第一部》（E. Varga 原著）、《新英译文的〈资本论〉》、《思维与存在—辩证法的唯物论》、《唯物史观的构成过程》、《马克思主义底根本问题》（译）、《绘画底马克思主义的考察》（傅利采 原著）、《关于马克思主义文艺批评底任务之大纲》（A. Lunatcharsky 原著）、《理论与实践》、《科学的社会

---

① 转引自茅盾：《我走过的道路（中）》，人民文学出版社 1984 年版，第 147 页。

② 郭湛波：《近五十年中国思想史》（再版本），山东人民出版社 1997 年版，第 6 页。

③ 彭康：《哲学的性质是什么？》，1928 年 1 月 15 日《文化批判》第 1 期。

观》、《满蒙侵略底社会的根源》、《政治一般的社会的基础—国家起源及死灭》、《关于精神的生产底一考察》、《德谟克拉西论》、《宗教批判》、《目的性与因果性》、《辩证法的唯物论》(李铁声译)、《Romanticism 的变革》(巴尔特尔 原著)、《中国经济学界概观》、《资本主义的运动法则》。在第二卷第五期的封底,有一个创造社出版部新书目录,其中社会科学类计有:彭芮生译《科学的社会主义底基本原理》、林伯修译《旧唯物论底克服》、屈章译《历史的唯物主义》、李铁声译《辩证法的唯物论》、黄药眠与郑空性合译《历史的唯物主义》、林伯修译《无神论》、李一氓译《工钱劳动与资本》、李初梨译《辩证法的唯物论入门》、朱镜我译《农业问题底理论的基础》等共十一种。另外,为了能够更好地让读者们接受外来理论,他们还特意在一些刊物上开辟了"新辞源"栏目,每期固定地向读者介绍几个名词,如无产阶级、意识形态、商品、资本、范畴、价值等等。后期创造社刊物《新思潮》上有篇文章描述一九二九年的出版界时说,"一九二九年的出版界,可以说是关于社会科学的出版物风行一时的年头",而"关于文艺方面的出版物虽不能说是已经衰竭,但总没有像关于社会科学的那样来得蓬蓬勃勃的。"并认为"新兴的社会科学的抬头。这是新兴阶级的抬头的必然的反映。新兴社会科学在这一年里可以说已经确确实实地树立了它的存在权了。"①一九二九年也被瞿秋白称为"社会科学的翻译年"。据一九二九年十二月出版的《新思潮》第二、三期合刊号统计:这一年共译出了一百五十五种马克思主义社会科学著作。②

后期创造社同人从事译介工作的时候,追求的目标是大众化,是想将他们所主张的和所接触的外来理论传达或者说输灌给大众读者,译介的读者期待本应成为译介活动首要的考虑对象,译介的可接受性理应成为他们追求的一个目标,而这也成为他们能否实现自身理想的一个重要因素。然而,历史却跟现实开了一个玩笑。就像西奥·赫曼斯在《翻译的再现》中谈到的那样,"翻译告诉我们更多的是译者的情况而不是译本的情况。"③实际上,后期创造社同人在译介实践过程中,更多地考虑的是译者自身的理想追求,想要向大众读者传递无产阶级文化和文学理论,至于译介的接受对象,在很大

---

① 《1929 年中国关于社会科学的翻译界》,1930 年 1 月《新思潮》第 2、3 期合刊。

② 转引自陈建华:《二十世纪中俄文学关系》,学林出版社 1998 年版,第 122 页。

③ 西奥·赫曼斯:《翻译的再现》,谢天振编《翻译的理论建构与文化透视》,上海外语教育出版社 2000 年版,第 13 页。

程度上却被理想化或者说忽略了,这种理想化或忽略自然是由多种因素造成的,但是译介者过于自我中心的想象应是一个非常重要的因素。译介者中心本位的思考与译介接受对象的缺位,客观上使后期创造社同人的译介实践成了一厢情愿的"启蒙"操作,在另外一些知识分子和读者眼里,这种启蒙话语笼罩着浓郁的符咒气息,偏离了启蒙的本义。但是,从译介学角度讲,译介符咒化的形成,也正是译介趋向于归化的结果。启蒙,就是要教化大众,使之到达理想的彼岸;归化译介,也是将彼岸设定为理想的目标。启蒙的追求与归化译介在路向上有交叉,这或许正是后期创造社译介话语流传的内在契机。

冯乃超创作的小说《Demonstration》的最后,有这样的一段文字,最好不过地呈现出了后期创造社启蒙话语的符咒化特征。

"一什么事情?摆街的小贩惊奇的问着。

普罗列塔利亚的观兵式。我告诉他。

什么?普罗列的观兵式,那是新皇帝的名字么?小贩惊讶地反问着。

——对了,新时代的皇帝!普罗列塔利亚就是我们和你们一般的穷民。"①

小说结尾部分这段有意思的对话既是启蒙,又是遮蔽。作为启蒙,他告诉小贩穷民就是普罗列塔利亚,就是新时代的皇帝,皇帝与普罗列塔利亚相等同,这自然是一种启蒙思维。但是,这种思维的背后,不是按照自身新的逻辑明晰地呈现自身的,而是带了伪装。比如,说普罗列塔利亚,而不用意译的无产阶级,或者就是小说中用的,"和你们一般的穷民",这本身就带有了一种遮蔽性。这对于"我"一般的知识分子来说,词中内涵自然知晓,但是,对于小贩来说,不管怎样解释,"普罗列塔利亚"都是一个陌生的怪物,不管亲切还是恐怖,在他们心中打下的都是一个彼岸的印痕。启蒙的神圣化,外文语词的陌生化,并没有带给人们普遍的心灵震撼。在后期创造社同人与鲁迅论战过程中,《创造月刊》第二卷第一期曾发表过梁自强《文艺界的反动势力》,文中有这样一段话:"创造社就是根据普罗列塔利亚文艺理论而批判鲁迅,何能说不是严正的批评呢?想斥创造社的这种严正的批评为无理由的谩骂,除非士骥君再有新颖的正当的文艺理论证明普罗列塔利亚文艺

---

① 冯乃超:《Demonstration》,1928 年年 2 月 15 日《文化批判》第 2 号。

之可不必提创而资产阶级的文艺有鼓励的必要。"①文中对普罗列塔利亚文艺理论的正确性并无阐述,但却自以为根据了普罗列塔利亚文艺理论的就是正确的,这种逻辑本身,也可算作是符咒气息之一种。其结果,正如鲁迅所言:"新潮之进中国,往往只有几个名词,主张者以为可以咒死敌人,敌对者也以为将被咒死,喧嚷一年半载,终于火灭烟消。如什么罗曼主义,自然主义,表现主义,未来主义……仿佛都已过去了,其实又何尝出现。现借这一篇,看看理论和事实,知道势所必至,平平常常,空嚷力禁,两皆无用,必先使外国的新兴文学在中国脱离'符咒'气味,而跟着的中国文学才有新兴的希望。"②在《"醉眼"中的朦胧》一文中,鲁迅批评了"奥伏赫变"这一音译,"'除掉'的意思,Aufheben 的创造派的译音,但我不解何以要译得这么难写,在第四阶级,一定比照描一个原文难。"③其实,像爱斯不难读(Esperanto,世界语,一八八七年由波兰眼科医生柴门霍夫所创)、布尔什维克(Bolshevik,俄文)、普罗列塔利亚特(proletariat,无产阶级)、意德沃罗基(ideology,意识形态)、小布尔乔亚(petite bourgeoisie,法文,小资产阶级)、印贴利更追亚(intelligentsia,俄文,知识分子)、烟士披里纯(inspiration,灵感)等外语词汇的翻译,都带有明显的归化色彩,是当时翻译界共同存在的问题,不独创造社为之。这一方面是翻译时缺乏对应的词汇,另一方面也是为了保持原味。其实,带有魅咒色彩的翻译向来与新生事物有着难解之缘。《共产党宣言》中开篇的那几个段落,由赛米尔·穆尔在恩格斯的帮助下于 1888 年翻译而成的权威的英语译文为:"一个幽灵(spectre),共产主义的幽灵,在欧洲游荡(haunting)。为了对这个幽灵进行神圣的围剿(exorcise),旧欧洲的一切势力,教皇和沙皇、梅特涅和基佐、法国的激进派和德国的警察,都联合起来了。"④幽灵(spectre)之译,自然带有一丝异端色彩。

在《百合与番茄》一文中,郭沫若曾记载了自己在外文书店里的一次遭遇:"我这天穿的衣裳是我在日本穿了十年的一套哔叽制服,上面套了一件前年在上海缝的十二块钱的雨衣,穿这样装束的人要进西书局,怕是僭分了

---

① 梁自强:《文艺界的反动势力》,1923 年 5 月 1 日《创造月刊》第 2 卷第 1 期,第 152 页。

② 鲁迅:《〈现代新兴文学的诸问题〉小引》,《鲁迅译文集》第 5 卷,人民文学出版社 2005 年版,第 359 - 360 页。

③ 鲁迅:《"醉眼"中的朦胧》,《鲁迅全集》第 4 卷,人民文学出版社 2005 年版,第 64 页。

④ Karl Marx and Frederick Engels, The Communist Manifesto, in Marx and Engels, Collected Works, vol. 6(London: Lawrence & Wishart, 1976) , p. 481.

罢?……在伊文思书店中忍着气巡视了一回,可怜我强盗的性癖终竟抬不起头来,白白出去好像敷衍不过,随便问了两本书:

Yeats 的'Ideas of Good and Evil'有没有?

——……没有。

Nizstche 的'Ecce Homo'(音读如[也克火磨])呢?

唉,口磨?……当然没有。

哈哈,当然没有! 连这两种我自己书橱里也有的书你们都不知道时,你忠于职务的西崽哟! 对不住你的洋主人,你们的书店在我看来仍然是破纸篓呢! 我好像凯旋将军一样纠纠地推开了大门出去。"①

在伊文思书店里,郭沫若受到店员的慢待,所受的慢待与民族主义情感联系起来,从而具有了某种现代性的反抗意识。郭沫若的反抗,便是以其人之道还治其人之身,他用外文说出了两个作家的两本书,而且还特地点明是"随便问"。有意思的是,郭沫若突出了店员对于尼采 Ecce Homo 一书的理解:"唉,口磨? ……当然没有。"在郭沫若的叙述中,店员显露了他的无知与狭隘,而郭沫若则通过这种方式得到了胜利,"好像凯旋将军一样纠纠地推开了大门出去"。然而,仔细推敲郭沫若的这段叙述文字,却可以发现那位店员似乎并没有醒悟到自己的狭隘无知,自然对郭沫若的"凯旋"也不会感到多大的兴趣。"唉,口磨? ……当然没有。"那种肯定的口气,除了可解释为掩饰自己的无知外,也能够解释为对郭沫若所说外文词语的否定。进入外文书店,探寻西方现代文学与思想的郭沫若,却在一个小小的店员那里感到了失落与挫折;通过外文语词及外文资料的掌握,郭沫若重新找回了信心,确立了自身的优势,而这优势与胜利,却始终不过停留在文字与口头的层面,至多不过是个体精神上的优胜。郭沫若叙述的自身遭遇,其实也正可以视为现代文学之现代性诉求的一种悖谬境地。

在创造社译介进程中,后期创造社译介活动的归化趋向显然与之前的顺化划出了一个分界,变化的原因,则表现出创造社同人对无产阶级文学理论的尊重,极力想要保持原作意味的努力。"三十年代出现了大量经由'左翼'翻译——主要是音译——而生造出来的新词,如'奥伏赫变'(aufhe-ben)、'意德沃罗基'(ideology)、和'普罗列塔利亚'(proletariat)等,并且在

---

① 　郭沫若:《百合与番茄》,1923 年《创造周报》第 31 号,第 16 页。

'左翼'杂志上开辟专栏来解释这些新词,之所以出现这种采用'音译',却又不厌其烦地用大段文字加以解释的现象,是因为'左翼'译者认定在中国文化中根本没有任何合适字词,能够充分把这些包含着对新的社会、历史和阶级关系认识的概念的全部意义充分表述出来。"①具体词汇音译的原汁原味,《文化批判》、《新思想》等刊物专门开辟的新栏目:新辞源……这些都表明了译介顺化的努力。但是,无论如何,这种陌生化的词汇或多或少带有了某些符咒化的气息。对于后期创造社启蒙话语译介方面显示出来的那种符咒气息,不仅鲁迅注意到了,其他一些敏感的知识分子也注意到了。针对普罗列塔尼亚文学的种种符咒化表现,梁实秋在《文学是有阶级性的吗?》中首先捻出普罗列塔尼亚这个本身给予剖析:"'普罗列塔尼亚'这个名词并不新,是Proletariat 的译音,不认识这个外国字的人听了这个中文的译音,难免不觉得新颖。新的当然就是好的,于是大家都谈起'普罗列塔尼亚的文学',其实翻翻字典,这个字的涵义并不见得体面,据韦白斯特大字典,Proletary 的意思就是:A citizen of the lowest class who serves the state not with property,but only by having children。一个属于'普罗列塔尼亚'的人就是'国家里最下阶级的国民,他是没有资产,他向国家服务只是靠了生孩子。'普罗列塔尼亚是国家里只会生孩子的阶级! (至少在罗马时代是如此)我看还是称做'无产阶级的文学'来得明白,比较的不像一个符咒。"②梁实秋去魅的努力显然落空了。后期创造社符咒化的启蒙话语,得到了读者们的广泛认可,甚至成为一个时代的流行话语。

"左联"成员杨纤如后来回忆说,"后期创造社的出现,给中国文坛以很大的震动,也给中国无产阶级文学事业起了奠基作用。那时全国青年,激于对蒋介石窃取国民革命胜利果实、破坏中国革命进展的义愤,莫不彷徨、苦闷而思于找寻光明出路。一旦后期创造社出现,青年们可以说忽然发现一盏明灯。我所知道,《创造月刊》一到内地大中城市,不三日即抢购一空。青年以读《创造月刊》为幸运,宛如前些年读到《新青年》、《向导》一般的兴奋。若是一人购到《创造月刊》,向隅者定然预约借看,致使《语丝》、《小说月报》

---

① 罗岗:《翻译的"主题"与思想的"主体"》,《危机时刻的文化想像》,江西教育出版社 2005 年版,第 96 页。

② 梁实秋:《文学是有阶级性的吗?》,《梁实秋批评文集》,珠海出版社 1998 年版,第 139 – 140 页。

的读者改变兴趣。因读了《创造月刊》而走上革命道路者,大有人在。"①这种情况并非说明后期创造社话语的大众化,而恰恰是符咒化话语成功的表征。最早奉党的命令与创造社接触的共产党员郑超麟回忆说,"一九二七年底或一九二八年初,《创造》之外还出了一个新杂志,一种月刊,我不记得名称。这是谈马克思主义的杂志,写稿的都是些不见经传的人,创造社的人,如成仿吾,不过写了卷头语一类的东西。里面的文章,我不很看得懂,勉强看一二页就要头痛起来,因为句子长而复杂,文法和术语都很特别。宣传部其他的人看了,也与我有同感。我们的结论是:这些人都是初从日本回国的学生,日文也许很好,但中文尚未曾写通顺。我们当时决料不到这种佶屈聱牙的文体会在中国流行起来,成为此后五年间时髦文体,为青年人竭力模仿的,直至需要'大众语'运动来纠正它。"②当然,如果仔细追寻"时髦文体"流行的范围,可能会发现模仿的青年人可能绝大部分都是进步青年,流行于报刊杂志上的文体之风,其接受的普通的对象,恐怕也不是一般的读者。其实,即便是"左联"号召组织的演讲会,听众固然是准备前来听"左翼"方面的报告的,却也不见得一定喜欢这种启蒙话语的表达。郑伯奇回忆社会科学会组织的一次演讲活动时说,"心里越急,口上越乱。什么'意德沃逻辑'呀,什么'印贴利更地亚'呀,什么'狄亚列克特'呀,这一类生硬的术语,只在口边乱撞。可怜那百十个听众又渐渐散开,变成乌合的散兵线了。看光景还是趁早退场好,于是赶紧做了个结束了事。"③尽管如此,可是"时髦文体"的存在及其风行仍是无可否认的事实,个中因缘,也就颇值得玩味。

一种理论的倡导可以是横的移植,一种话语也可以是脱离现实语境的生编硬造,可是这种话语若是想要得到读者们的认可和接受,却非要一定的基础才行。这个问题包含着看似相反的两个方面:一个是现实的需要和作者的选择,另外一个便是对这种倾向的抗辩。就前一个方面而言,正像特里·伊格尔顿说的那样,"并非只是作者'需要读者':作者所运用的语言已经包含着可能存在的一种读者范畴而不是另一种范畴,在这一点上他未必有多少抉择权。一个作家也许根本不会想到某种特定的读者,他可能对谁

---

① 杨纤如:《左翼作家在上海艺大》,《左联回忆录》,中国社会科学出版社 1982 年版,第 94 页。

② 郑超麟:《郑超麟回忆录》,东方出版社 1996 年版,第 176 – 177 页。

③ 郑伯奇:《鲁迅先生的演讲》,《沙上足迹》,黑龙江人民出版社 1999 年版,第 165 页。

读他的作品毫不介意,但仅仅写作行为本身就已经把某种读者作为文本的内在结构包括了进去。甚至我自己对自己说话时,除非我说的那些话(而不是我本人)能够预见到某种潜在的读者,否则我说的话就根本不算做话。"①就此而言,语言的存在及其选择并不是随心所欲之事,即便是符咒化的话语也有其发生的现实理由,而且这理由就存在语言本身之中。后期创造社同人启蒙话语的影响,不能通过他们创作和译介的对象的本身内容去寻找原因,而是需要从语用学的角度,从读者接受的一方来寻求答案,这样可能会更接近历史的真相。周扬在《继承和发扬左翼文化运动的革命传统—在纪念"左联"成立五十周年大会上的讲话》中提出的观点,立足点也正在此。"在当时革命正遭受失败,中国变得一片黑暗,暗哑无音的情况下,他们的声音就象空谷的足音,就象寂静空气中的惊雷一样,使人们振聋启聩,为之奋起。因此不管他们在理论上和实践上有多少弱点和缺陷,他们的文章还是博得了对现实不满、渴望革命的广大知识青年的热烈共鸣。"②主体强烈的需要在当时的社会上营造出社会科学理论接受的浓郁氛围,有学者做了这样的描述:"中国自一九二七年社会科学风起云涌,辩证唯物论思想大有一日千里之势","当时介绍唯物辩证法的著作,译著大量出版,马克思主义哲学甚至在大学讲坛都占据了一定的地盘,以至于嘴里不讲几句辩证法或唯物论都不一定受学生欢迎。"③接受新生事物的热切心情与时代氛围,在一定程度上消解了对符咒气息的抵触。与此形成鲜明对照的,是一些读者对鲁迅和创造社话语的比较。"当时在青年中影响最大的两个文艺团体,一个是创造社,另一个是太阳社……鲁迅先生的文章古奥,不易懂,在一般青年中传播不多。"④冯润璋的看法到底有多大的代表性,这个问题暂且搁置不论。如果放在符咒化和语用学的视角下,我们不难看出一些青年读者的符咒化接受倾向,与鲁迅说理透彻但古奥的表达相比,创造社和太阳社热情而单纯得有些简单的文体,其实也更适合符咒化的话语表达。

就创造社后期译介实践及由此而产生的带有符咒气息的话语表达方式

① [英]特里·伊格尔顿:《现象学,阐释学,接受理论——当代西方文艺理论》,江苏教育出版社 2006 年版,第 81－82 页。

② 周扬:《继承和发扬左翼文化运动的革命传统——在纪念"左联"成立五十周年大会上的讲话》,《左联回忆录》,中国社会科学出版社 1982 年版,第 11 页。

③ 郭湛波:《近五十年中国思想史》,山东人民出版社 1997 年版,第 281 页。

④ 冯润璋:《我记忆中的左联》,《左联回忆录》,中国社会科学出版社 1982 年版,第 87 页。

的抗辩而言，在当时话语场里，由于汉语自身弱势，于是抗辩在某种程度上便成了苏俄文化与英美文化的争夺。抗辩也可大体分为两种方式，一种便是在符咒化的层面上谈论译介来的新生事物。就像鲁迅说的那样，"上海的小市民真是十之九是昏聩胡涂，他们好象以为俄国要吃他似的。文人多是狗，一批一批的匿了名向普罗文学进攻。象十月革命以前的 Korolenko 那样的人物，这里是半个也没有。"①另外一种便是以创造社自诩擅长的翻译来的普罗理论进行以子之矛攻子之盾的抗辩，就像在革命文学转向初期被创造社和太阳社等猛烈批评的鲁迅自己说的那样，"我有一件事要感谢创造社的，是他们'挤'我看了几种科学底文艺论，明白了先前的文学史家们说了一大堆，还是纠缠不清的疑问。并且因此译了一本蒲力汗诺夫的《艺术论》，以救正我——还因我而及于别人——的只信进化论的偏颇。"②虽然鲁迅早在一九二五年就购读了《新俄文学之曙光期》等书，一九二六年又购读了《无产阶级文学论》等书，而非如孔庆东所说，"鲁迅这个时候没有读过马列主义著作，但由于创造社的批判，逼迫鲁迅去找了一些马列主义书来读，结果发现自己才是真正懂马列主义的人，而对方搞的不是真正的马列主义。"③在创造社话语的逼迫下更多地阅读并翻译马列主义著作，"到一九二八年以后接受了马克思主义"，④这在鲁迅是一个不容否认的事实。然而，在另外一点上孔庆东的观点似乎更接近事实，那就是鲁迅"结果发现自己才是真正懂马列主义的人"，正如竹内好在《作为思想家的鲁迅》一文中说的那样，"鲁迅因接受了马克思主义世界观，摆脱了早期的尼采主义的影响，但他虚无主义的本质却并没改变。和其他新思想一样，马克思主义也并没带给他解放的幻想。……它是武器，是手段，不是目的。有些人倒是把马克思主义作为目的来大肆标榜的，鲁迅通过与他们的交锋，拒绝了把应被赋予的新的社会秩序作为被赋予的东西来寻求，并以此使否定成为媒介，在相反的方向上富有个性地实现了他自身的马克思主义化。这是和中国的共产主义运动的特殊性相适应的。鲁迅并不相信自己是马克思主义者，毛泽东评价他'比马克思主义者更

---

① 1932 年 6 月 24 日鲁迅致曹靖华信，《鲁迅书信集》，人民文学出版社 2005 年版，第 312 页。

② 鲁迅：《三闲集·序言》，《鲁迅全集》第 4 卷，人民文学出版社 2005 年版，第 6 页。

③ 孔庆东：《正说鲁迅》，中国海关出版社 2007 年版，第 5 页。

④ ［日］伊藤虎丸：《鲁迅与终末论——近代现实主义的成立》，李冬木译，生活·读书·新知三联书店 2008 年版，第 6 页。

马克思主义'。"①就翻译而言,鲁迅的这种情况正像德里达说的那样,掉进了翻译的陷阱。"若向既拥有权势也拥有法律的权力的人解释,你希望保留自己的语言;你就首先要学会他的语言才可能说服他。一旦你为了修辞以及政治性劝说的理由挪用了权力的语言,一旦你掌握了它足以说服或者说足以使人俯首帖耳,这时候,你实际上预先已经被打败了,而且被说服是弄错了。另外那一位……已经通过翻译这一事实显示说,他用自己的语言讲话,而且将它强加给你,这都是名正言顺的。正是由于你用他的语言向他讲话,你也就承认了他的法律和权威……"②就此而言,强调创造社同人和鲁迅到底谁才真正地把握了马列主义反倒是不很重要的问题,重要的是翻译的吊诡性,"在现代语言、现代民族－国家的兴起中,翻译起的作用就是,减弱弱小势力的阻力,将某种特定的语言提升为一种普遍运用的通行语言。也就是说,翻译是反交流的,它只有'启蒙'作用……"③在当时的情况下,后期创造社的马列译介便呈现出这样一种反交流的启蒙状态,它犹如鲶鱼效应一般,挟裹着周围的人们一起发生变化。

译介的符咒化,启蒙话语使用的符咒气息,首先与普罗列塔尼亚文学译介的错位有关。茅盾就曾说过,"它不根据中国当时的实际情况,硬搬苏联'工农通信员'的经验,把工农通信员运动的意义极端化,成为左联压倒一切的工作,而这一工作的实际内容又成了扫盲工作和启蒙工作。"茅盾谈的虽然是工农通信员事,实际上也是当时整个"左翼"启蒙话语表现出来的一种倾向。译介和接受苏联思想理论的偏差,扫盲和启蒙工作同时进行的结果,便是无法真正地实现启蒙,结果便是以符咒的形式实现宣传所需要达到的效果。另外,符咒气息的出现,也与当时话语操控者对当时阅读界的判断密切相关。在《关于翻译的通信》中,鲁迅曾谈到译者需要考虑的一些情况:"我们的译书,还不能这样简单,首先要决定译给大众中的怎样的读者。将这些大众,粗粗的分起来:甲,有很受了教育的;乙,有略能识字的;丙,有识

---

① 转引自[日]伊藤虎丸:《鲁迅与终末论——近代现实主义的成立》,李冬木译,生活·读书·新知三联书店 2008 年版,第 202 页。

② Jacques Derrida: If There Is Caues to Translate I: Philosophy in its National Language (Toward a 'licterature en francois'), Eyes of the University: Right to Philosophy, California: Stanford University Press, 1990. pp12

③ 蔡新乐:《相关的相关:德里达"相关的"翻译思想及其他》,中国社会科学出版社 2007 年版,第 137 页。

字无几的。""至于供给甲类的读者的译本，无论什么，我是至今主张'宁信而不顺'的。"这样的译本，"不但在输入新的内容，也在输入新的表现法。中国的文或话，法子实在太不精密了……这语法的不精密，就在证明思路的不精密，换一句话，就是脑筋有些胡涂。倘若永远用着胡涂话，即使读的时候，滔滔而下，但归根结底，所得的还是一个胡涂的影子。要医这病，我以为只好陆续吃一点苦，装进异样的句法去，古的，外省外府的，外国的，后来便可以据为己有。这并不是空想的事情。远的例子，如日本，他们的文章里，欧化的语法是极平常的了，和梁启超做《和文汉读法》时代，大不相同；近的例子，就如来信所说，一九二五年曾给群众造出过'罢工'这一个字眼，这字眼虽然未曾有过，然而大众已都懂得了。"①鲁迅所谈的译者需要考虑的情况，后期创造社同人在译介无产阶级文学及其相关理论时并非没有考虑过，从某些地方来说，他们恰恰是在考虑了有关情况之后才着手开始他们带有符咒气息的译介和创作活动的。他们这样做时，考虑的当然不是程度最好的甲等读者能够从不懂到懂，丰富和完善自身语法和思维的精密。他们考虑的，既然是大众，当时的大众显然不具备鲁迅所说的那种甲等读者的资质。

李初梨在《对于所谓"小资产阶级革命文学"底抬头，普罗列塔利亚文学应该怎样防卫自己？》一文中指出，在当时条件下，劳苦群众没有作普罗列塔利亚文学对象的可能，他们的工资维持生活尚且不足，在经济上自然没有享受文化的可能，他们也没有时间。其实，即便是有时间、有钱财，他们也未必愿意接受普罗列塔利亚文学。《创造月刊》第二卷第三期上刊登的《悬赏征文审查报告》一文，就表明了这一问题的存在。"至于其他未得入选的倾向大抵因为表现技术的未熟，同时流贯内部的，只是个人主义的 Sentimentalism。《落叶》和《少年维特的烦恼》深深支配着青年的心情，从审查的经过我们发见这结论。表现形式取日记或手札体裁的倾向，不过是外面地说明这个事实。"②要想改变大众读者的现实状况，需要一个过程，就像他们对于"罢工"等字眼的接受一样。但是，循序渐进的改变并不能满足急于实现自身理想的后期创造社同人，而且他们要彻底地改变普通大众读者的阅读口味和习惯，而这种改变需要全新的话语体系。当他们借助无产阶级理论的翻译

---

① 鲁迅：《关于翻译的通信》，《鲁迅全集》第 4 卷，人民文学出版社 2005 年版，第 391－392页。

② 《悬赏征文审查报告》，1928 年 10 月《创造月刊》第 2 卷第 3 期，第 77 页。

建立新的话语体系时,相对于旧的话语体系而言,便具有了符咒的气息。另外,"普罗列塔里亚特意德沃罗基"要想迅速地获得大众,建立革命的群众基础,需要进行思想意识和话语表达等方面的灌输。李初梨指出,"所以,如果我们的文学想获得'劳苦群众'为他的'读者对象',就应该先替他们争得政治的解放。这是一个政治的 Program,不仅仅是文学自身所能为力的。"①刚刚经历革命实践的政治运动失败,想要通过文化运动实现政治运动梦想时,就与李初梨说的"应该先替他们争得政治的解放"构成了悖论。如此一来,除了赋予符咒气息外,实在也无法可想。当然,这种译介及创作符咒气息的运用自然会产生相应的副作用。鲁迅在《"寻开心"》一文中指出,"忠厚老实的读者或研究者,遇见有两种人的文章,他是会吃冤枉苦头的。一种,是古里古怪的诗和尼采式的短句,以及几年前的所谓未来派的作品。这些大概是用怪字面,生句子,没意思的硬连起来的,还加上好几行很长的点线。作者本来就是乱写,自己也不知道什么意思。但认真的读者却以为里面有着深意,用心的来研究它,结果是到底莫名其妙,只好怪自己浅薄。"②这也可算是译介过程中出现的不良倾向之一,其影响也正如鲁迅所批判的那样,"新文学兴起以来,未忘积习而常用成语如我的和故意作怪而乱用谁也不懂的生语如创造社一流的文字,都使文艺和大众隔离……"③流行并不等于真的接受,以陌生化的效果和及时的社会应对取得了非同凡响的成绩的后期创造社的译介实践,在艺术的实践方面收获的终究是失败。

在成仿吾等后期创造社同人看来,"我们的文艺现在已经到了应该实行方向转换的阶段。在这个分野认定自己的天职的人们应该起来做一次文艺的良心的总结算,而获得革命的意识。在过去的十余年中,在大体上,我们可以说是完成了我们的使命(在历史的必然性的观点上)。但是一切都是自然生长的。今后,我们应该由不断的批判的努力,有意识地促进文艺的进展,在文艺本身上,由自然生长的成为目的意识的,在社会变革的战术上由

---

① 李初梨:《对于所谓"小资产阶级革命文学"底抬头,普罗列塔利亚文学应该怎样防卫自己?》,1928 年《创造月刊》第 2 卷第 4 期,第 17 页。
② 鲁迅:《"寻开心"》,《鲁迅全集》第 6 卷,人民文学出版社 2005 年版,第 280 页。
③ 鲁迅:《叶永蓁作〈小小十年〉小引》,《鲁迅全集》第 4 卷,人民文学出版社 2005 年版,第 152 页。

文艺的武器成为武器的文艺。"①也就是说,在某种程度上,符咒气息的出现,与意识的输灌观念紧密联在一起。当然,我们也不排除造成译介符咒化气息的其他因素,比如自新文化运动开始便出现的全盘西化的价值取向。在现代文学创作初期,西化倾向便涌动于新文学创作实践中,闻一多曾在《女神之地方色彩》一文中批评说,"现在的一般诗人—新是作时髦解的新—似乎有一种欧化底狂癖,他们的创造中国新诗底鹄地,原来就是要把新诗做成完全的西文诗(有位作者曾在《诗》里讲道他所谓后期底作品'已与以前不同而和西洋诗相似'他认为这是新诗底一步进程,……是件可喜的事。)"又说,"现在的新诗中有的是'德谟克拉西',有的是泰果尔,亚坡罗,有的是'心弦'、'洗礼'等洋名词。"②这种现象的出现,一方面为现代文学输入了新名词,丰富了文学表现的词汇库,另一方面也是造成符咒气息的一个原因。

---

① 成仿吾:《全部的批判之必要——如何才能转换方向的考察》,1928 年 3 月《创造月刊》第 1 卷第 10 期,第 7 页。

② 闻一多:《女神之地方色彩》,1923 年 6 月 10 日《创造周报》第 5 号,第 5、6 页。

第二章

在对立与冲突中确立自身的译坛新军

第一节　创造社与文学研究会的翻译问题论争

　　"五四"是一个开放的时代,最具有春秋气象的时代,其最显著的表征便是充斥于现代文坛的种种论争。虽然有许多论争在日后都被当事人判定为意气用事,没有多少实质性建树,殊无价值和意义。其实,从公共空间领域的开拓这一角度来说,论争存在本身便具有其价值和意义。喧嚣的话语,过激的言辞,没有实际意义的论争,从另一方面显示出来的是对话的热情,不容讨论的宣言背后显露出来的仍然是讨论的精神,这一点在创造社与文学研究会在翻译问题的论争中表现得尤其明显。要详细地探讨创造社和文学研究会翻译问题论争,不能不将其置入两大文学社团整个的论争历史进程中进行观察。在笔者看来,探析两大文学社团论争问题首先需要解决的问题便是论争的起源问题。唯有弄清起源问题,梳理出论争的来龙去脉,一些历史遗留问题才会迎刃而解。迄今为止,学界对创造社和文学研究会两大文学社团论争问题的研究,可谓汗牛充栋,关于论争缘起的探究也为数甚多,但关注的焦点基本都在"为什么",关注的是社团成员的审美情趣、个性气质、教育背景等因素造成的"论争缘起",至于论争开始的标志及其具体的时间,受到的关注却很少,这个似乎是不证自明的问题,在笔者看来恰恰是制约这方面研究进展的关键。

　　一、创造社与文学研究会论争缘起研究的回顾

　　追溯创造社与文学研究会两大文学社团间论争的源头,史料依据不外乎当事人的回忆述评及各种原始报刊杂志上的文字,而能够引以为据的,唯有原始报刊杂志上已发表了的构成冲突对立的文字,至于当事人的回忆述评,虽也是史料,却已带了研究的色彩。事实上,就创造社与文学研究会论争缘起问题而言,当事人的回忆述评文字不仅在现有的学术研究中作为史料被频繁地引用,同时也被直接地作为确定性的研究结论接受了。因此,创造社与文学研究会论争缘起研究的回顾不得不从当事人或同时代人的回忆述评开始,唯有这样做才能够清晰地勾勒有关缘起(论争开始的标志及时间)叙述的来龙去脉。

在《复杂而紧张的生活、学习与斗争》一文中,茅盾将两大文学社团的论争分为四个回合,而且认为"文学研究会与创造社的论战是在一九二二年初夏","一九二二年五月一日出版的《创造季刊》创刊号刊登了郁达夫的《艺文私见》和郭沫若的《海外归鸿》……我和郑振铎见到这两篇文章,实在吃惊! 我们想,一年来我们努力提倡新文学,反对鸳鸯蝴蝶派,介绍外国进步文艺,结果却落得个'党同伐异'和压制'天才'的罪名,实在使人不能心服。"①从上述引文可以见出,茅盾认为两大文学社团的论争起于一九二二年初夏,标志便是《创造季刊》创刊号的出版。最初描述创造社与文学研究会纠葛的汪馥泉与茅盾持论相近。"文学研究会因为起初都是很斯文的,所以当《创造》未出以前,不曾听到什么意见。《创造》创刊号,郁达夫兄出来开了一炮,就使暗暗的意见变成亮亮的打架了。"②将《创造季刊》创刊号作为论争开始的标志,这是第一种说法。

鲁迅在《上海文艺之一瞥》中描述说,"创造社是尊贵天才的,为艺术而艺术的,专重自我的,崇创作,恶翻译,尤其憎恶重译的,与同时上海的文学研究会相对立。那出马的第一个广告上,说有人'垄断'着文坛,就是指着文学研究会。"③显然,鲁迅将《创造季刊》出版预告视为论争之始。郑伯奇在其回忆文字中谈及创造社集体在文坛上登台亮相时引发的笔战时,唯有在《忆创造社》一文中明确提及了与文学研究会的矛盾纠葛。"达夫的《夕阳楼日记》和出版预告中的'垄断文坛'的话语也引起了长时期的笔战和无谓的纠纷。所谓'垄断文坛',当然指的是文学研究会。"④《中国新文学大系·小说三集导言》《二十年代的一面》《怀念郁达夫》等文中,只描述郁达夫《夕阳楼日记》引发的创造社同人与胡适间的笔战,避而不谈文学研究会与创造社之间的论战。可以断定,创造社研究中的"郑伯奇模式"也将论争之始上溯至《创造季刊》的出版预告。将《创造季刊》出版预告作为论争之始,这是第二种说法。

在《创造十年》中,郭沫若叙述两大文学社团论争缘起时说,"在那时文学

---

① 茅盾:《复杂而紧张的生活、学习与斗争》,1979 年《新文学史料》第 5 辑,第 1,5 页。

② 馥泉(汪馥泉):《"中国文学史研究会"底提议》,1922 年 11 月 11 日《文学旬刊》第 55 期,第 3 版。

③ 鲁迅:《上海文艺之一瞥》,《鲁迅全集》第 4 卷,人民文学出版社 2005 年版,第 302 页。

④ 郑伯奇:《忆创造社》,《沙上足迹》,黑龙江人民出版社 1999 年版,第 26 页。

研究会的人和我们已经是有些隔阂了。发起时的劝诱经了寿昌的不置答复，去年夏间劝了我两次参加，我又婉谢了。《创造》季刊出预告时，达夫又暗射了他们'垄断文坛'。于是乎在不知不觉之间便结起了仇怨。《文学旬刊》上早就有好些文章在嘲骂我们，例如骂颓废派的'肉欲描写者'，便是指郁达夫；骂'盲目的翻译者'，便是指我和寿昌。"①郭沫若举以为"嘲骂"证明的两个例子中，"肉欲描写者"语出署名 CP 的《丑恶描写》一文，刊登于《时事新报·文学旬刊》一九二二年五月二十一日第三十八期，文中有这样的句子，"那几个新文学家的性欲描写，固然不如旧式淫书之甚……然而至少也已使这些地方给他们的全书以洗扫不掉的污点了。"这篇文章其实是对刚刚问世的《创造季刊》上刊载的一组针对文学研究会的挑衅文字的回应。"盲目的翻译者"语出西谛（郑振铎）的《盲目的翻译家》，文章刊载于《文学旬刊》一九二一年六月三十日第六期，这篇文章比郁达夫发表的《创造》季刊出版预告早了整整三个月。谈到文学研究会和创造社论战的第二个回合时，茅盾说："'第二个回合'是我与郭沫若关于如何介绍欧洲文学的讨论。问题起因于读者万良濬在《小说月报》第十三卷七号（一九二二年七月一日出版）的'通信'栏中，提出现在可以翻译《浮士德》、《神曲》、《哈孟雷德》等'虽产生较早，而有永久之价值'的著作，他不同意认为这样做是不经济的。"②《论文学的研究与介绍》一文中，郭沫若驳斥了茅盾的说法，认为所谓"起因于读者万良濬"的翻译论争实际只是"不经济的旧话重提"而已。③ 所谓"不经济的旧话"指的就是《盲目的翻译家》。如果西谛（郑振铎）《盲目的翻译家》一文真的能够被作为两大文学社团论争中的文字看待，创造社和文学研究会论争的源头或者说最初构成矛盾冲突的文字就不是《创造季刊》出版预告或《创造季刊》创刊号，也就是说，起码在郭沫若看来，《创造季刊》出版预告和创刊号都不是两大文学社团论争的源头，论争的肇始者也不是创造社而是文学研究会，这是第三种说法。

　　总的来说，上述三种说法又可以按照主动或被动的标准一分为二：前两种说法可归为一类，即创造社主动挑起了两大文学社团间的论争；第三种说法单独归为一类，即创造社参与论争只是为了防御而已。茅盾、郑振铎等文学研究会同人皆指创造社为主动，郭沫若等创造社同人却在主动与被动两者之间摇

---

① 　郭沫若：《创造十年》，《郭沫若全集》第 12 卷，人民文学出版社 2005 年版，第 139 页。

② 　茅盾：《复杂而紧张的生活、学习与斗争》，1979 年《新文学史料》第 5 辑，第 10 页。

③ 　郭沫若：《论文学的研究与介绍》，1922 年 7 月 27 日《时事新报·学灯》。

摆不定。在描述创造社和文学研究会的论争时，茅盾抱着相当大的委屈，认为与创造社论战，"却是十二分的意外，是我以及当时在上海的文学研究会同人所极不愿意，是被迫而应战的。"① 在《文学革命之回顾》一文中，郭沫若说："已经攻倒了的旧文学无须乎他们再来抨击，他们所攻击的对象却是所谓新的阵营内的投机分子和投机的粗制滥造，投机的粗翻滥译……他们第一步和胡适之对立，和文学研究会对立……"② 较为含混地承认了论争过程中的主动性，却并没有说明从什么时候开始发动这场论争的。在《创造社与文学研究会》一文中，成仿吾认为两大文学社团的隔阂源于文学研究会的"拉人"未遂，郁达夫的文章只是防御而已。③ 至于郁达夫为什么要防御，防御的是谁的攻击，什么时候开始的攻击，成仿吾叙述得非常模糊。将成仿吾的说法视为"实在是强词夺理"，④ 从成仿吾的论述方式看刘纳教授的论断不无道理。但是，文学研究会是否存在"拉人"不成而批评创造社同人的可能性呢？茅盾在一九二一年四月十日发表的《春季创作坛漫评》似乎就是率先批评创造社同人的文字。茅盾在文章中泛泛谈论了几十篇文学作品后，独独对田汉剧本《灵光》颇有微词，"尚欠圆到"、"也没有深刻的悲哀的印象"。⑤ 茅盾的这篇文章虽已引起一些学者们的注意，但"防御说"却并没有被学界认真考虑，惶论接受了。长期以来，三种说法中的前两种一直主导着人们对两大社团论争缘起的认知。孔范今、孔庆东、魏建、潘正文、李卫国、陈宇航等学人在其相关的研究著述中皆认为是创造社先挑起了这场论争，挑起论争的便是《创造季刊》创刊号里的一些富有挑衅意味的文字（主要是《艺文私见》和《海外归鸿·（二）》），更早的追溯便是一九二一年九月二十九日、三十日郁达夫在《时事新报》刊发的《纯文学季刊〈创造〉出版预告》。以此作为两大文学社团论争的源头，自然也就出现了下面这样的描述："早在一九二一年九月二十九日、三十日，郁达夫就在《时事新报》刊发《纯文学季刊〈创造〉出版预告》，指出文学研究会作家'垄断'文坛。一九二二年三月十五日出版的《创造》季刊

---

① 茅盾：《复杂而紧张的生活、学习与斗争》，1979 年《新文学史料》第 5 辑，第 5 页。

② 麦克昂（郭沫若）：《文学革命之回顾》，《创造社资料（下）》，福建人民出版社 1985 年版，第 659 页。

③ 成仿吾：《创造社与文学研究会》，《成仿吾文集》，山东大学出版社 1985 年版，第 47 页。

④ 刘纳：《"打架"，"杀开了一条血路"——重评创造社"异军苍头突起"》，2000 年《中国现代文学研究丛刊》第 2 期，第 191 页。

⑤ 郎损（茅盾）：《春季创作坛漫评》，1921 年 4 月 10 日《小说月报》第 12 卷第 4 号。

创刊号上,郁达夫和郭沫若又分别发表了《艺文私见》和《海外归鸿》……都是带有攻击性的,而且其矛头是指向文学研究会的沈雁冰和郑振铎的。沈雁冰看到郁达夫和郭沫若的文章后,自然是颇为反感的,并在《时事新报·文学旬刊》第三十七、三十八、三十九期上发表《〈创造〉给我的印象》一文,作为回敬。……每次论辩几乎都是郭沫若等发难的,沈雁冰等人是不得已才答辩的。"① 在不同的学术论著中,对创造社和文学研究会论争起源的描述虽然各有不同,但大体上都延续上述思路。仔细审视关于两大文学社团论争的著述文字,在对三种说法表示肯定或否定的论述中,专家学者们都没有从论争出现及形成的认定标准入手审视三种说法各自的基点及其可能性:为什么选择前两种说法而摒弃第三种说法,在选择前两种说法时,为什么都沿用第二种说法,即将《创造季刊》出版预告和创刊号一起作为论争开始的标志。

关于创造社与文学研究会论争缘起问题,陈福康教授在其论著中曾多次论及。在《创造社与文学研究会之争的缘起与是非》一文中,他指出,郭沫若因《棠棣之花》的编排次序而写给李石岑的信,提出"媒婆"与"处女"的关系及"打破偶像崇拜"等问题,大概就埋下了日后创造社与文学研究会论争的最初的"根子"。② 陈福康教授所谓的"根子",指的是郭沫若等"发难"的"根子",实是对论争"远因"的发掘。在《郑振铎传》中,陈福康教授特辟一节"同道的发难",说明要"谈谈创造社的郭沫若、郁达夫、成仿吾等人对他和

---

① 刘炎生:《不同文艺观和"行帮意识"的表现——文学研究会与创造社论证评述》,1999 年《华南师范大学学报》第 6 期,第 92 页。

② 陈福康:《创造社与文学研究会之争的缘起与是非》,《鲁迅研究资料》第 16 辑。陈教授的说法显然得到钱理群教授的认同,在《周作人研究二十一讲》(中华书局 2004 年版,第 245 页)中,钱理群引用了陈福康的观点。1920 年 10 月 10 日出版的《学灯》上,依次发表有周作人译波兰作家的《世界的霉》,鲁迅的小说《头发的故事》,郭沫若的历史剧《棠棣之花》,郑振铎翻译的《神人》。被郭沫若称为"死不通的翻译",应为周作人翻译的《世界的霉》。1921 年 1 月上旬,郭沫若给《时事新报》主编李石岑写信,谈到翻译事业时说:"只能作为一种附属的事业,总不宜使其凌越创造、研究之上,而狂振其暴威。"还认为翻译的价值"便专就文艺方面而言,只不过报告读者说:'世界底花园中已经有了这朵花,或又开了一朵花了,受用罢!'他方面诱导读者说:'世界花园中的花便是这么样,我们也开朵出来看看罢!'"最后以"处女应当尊重,媒婆应当稍加遏抑"结束。郭沫若解释自己写这封信的缘起时说:"李君对我每每加以冷遇,有一次把我一篇自认为煞费苦心的创作登在一篇死不通的翻译后面。因而便激起了我说'翻译是媒婆,创作是处女,处女应该加以尊重'的话。"(郭沫若:《我的作诗的经过》,《沫若文集》第 11 卷,人民文学出版社 1959 年版,第 145 页。)李石岑将郭沫若的信刊登在由他主编的《学灯》(1921 年 1 月)和《民铎》(2 月份)上。

沈雁冰的发难。"在叙述的过程中,同样提及了郭沫若致李石岑信的问题,也提及了郭沫若致郑振铎信的问题,但都没有将翻译问题与后来正式论争中的翻译问题论争联系起来,而是从《创造季刊》出版预告开始叙述两大文学社团间的论争。陈福康教授认为,当郑振铎等看到《创造季刊》出版预告时,"未察知这些'偶像'、'垄断'的话已从最初暗指周氏兄弟而扩大到针对文学研究会,因此,他们也就未做出什么反应。……然而,当读到《创造》创刊号上郭沫若、郁达夫的文章后,他和沈雁冰都不能不感到惊异了。"①对于《创造季刊》出版预告和创刊号,陈福康教授的叙述已经分出了层次,即出版预告是先锋,正式的开场是创刊号,创刊号上的文字反过来激发郑振铎等重新审视《创造季刊》出版预告的"发难"意味。在确定两大文学社团论争缘起时,陈福康教授延续的其实仍然是鲁迅等奠基的第二种说法。陈福康教授自己在后来的文章里也明确了这一点:"这场'公案',早已过去,鲁迅先生也早已作过明确的定论"。②

刘炎生教授认为,《创造》季刊创刊号上,郁达夫和郭沫若分别发表的《艺文私见》和《海外归鸿》,"矛头是指向文学研究会的沈雁冰和郑振铎的。"陈福康教授则指出,《创造季刊》出版预告"'偶像'、'垄断'的话已从最初暗指周氏兄弟而扩大到针对文学研究会。"如果我们认可刘炎生教授和陈福康教授的上述论断,将两段文字联系起来看,一些值得注意的问题摆在研究者们的面前:攻击的矛头如何从周氏兄弟转向了沈雁冰和郑振铎? 换言之,便是沈雁冰和郑振铎在攻击矛头指向的转变过程中起到了什么样的作用?"从最初暗指周氏兄弟而扩大到针对文学研究会"时,沈雁冰和郑振铎是作为文学研究会骨干成员自然而然地成为矛头指向的对象,还是因为沈雁冰和郑振铎自身的一些原因而成为矛头指向的对象,更进一步说,是否可能正是因为沈雁冰和郑振铎才使得矛头指向扩大到针对文学研究会? 之所以提出上述问题,是考虑到造成"扩大到针对文学研究会"这一结果的原因可能是多方面的,既可能是郭沫若、郁达夫单方面的原因,也可能是沈雁冰和郑振铎自身行为的结果,当然也可能包含着更复杂的因素。另外,陈福康教授指认郭沫若致李石岑信为两大文学社团论争的"根子",作为"根子"的便是郭沫若提出"媒婆"与"处女"的关系及"打破偶像崇拜"等问题,那么,

---

① 陈福康:《郑振铎传》,上海人民出版社 1996 年版,第 59 – 60 页。
② 陈福康:《郁达夫与郑振铎的交往和友谊》,2007 年《新文学史料》第 1 期,第 133 页。

到底是哪些问题得到了"扩大"？到底是"扩大"还是"转移"？为什么郭沫若、茅盾等当事人在回顾论争过程时皆不追溯那段"根子"？笔者以为，上述问题的解决有可能会直接影响到两大文学社团论争缘起（时间及标志）的确认。

两大文学社团的论争离今虽已八十余年，原始文本材料并不难找，可谓事实俱在。困难的不是寻找大量的史料，而是对史料的叙述与判断。随着历史学的发展，人们越来越意识到所谓雄辩的"事实"，本身就是人为地选择和叙述的结果。叙述不可避免地需要选择，一些"事实"在叙述的过程中被突现出来，另外一些"事实"却不同程度地被忽略或遮蔽。对于创造社和文学研究会争论缘起而言，已有的三种说法哪种更接近历史真实，三种说法之间是否有相通之处？这些问题似乎还有进一步探讨的必要，虽然"鲁迅先生也早已作过明确的定论"，却并不意味着问题已经解决，鲁迅的"定论"并不就是文学史永恒的"定论"。起码，通过上面的研究回顾，我们已经梳理出几种不同的声音，有需要进一步探讨的缝隙，更重要的是，窃以为像刘炎生教授等使用"每次"、"都是"等词汇描述创造社与文学研究会间的矛盾缘起，带有归罪创造社的研究者强烈的主体倾向和色彩的词未免与"事实"有所出入，这些都使创造社与文学研究会论争缘起的重探成为非常必要的问题。

与当事人的回忆述评相比，各种原始报刊杂志上的文字材料虽然更有力量，但首先必须解决这样一个问题，即哪些文字是与创造社和文学研究会论争相关的文字，换句话说，便是为什么认定一些文章是论争的开端而另外一些不能作为论争的开端，而这些材料的认定又是由谁进行的？是否创造社正式成立后发表的文字才能算作是创造社与文学研究会论争的相关文字，即先有社团然后才有社团间的论争？还是不管社团正式宣布成立与否，任何涉及郭沫若、成仿吾、郁达夫与茅盾、郑振铎间的纠葛或分歧的文字可归为与两大文学社团论争相关的文字？在我看来，创造社正式宣告成立的时间只是一个具体的孤立的点，而成员的活动却是连续性的，不能将社团成员在社团正式成立前的活动与成立后的活动邃然割裂开来。因此，不能想当然地从创造社成立后发表的文字中寻觅论争的源头。至于构成论争的具体文字之寻觅与判断，窃以为论争亦有显隐强弱之分，并不一定非得金刚怒目势不两立的文字（如《纯文学季刊〈创造〉出版预告》）才是论争的表征，凡是构成辩难，表现出分歧，与两大文学社团活动有内在连贯性的文字，都应该被纳入搜集与审视的范围。

二、创造社与文学研究会论争缘于翻译问题

追溯创造社与文学研究会翻译论争的缘起,撇不开郭沫若致李石岑的一封信。一九二一年一月上旬,郭沫若给《时事新报》主编李石岑写信,谈到翻译事业时说:"只能作为一种附属的事业,总不宜使其凌越创造、研究之上,而狂振其暴威。"最后以"处女应当尊重,媒婆应当稍加遏抑"①结束。郭沫若的这封信随后被李石岑发表在由他自己主编的《学灯》(一九二一年一月)和《民铎》(二月份)两份刊物上。

一九二一年六月十日,郑振铎在《文学旬刊》上发表《处女与媒婆》一文,质疑郭沫若"翻译是媒婆"的说法,认为"未免有些观察错误了。"翻译功用本是仁者见仁、智者见智的问题,站在各自立场持不同意见亦属正常,但是,郑振铎表示异议的文章不迟不早,偏偏发表在郭沫若婉拒文学研究会的入会邀请后不久,而创造社刚刚宣告成立的时候,不免耐人寻味。郑振铎《处女与媒婆》发表后的第四天,郭沫若就迅速做出了反应。在写给郑振铎的信中,郭沫若直陈:"有的说创作不容易,不如翻译(周作人《儿童的文学》一文中有这么意思的话);有的说中国人还说不到创作,与其嚣嚣焉空谈创作,不如翻译(耿济之《甲必丹之女》序文中有这么意思的话);像这样放言,我实在不敢赞可。国内创作界很寂寥我承认,但是愈不创作,只好愈见寂寥。"郭沫若锋头所向皆是文学研究会成员,从回应的速度及具体内容可知道郭沫若是如何注意文学研究会的活动,而对郑振铎的批评文章又是多么在意。

郭沫若致郑振铎的信随即被刊登在一九二一年六月三十日出版的《文学旬刊》第六号"通信"栏,前后并无任何按语说明。一九二一年十二月十日,沈雁冰(茅盾)在《小说月报》第十二卷第十二期上发表了《一年来的感想与明年的计划》一文,认为郭沫若将翻译比作花园中的盆花不妥:"一般人的观念,颇以为谈外国文学犹之看一盆外国花,尝一种外国肴馔,所以要注意去种自己的花,做自己的肴馔;然而这未免缩小了文学对于人生的使命。"一九二二年二月二十一日,《文学旬刊》第二十九期发表西谛(郑振铎)的《介绍与创作》,再次将郭沫若"翻译是媒婆"的说法树为靶子进行批判;在西谛之文后,又有东莱的《什么叫介绍》,也是如此批评郭沫若。一九二三年,

---

① 郭沫若致李石岑,1921 年 1 月 15 日《时事新报·学灯》。

郑振铎在《翻译与创作》一文中再次批评了"翻译是媒婆"的说法,认为"翻译者在一国的文学史变化更急骤的时代,常是一个最需要的人。虽然翻译的事业不仅仅是做什么'媒婆',但是翻译者的工作的重要却进一步而有类于'奶娘'。"①争议的焦点,是翻译的地位、作用及经济性问题,翻译与创作间的关系等。把握了话语权的茅盾等人恐怕是将郭沫若当成了需要加以引导的作家,谈不上故意压制对方或引起对立;一旦看到对方并没有顺应自身"正确"的意见,以引导者自居的茅盾等人便忍不住地指点起来,或者说是将郭沫若当成了自己主张的反面之典型,力图使之纳入自身的译介理想轨道。在"翻译是媒婆"的问题上,郭沫若虽在第一时间对郑振铎《处女与媒婆》一文做出回应,但对茅盾和郑振铎后来批评"翻译是媒婆"的文字却不再给予回应。回顾与文学研究会在翻译问题方面的纠葛时可以发现,让郭沫若耿耿于怀的似乎不是茅盾和郑振铎对"翻译是媒婆"所作的批评,而是翻译的经济性问题。

刊载郭沫若致郑振铎信的那期《文学旬刊》的"杂谈"中,同时发表了郑振铎《盲目的翻译家》一文。其中有这样一段文字:"不惟新近的杂志上的作品不宜乱译,就是有确定价值的作品也似乎不宜乱译。在现在的时候,来译但丁(Danto)的《神曲》,莎士比亚的《韩美雷特》(Hamlet),贵推(Jeothe)的《法乌斯特》(Faust)似乎也有些不经济吧。翻译家呀!请先睁开眼睛来看看原书,看看现在的中国,然后再从事于翻译。"《韩美雷特》今译《哈姆莱特》,一九二一年田汉用时兴的白话文译出,发表在一九二一年的《少年中国》杂志第二卷第十二期上。一九二二年由中华书局出版,是中国出版的第一个莎剧译本,译名为《哈孟雷特》。《法乌斯特》(Faust)今译《浮士德》,早在一九一九年郭沫若就已经开始着手翻译;在国内曾畅销一时的《三叶集》中就有成立歌德研究会,系统介绍翻译歌德著作的倡议;另外,一九二〇年九月一日《新的小说》第二卷第一期刊登了郭沫若写给陈建雷的一封信,信开篇即说:"我此刻正在从事 Faust 全译。"当时新文学刊物不多,已经注意到郭沫若的郑振铎不会不知道郭沫若正在翻译《浮士德》。郭沫若的信与郑振铎《盲目的翻译家》同时出现,只有两种可能:有意安排或事出偶然。若有意安排,对立的意味也就不言而明;若是无意,这种编排也构成了直接的对话

---

① 郑振铎:《翻译与创作》,1923 年《文学旬刊》第 78 期。

关系,郑振铎的文章无形中对郭沫若的信具有了某种解构和批评的意味。当时《文学旬刊》的编者就是郑振铎。在一九二一年十一月三日致周作人的信中,郑振铎说,"(郭沫若、田汉等)似乎过于神秘了,我以为就是浪漫派,也应以实写的精神作骨子。他们于写实的精神,太为缺乏,无怪其只倾倒 Gothe,Schiller,Tennyson 诸诗人也。但此尚且趋向稍差耳。"①也就是说,在郑振铎眼里,创造社同人倾向"稍差",需要引导方好。因此,郑振铎有意编排两篇文章,暗蕴指导之意,也是自然。

翻译的经济性之强调,最早见诸文字的,据笔者所见是茅盾在一九二一年二月十日《小说月报》第十二卷第二号发表的《新文学研究者的责任与努力》一文。茅盾认为,"王尔德的'艺术是最高的实体,人生不过是装饰'的思想,不能不说他是和现代精神相反;诸如此类的著作,我们若漫不分别地介绍过来,委实是太不经济的。"指的是王尔德,并没有谈及具体作品。在这之前涉及译介思想的文章里,茅盾似乎表现得更为宽容。一九二〇年一月一日,《时事新报·学灯》发表了茅盾《我对于介绍西洋文学的意见》,文中列出了一个按照论者设想需要先译还是后译的外文著作名单,认为"过渡时代的文学,如卢骚的'NouvelleHelolse',Mme,deStael 的'Delphine'和'Corinne',Goeths 的'Faust'……都也应该翻出来的。"虽然歌德的《浮士德》没有进入茅盾以为需要"尽先译出来"的计划序列,但也认为是"应该翻出来的";一九二〇年一月二十五日,《小说月报》第十一卷第一号发表茅盾起草的《〈小说月报〉改革宣言》(修订后以《〈小说月报〉改革宣言》为题又发表于一九二一年一月十日《小说月报》第十二卷第一号),文中提出:"同人以为研究文学哲理介绍文学流派为刻不容缓之事,而移译西欧名著使读者得见某派面目之一斑,不起空中楼阁之憾,尤为重要。"提出"译述西洋名家小说","译西洋名家著作,不限于一国,不限于一派"。两篇文章都没有将文学名著的翻译视为"不经济"。最早直接将《浮士德》的翻译与"不经济"相提并论的,是郑振铎。虽然郑振铎在《文学旬刊》第四十六期《杂谭》中申述自己"并不觉得'劈头在骂人'",可是由于《盲目的翻译家》的行文方式、报刊版面的编排及时代语境等方面的关系,给人的印象恐怕与"劈头在骂人"相去不远。当然,问题的关键在于郭沫若自己是如何看待这个问题的。

---

① 郑振铎:《郑振铎致周作人》,《文学研究会资料》,河南人民出版社 1985 年版,第 681 页。

　　长达一年的时间里,郭沫若对《盲目的翻译家》未做出文字上的回应。但是,在一年后写的《论文学的研究与介绍》一文中却描述了自己当初的想法:"郑君在去岁夏季的《文学旬刊》上,发表过一篇《盲目的翻译家》的一段杂谈,其中便说的是这么一回事。《文学旬刊》我手中没有,并且把期数忘了。不便查考,恕我在此不能把原话引出了。我当时读了他那段杂谭的时候,本以为有讨论之必要,不过郑君劈头便在骂人,所以我就隐忍着,直至今日尚不曾说过只词半语。"①一年前的文字,仍然不能释怀,"隐忍"至今,还是撰文公布出来,说明那并不是可以随便忽略的小问题。② 更关键的是郭沫若在《论文学的研究与介绍》一文中将茅盾和郑振铎的批评意见视为"阻遏人自由意志"的"专擅君主的态度"。③ 郭沫若这篇文字发表后立刻引来了文学研究会成员的回应文字,沈雁冰率先在八月一日《时事新报·文学旬刊》第四十五期上发表《介绍外国文学作品的目的——兼答郭沫若》一文,从研究与介绍的两种角度剖析了翻译的追求,在与郭沫若商榷理论问题的同时,文章中又有这样一句话,"我们的社会里,难道还少'猪一般的互相吞噬,而又怯弱昏迷,听人赶到桌子底下去'的人么? 我们随处可以遇到的人,都是不能忍兄弟般的规劝而反能忍受强暴者的辱骂的卑怯昏迷的人!"郑振铎接着在八月十一日《文学旬刊》第四十六期发表《杂谭》,解释《盲目的翻译家》一文并没有"骂人",而且主要并非指摘郭沫若。茅盾和郑振铎在文章中始终为自己辩解没有"骂人",更没有以"专擅君主"的姿态压制别人,却没有醒悟(还是故意忽略?)他们批评"媒婆",批评"盲目的翻译家",实际上已经是在利用自己手中的话语权对现代文学翻译进行规划,而在他们的规划蓝图里,郭沫若恰好成为了新文学阵营里被定为不受欢迎的异己之声。对此,郭沫若等创造社同人看得却很清楚,就像后来的一些研究者指出的那样,

---

　　① 郭沫若:《论文学的研究与介绍》,1922 年 7 月 27 日《时事新报·学灯》。

　　② 茅盾在《复杂而紧张的生活、学习与斗争》(1979 年《新文学史料》第 5 辑,第 10 页)中先引用了郭沫若的话,"说翻译以上译书是不经济的人,我记得是郑振铎君。郑君在去岁夏季的《文学旬刊》上,发表过一篇《盲目的翻译家》的一段杂谈,其中便说的是这么一回事。"然后茅盾在这段话后面又加了一段话,"这里郭沫若忘记了'去岁夏季'正是朱淞园约会之后,也是他与郑振铎关系最好之时。"茅盾指出这一点,意在说明郭沫若出而反而,文学翻译批评的行文纯粹是别有用心。这在其他一些谈及郭沫若人格问题的文字中也可以见到。但是,茅盾的说法中也包含着一个反论,即在郭沫若和郑振铎关系最好的时候,恰是郑振铎率先写了《盲目的翻译家》一文对郭沫若进行了批评,这在敏感的郭沫若那里,又当作何感想?

　　③ 郭沫若:《论文学的研究与介绍》,1922 年 7 月 27 日《时事新报·学灯》。

"(郭沫若等)甚至把一年以前《文学旬刊》上他提倡'血和泪的文学'和批评某些'盲目的翻译家'的文章,都当作是针对他们的文学主张和郭沫若的翻译的。这除了表明他们过于敏感外,也表明了他们的文学主张确实与沈雁冰有所不同。"①"骂人"与否,倒在其次,"确实与沈雁冰有所不同"而产生的"专擅"问题却实实在在。不管有意与否,《文学旬刊》第六号中"杂谈"与"通信"里的两段文字已潜在地形成了笔战。

与郑振铎等强调"请先睁开眼睛来看看原书,看看现在的中国,然后再从事于翻译"不同,郭沫若从事文学翻译之初,更着重的是理想而非"经济"。一九二〇年二月二十五日郭沫若在致田汉的信中说,"我看我们似乎可以多于纠集些同志来,组织个'歌德研究会',先把他所有的一切名著杰作,和关于他的名家研究,和盘翻译介绍出来,做一个有系统的研究。歌德研究完了,然后再移向别的一个对象去。"二月二十九日,田汉在回复郭沫若的信中说,"如能多聚同志,组织一会,于一二年内,把 Goethe 的杰作及关于他的名家评传都移植到中国去,Goethe 介绍后又去而之他,那真是幸事,那真是中国文化界的大幸事⋯⋯"同年三月三日郭沫若在致宗白华的信中又说,"我的意思是想把歌德底杰作一一翻成中文,作个彻底的介绍。这样的事业非是一人之力所能办到的,所以想纠集些同志来分工易事。"②郭沫若、田汉的翻译理想和郑振铎、茅盾等人的翻译追求显然不同,这应该就是郭沫若以为本有探讨之必要的地方。郭沫若否认了以题材和社会时代作为翻译"经济"与否的选择标准,代之以好的翻译与坏的翻译的区分,认为好的翻译"无论在甚么时代都是切要的,无论对于何项读者都是经济的。"

从一九二一年六月直至次年五月一日《创造季刊》创刊号正式出版发行为止,长达近一年的时间里,公开出版的刊物上虽然没有见到郭沫若回应《盲目的翻译家》的文字,表面的平静决不意味着和平。只不过因为没有刊物,缺乏自由发表个人观念的阵地,才出现了这一短暂的论争间歇。《创造季刊》创刊号上发表的郭沫若写给郁达夫的信及郭沫若写于这一年的其他未发表文字,无不流露出渴望反批评的期待,也就是说,论争的文字早已写就,只是在《创造季刊》出版发行之前没有公布出来而已。因此,如果将"翻译是媒婆"及翻译的"经济"问题的讨论结合起来看,创造社成立之前郭沫若

① 陈福康:《一代才华:郑振铎传》,上海人民出版社 1996 年版,第 63 页。
② 郭沫若、田汉、宗白华:《三叶集》,安徽教育出版社 2003 年版,第 52、70、88 页。

就已经与郑振铎和茅盾在翻译问题上构成了对立。当郭沫若等能够自由地出版自己的刊物，拥有自己的发表阵地时，首先将批判的矛头指向文学研究会，正是势所必然，并非如茅盾所说事发"突然"。"突然"之说，恰好说明茅盾自始至终都抱有的优势心态，人为地割裂了《创造季刊》出版预告或《创造季刊》创刊号前后文字纠葛的历史连续性。

从上述所列史实可以见出，翻译问题论争在创造社正式成立前就已萌生，而最初在文字上构成回应关系的，不是茅盾和郭沫若，而是郭沫若和郑振铎，甚或可以说是郭沫若和李石岑。也就是说，创造社和文学研究会同人间最初在文字上真正发生矛盾纠葛的就是翻译问题，而且屡屡向对方发难的是茅盾和郑振铎等文学研究会成员而非郭沫若等创造社同人。陈福康在描述"处女与媒婆"问题时说，"不管怎么说，将翻译视作一种'附属的事业'，认为只具有'消极的价值'，这样一种提法和认识显然是不正确的。因而，理所当然地受到郑振铎、茅盾、鲁迅等人的批评。"①确认了是文学研究会率先主动批评了郭沫若的翻译观。事实上，除了郁达夫的《创造季刊》出版预告外，从一九二〇年到一九二二年五月一日《创造季刊》创刊号正式出版发行那一时刻为止，创造社和文学研究会同人公开发表的文字中，构成冲突对立的只有翻译问题。如考虑到这段时间正是创造社和文学研究会由筹备到正式成立的时期，几乎可以认定，翻译问题不是两大文学社团论战的"第二个回合"，而是"第一个回合"。也就是说，创造社与文学研究会的论战源于翻译问题，而在翻译问题论争中，首先主动出击的是茅盾与郑振铎等文学研究会同人。

确定创造社与文学研究会间的论争最早源于翻译问题，②不仅在于澄清了两大文学社团论争的一个关键问题，确立了翻译问题论争的影响，而且还有利于解决现代文学史上与之相关的一些遗留问题，比如郭沫若的人格问题等等。尤九州、林亦梅在《郭沫若的人格问题》一文中共指出了郭沫若的

① 陈福康：《中国译学理论史稿》，上海外语教育出版社 2000 年版，第 258 页。

② 只谈创造社与文学研究会之间的论争最早源于翻译问题，并没有解决两大文学社团论争缘起（开始的标志及具体时间）的问题，笔者在论述展开的过程中越来越感觉这是一个难以遽下结论的问题，因为缘起（开始的标志及具体时间）的判定，毕竟只能是研究者的主体认定，而这方面的认定标准，笔者认为太过模糊，与其勉强而为，不如作为有待进一步探讨的问题悬置起来。但是在另一方面，笔者却坚持有文字往来（带批评辩驳性质的）便已构成论争，因此将翻译问题作为论争之始应无问题。

五大人格问题，其中第二个问题是"信用中的人格问题"，文章认为"在中国现代和当代文学史中，曾经发生过六次宗派主义斗争，其中两次的直接原因是郭沫若的故意失信。"第一次是"一九二一年五月初，茅盾、郑振铎听说郭沫若到了上海，由郭的熟人柯一岑陪同，盛情邀郭于闻名的半淞园饭店，请他加入文学研究会，帮助把该会的《文学旬刊》办好。当时他许诺'尽力帮忙'。可是话音未落，他不仅未予帮忙，反而急急在他主办的《创造》季刊广告和《创造》第一卷第一期上就指责文学研究会里的人'垄断文坛'，是'假批评家'，'存在着党同伐异的劣等精神，和卑陋的政客不相上下'，声称要把他们送'到清水粪坑里去和蛆虫争食物'；并攻击、丑化茅盾，耻笑他身材短小、牙齿外露，像只'耗子'，从而挑起创造社与文学研究会的首场论战，涉及批评、创作、翻译等多方面的问题，前后耗时近三年，分散了大家的精力，影响了文学的正常发展和实绩收获。"①创造社的崛起及其触发的论争是否"分散了大家的精力，影响了文学的正常发展和实绩收获"，这本是见仁见智的问题，不必忙着上纲上线。文章所批评的事情是否全部应由郭沫若负责姑且不论，于"话音未落"之际而"故意失信"的描述未免太过诗意，从"话音未落"到"故意失信"实际上还隔着好几个月呢，这么长的时间被悄悄抹掉了，随之被抹掉的便是这段时间里发生的一些可能导致"失信"的因由。

陈福康教授在《郁达夫与郑振铎的交往和友谊》一文中，以"郁达夫一开始就对郑振铎有成见的主要原因是郭沫若的挑拨和误导"作为第二小节的标题，将郁达夫《友情和胃病》中的K直接等同于郭沫若，认为小说中K大发感慨说："再不要提起！上海的文氓文丐，懂什么文学！……一些谈新文学的人，把文学团体来作工具，好和政治团体相接近，文坛上的生存竞争非常险恶，他们那党同伐异、倾轧嫉妒的卑劣心理，比以前的政客们还要厉害，简直是些Hysteria［歇斯底里］的患者！"批评的便是文学研究会。由此，陈福康教授诧异道："这篇作品是郁达夫与郭沫若见面后不久写的，又经郭沫若看过。这里所谓的'新文学团体'，除了当时郑振铎发起的文学研究会以外，还有哪家呢？奇怪的是，郭沫若不久以前刚刚在上海半淞园与郑振铎、沈雁冰等文学研究会作家友好地见过面，吃过饭，郑振铎还和叶圣陶去访问过他，

---

① 尤九州、林亦梅：《郭沫若的人格问题》，1998年《徐州教育学院学报》第3期，第27－28页。

怎么又这样说话呢？"①无论从占有的史料还是论证方式上，陈福康教授的文章都显示出与尤九州、林亦梅之文不在一个档次上。"怎么又这样说话呢？"是一个反问句，看似没有确切的结论，却又意味深长，比尤九州、林亦梅之文直接归于"信用中的人格问题"的做法相比实在高明。此外，陈福康教授还描述说，"现在，以创造社全体的名义，又提出了'偶像垄断'的问题，这究竟是何所指？他是一个直性子的人，沫若又正在上海，他便去当面问了。沫若说也不知道，他也就相信了沫若的话。十一月三日，他给启明的信中说：'郭沫若、田汉登的《创造》的广告，实未免太为可笑了。郭君人极诚实，究不知此广告为何人所做。'"②在郑振铎的信中，提到郭沫若的也就是被引用的这句话，并没有提及是否当面问过郭沫若的事。如果郑振铎真的当面问过郭沫若，而郭沫若虚伪地说不知情，那么郭沫若的人格信用也就没有什么可说的了。查阅相关资料，可知在一九二一年九月中旬，郁达夫回到上海四五天之后，郭沫若由上海去日本，"观赵氏日记可知，郁是九月十三日到沪的，而郭是十六日离沪的。"③郭沫若说，"在我回到福冈之后，第一次送来的上海报上便登载出《创造》季刊的预告，计算起日期来，就在我离开上海后的第三天。"这里郭沫若的回忆有误，应是在他离开上海后第十三天《时事新报》才刊登了《创造》季刊出版预告。郭沫若说，一九二二年"六月尾上学校放了暑假，泰东给我寄了一百块钱的路费来，我在暑假期中又回到上海。"④七月二日，郭沫若从日本回上海。⑤ 也就是说，在一九二一年九月十六日至一九二二年六月，郭沫若一直都待在日本，在一九二一年九月三十日到一九二一年十一月三日期间，郑振铎并未去过日本，自然不会出现"便去当面问了"的事情。既然没有当面撒谎骗人，事情实为子虚乌有，也就无所谓"信用中的人格问题"。

仔细体察所谓郭沫若"信用中的人格问题"，说穿了就是这样一个问题，即先答应了"帮忙"，结果却是不但不帮忙，反而掉过头来对其大加抨击，即

① 陈福康：《郁达夫与郑振铎的交往和友谊》，2007 年《新文学史料》第 1 期，第 126 页。

② 陈福康：《郑振铎传》，十月文艺出版社 1994 年版，第 113 页。

③ 陈福康：《创造社元老与泰东图书局——关于赵南公 1921 年日记的研究报告》，1990 年 6 月《中华文学史料》第 1 辑，第 48 页。

④ 郭沫若：《创造十年·学生时代》，《郭沫若全集》第 12 卷，人民文学出版社 1992 年版，第 135、137 页。

⑤ 王继权、童炜钢：《郭沫若年谱（上）》，江苏人民出版社 1983 年版，第 120–132 页。

表里不一或前后不一。其实,表里不一或前后不一并不是一回事。若言表里不一,便是郭沫若表面上假装答应帮忙,实际上却打定了主意要搞矛盾对立;若言前后不一,则是先答应了帮忙,后来却由于某些原因,起了变化,站到了对立面去了。在诸多怀疑郭沫若"信用中的人格问题"的相关论著中,凡是以郭沫若与文学研究会关系作为案例的,无一例外地都是以答应帮忙与事实上站在对立面的批评行为作对照,至于是表里不一还是前后不一,并没有被仔细地剖析过。在笔者看来,正是这种不辨析,使得人格信用问题的考察变成一团糟。批评者以为捉到了郭沫若人格上的把柄,而卫护者却似乎无从置喙(迄今笔者并未见到质疑尤九州、林亦梅文中信用人格问题的专论)。若是以为郭沫若信用中的人格问题在于表里不一,那么问题便在于郭沫若是否掩饰了自己真实的心意,故意向对方示好,而将道不同不相谋的思想搁置起来?这个问题似乎不难解答。郭沫若自言"发起时的劝诱经了寿昌的不置答复,去年夏间劝了我两次参加,我又婉谢了。"①事情具体的经过如何不必详述,"婉谢"也仍然还是拒绝,难道三次的拒绝还不能表达"道不同"的意思?所谓"我看最好是在会外来帮助你们了"是否也带些"婉谢"的色彩而非真心襄助之意?更进一步说,拒绝入会面对的是文学研究会这个团体,在这种情况下答应郑振铎"尽力帮忙"便成了私人之谊,这种情况本身就说明了其中存在着的某种微妙的关系。以此而言,应说郭沫若态度已经有所明示,对方不能或不愿意领悟罢了,故非表里不一。这种阐释可能不会被人接受。那么我们可以按照尤九州、林亦梅之文的思路来考虑这个问题,即"尽力帮忙"的"故意失信"问题。在笔者看来,"尽力帮忙"与"故意失信"之间的关系,并非如尤九州、林亦梅所言,等于是半淞园之诺与郭沫若"主办的《创造》季刊广告和《创造》第一卷第一期"之间的关系。半淞园聚会时郭沫若诺"尽力帮忙",实际上帮没帮,不能以对立之后的言行作为判断标准;"《创造》季刊广告和《创造》第一卷第一期"自然是故意挑起对立,但是不是"失信"却需要辨析。

在关于郭沫若与文学研究会关系的诸多论著中,从答应帮忙到站到对立面的角度这一时间阶段内发生的事情,大都被省略了,即便有所描述,也都似乎与这个问题没有瓜葛似的。按照尤九州、林亦梅在《郭沫若的人格问

---

① 　郭沫若:《创造十年》,《郭沫若全集》第12卷,人民文学出版社1992年版,第139页。

题》一文中的描述,郭沫若答应帮忙是在半淞园聚会之时,"故意失信"的最早表现则是《创造》季刊出版预告,这中间大约有五个月的时间。按照陈福康教授的描述,郭沫若答应帮忙也是半淞园聚会,故意失信的最早表现却是郭沫若与郁达夫的谈话,表现于文本则是郁达夫的小说《友情与胃病》,陈福康教授认为《创造》季刊中尖锐的批评也根源于此,这中间大约是一个半月的时间。两种关于"失信"的描述,笔者窃以为尤九州、林亦梅之说更为切实。在杏云病院中,郭沫若和郁达夫到底都说了些什么,除了《友情与胃病》,恐怕已经无从追踪。可是也正如朱寿桐教授指出的,作为小说家言,《友情与胃病》文字的真实性和可信性还是有待质疑的。小说中说的"一些谈新文学的人,把文学团体来作工具,好和政治团体相接近"并不等同于陈福康教授转述的"所谓的'新文学团体'",①若小说直言"新文学团体",自然"除了当时郑振铎发起的文学研究会以外",别无他家。《友情和胃病》里批评的"谈新文学的人,把文学团体来作工具",似乎并不能与"新文学团体"等同起来。就算不顾及字面意思,将这些词语表达的对象等同起来,视为郭沫若和郁达夫对文学研究会的批评。那么随之而来的问题便是,郭沫若和郁达夫为什么会这么做? 如果不是无根由,那么便是出于人格问题。如果说郁达夫的想法是受了郭沫若的挑拨,那么郭沫若的想法又是从何而来? 从允诺"尽力帮助"到批评,郭沫若是否受过什么刺激? 对于这些问题,似乎并没有得到相应的关注。

若以《友情与胃病》中的记载为真,并将其作为"失信"之据,就需要解决一个问题,即郭沫若在这之后直至《创造》季刊出版预告之前,与郑振铎还有多次交往,郭沫若、郁达夫、郑伯奇、张资平等初期创造社同人也有多篇文章经郑振铎之手发表。创造社同人既已在聚谈中猛烈地抨击过对方,还要将一些并非低劣的作品交给对方? 郑振铎编发创造社同人的作品,到底是帮助创造社同人登上文坛,还是好的稿件对刊物本身就是帮助? 茅盾在致周作人的信中曾说,"《说报》(即《小说月报》——笔者)每月收到外间投稿(大抵不相识者)总在五十份以上,长篇短制都有。但好的竟很难得。"②"《月报》(即《小说月报》——笔者)中最缺创作,他人最不满意于《月报》之处亦

---

① 陈福康:《郑振铎传》,北京十月文艺出版社 1994 年版,第 115 页。

② 1921 年 8 月 3 日沈雁冰致周作人信,《文学研究会资料》(中),河南人民出版社 1985 年版,第 672 页。

在不多登创作，其实我们不是不愿意多登，只是少好的，没有法子。"①一九二一年七月三十一日，鲁迅在致周作人的信中也说，"《小说月报》也无甚好东西。百里的译文，短如羊尾，何其徒占一名也。"②《小说月报》尚且如此，《文学旬刊》等其实也好不到哪里去。郑振铎在致周作人的信中就说，"《文学旬刊》本为学会一部分人所发起，用私人名义，与《时事新报》接洽的，学刊接洽好，稿子却来得极少，只好在上海请几个人时常做些东西，所以内容非常不好。"③有的学者比较两大文学社团作者后说，"较之《小说月报》而言，《创造季刊》的主要作者郭沫若、郁达夫、张资平等人，在《创造季刊》出版之前就已经是风行一时的新文学作家，在青年读者中间颇受欢迎。且不论具体的作品之高下，仅就共时性的社会影响力这个角度而言，创造社作家群实际上比第十二、十三两卷《小说月报》的主要作者更具有市场价值。"④对于有作为的新文学刊物的编辑来说，别人能给予他们的最大的帮助，无疑便是供给好的稿件。是帮助、被帮助还是虚与委蛇，确定这些问题需要引入另外一个参照点，即创造社正式成立的时间。在没有决定成立创造社，也没有确定要创办自己的刊物的时候，创造社同人可能出于发表欲而供给郑振铎稿件，可是当他们自己已经确定要成立创造社并出版《创造》季刊之后，为什么还将一些并不坏的稿件供给自己抨击的敌对方？答应帮忙实际却拆台自然是"故意失信"，如果答应帮忙且实际供给不坏的稿件，虽然可能带着许多不满意，也不能够将其归入"故意失信"之列吧？

翻阅郭沫若《创造十年》，可知自半淞园初会后，郭沫若与郑振铎又见过多次。一次是郑振铎与叶圣陶来看郭沫若，一次是郑振铎陪朱谦之来找赵南公谈《革命哲学》出版事宜，之后又有许多次。也就是说，在郁达夫刊出《创造》季刊出版预告之前，从一九二一年五月到九月期间，郭沫若和郑振铎平均至少每月相见一次，七、八月间郑振铎也曾将郭沫若的《孤寂的儿》等刊登在他主编的《时事新报·学灯》上。从初次相见到《创造》季刊出版预告问

---

① 1922 年 6 月 6 日沈雁冰致周作人信，《文学研究会资料》(中)，河南人民出版社 1985 年版，第 677 页。

② 1921 年 7 月 31 日鲁迅致周作人信，《鲁迅全集》第 11 卷，人民文学出版社 2005 年版，第 401 页。

③ 1921 年 8 月 4 日郑振铎致周作人信，《文学研究会资料》(中)，河南人民出版社 1985 年版，第 678 页。

④ 段从学：《〈小说月报〉改版旁证》，2005 年《新文学史料》第 3 期，第 186 页。

世,从郭沫若的叙述里似乎看不到曾出现过什么矛盾纠葛,既然没有什么不愉快,一直交往且已答应帮忙的郭沫若主导下的创造社刚刚集体登台亮相便向对方开战,实在有些说不过去,对于这种莫名其妙的转变,除了归于"信用中的人格问题"外,实在也难找出更好的解决途径。然而,仔细阅读郭沫若《创造十年》中与郑振铎几次见面的记载,在文字描述之间似乎又有着某种潜在的情绪变化。初次相见时觉得对方"纯真"、"无邪气",与茅盾给郭沫若留下的印象形成鲜明对比;郭沫若描述的第二次相见突出了叶圣陶,以及没有听清楚郑振铎的介绍带来的后悔、木讷的感觉;郭沫若描述的第三次相见则是郑振铎陪朱谦之来找赵南公,郑振铎与郭沫若似乎成了两无关系的存在;郭沫若描述的第四次相见则是郑振铎误将郭沫若手书的王维诗当成了郭沫若自己创作的。在郭沫若描述的四次相见的场景中,我们能够感觉到情感方面明显的滑落。

《创造十年》中记叙的时间虽多与实际日期有出入处,但就《创造十年》本身的时间而言,却自成系统。郭沫若描绘郑振铎最不堪的第四次相见场景,特别注明是"在谦之住在泰东的时候(是七八月之交)"①。这个时间是否与真实时间存在误差暂且不论,郭沫若特意点明"是七八月之交",按照郭沫若自己的叙述,他是七月初离沪去日并促使创造社得以正式成立,那么"七八月之交"便正好是郭沫若结束日本之行,重又回沪时期。在郭沫若重新由日回沪之前,在郭沫若和郑振铎之间是否发生了什么事情,使郭沫若对郑振铎的好感迅速滑落? 要确证这一点,就需回到历史现场,详细梳理郭沫若赴日及创造社正式成立的具体日期,然后看看这段时间里郭沫若和郑振铎之间到底发生过什么事情。

关于创造社正式成立的日期,现今约有六种说法:第一种是郭沫若自己首倡的七月初旬去日本,并于旬内成立创造社;第二种说法仍然出自郭沫若的说法,认为是六月中旬成立创造社,卢正言据此推断郭沫若离沪去日时间在六月十日前后。第三种说法是郭沫若六月十三日离沪去日,六月二十一日创造社成立,这一时间的提出者是朱寿桐。他撰文指出,"郭沫若一九二一年六月十四日曾致信郑振铎,说是'今天在《文学旬刊》第四号上才得见先生的一段短评……'信可以发自日本,也可以写于上海,但载有这期《文学旬

① 郭沫若:《创造十年》,《郭沫若全集》第12卷,人民文学出版社1992年版,第103页。

刊》的《时事新报》系六月十日出版,十四日在日本恐很难看到发往当地的报纸,较大的可能是郭沫若在上海时已得见此报,由此推断郭沫若回福冈应在十日后。他回福冈的时间当在十日后。现假定郭沫若在上海得到这份报纸之后回福冈,时间最早是十一日。十一日恰好有筑后丸由上海开往神户,乘此船则十三日到门司,随即回家。"①第四种说法是六月下旬去日本并于旬内成立创造社,持此说者为王继权、童炜钢。此说见于其所编《郭沫若年谱》,仅有叙述,未见史料具体考证,故不知所据。第五种说法是根据郑伯奇一九二一年六月四日的日记,"沫若六时许外出赴大津。是夜沫若由大津起身赴东京去矣。"《郭沫若全集》由此推算,郭沫若"当于六月五日晨达东京,即往医院探望郁达夫;六月六日与田汉同游;六月七日在郁达夫寓所与张资平、何畏等聚会;第四天晨返回福冈。故创造社成立日期应在六月七日。"②第六种说法是郭沫若五月二十七日离沪去日,六月八日创造社成立,这一时间的提出者是陈福康和郑延顺。根据赵南公日记五月"廿七日,十一时起。到店阅报。晴。一时,松泉来,知沫若已去"的记载,陈福康教授认为郭沫若离开上海的确切日子是五月二十七日,抵达日本是在五月底。又根据郁达夫小说《友情和胃病》提供的信息,推断在达夫房间聚谈的日子应该是六月八日。"如果为了更保险起见,说创造社正式成立于一九二一年六月上旬,是不会错的。"③郑延顺根据郑伯奇一九二一年日记认为,郭沫若六月一日到京都,六月四日晚坐火车离开京都到东京的,"六月五日郭老到东京,开始了在东京第一天的活动。在东京的第四天下午,在郁达夫的房间里,便有了创造社成立的那个会。推算一下,郭老在东京的第四天,正是六月八日。那么,创造社成立于一九二一年六月八日,当是不会错的。"④

在创造社成立的六种说法中。前两种都是根据郭沫若的说法而来,郭沫若的回忆带有很强的主观色彩,与事实颇有出入处,大多都有待进一步的考证,以之作为确定历史事实的根据只能是一种想当然或无奈何的假定;中间两种是学者综合多种因素的推断;后两种是根据当时的相关者的日记。

---

① 朱寿桐:《日本博多湾风物与郭沫若研究的几个问题》,2000 年《新文学史料》第 3 期,第 185 页。

② 《郭沫若全集》第 12 卷,人民文学出版社 1992 年版,第 119 页注释二。

③ 陈福康:《创造社元老与泰东图书局——关于赵南公 1921 年日记的研究报告》,1990 年 6 月《中华文学史料》第 1 辑,第 35-36 页。

④ 郑延顺:《创造社成立的准确时间》,1995 年《新文学史料》第 3 期,第 12 页。

在六种说法中,最为可信的当属第六种,即根据当时相关者的日记所作出的判断。至于朱寿桐教授指出的六月十三日,其立论的基点在于郭沫若看到《文学旬刊》第四号的时间地点,朱寿桐教授认为十四日在日本恐很难看到六月十日在上海出版的这份报纸,这个假定还有待确证。孤证不成立,推断只能是聊备一说,但赵南公与郑伯奇两人的日记相映成趣,互相发明,实在比依靠小说家言或总是与事实有些出入的某些自传来得令人信服。在不能对赵南公与郑伯奇两人的日记证伪之前,我想郭沫若离沪去日的具体日期在考证方面暂可告一段落了。至于第五种说法,虽然同样是根据郑伯奇日记作出的判断,但是郭沫若在东京待的时间却算错了。对于创造社成立的具体日期,现今别无旁证的似乎就是郭沫若在东京待的时间问题,关于这一问题,各种说法无不借助于郭沫若《创造十年》中的说法。《郭沫若全集》的注释者以为郭沫若"第四天晨返回福冈",故将创造社成立日期定为六月七日,实际上郭沫若自己说的是,"第四天清早又和寿昌告了别,我是决定回福冈去了。因为想买几本书,便又打算跑到东京大学前面的书店里去渔猎。……想到达夫说要退院,觉得最可靠的还是只有他。他的寓所本就在大学附近,我便决心再往他那儿去探望一次。"[1]也就是说,郭沫若虽然打算第四天清早回福冈,事实上却并未实行,而是去了郁达夫的寓所。然而,正如前面所述,郭沫若的回忆是有待考证的,郭沫若是否真的在东京待了四天? 在没有其他更可靠的史料被挖掘出来以前,也只能姑且存疑。

依照创造社成立日期及前述我们考证的翻译问题作为论争的第一个回合的事实,我们可以说,如果抹掉了这一时间里的翻译问题论争,就这一问题作出的关于郭沫若人格信用问题的判断,似乎也没有漏洞,但是纳入了翻译问题论争之后,我们就有理由相信另一种可能性,即在上海很不容易立住脚的郭沫若,自然在和郁达夫的谈话中颇多感慨,可是这种感慨还没有倾斜到郑振铎身上,但是当郭沫若看到《盲目的翻译家》后,却有种被戏弄的感觉。在《创造十年》中,郭沫若特意强调半淞园是他们之间关系最好的时候,这种强调在茅盾等人看来反映出了郭沫若出尔反尔的性格,可是在当时的郭沫若看来,何尝又不反映出了郑振铎身上存在的某些问题? 关系最好的时候,身居要津的郑振铎给刚刚有立锥之地的郭沫若进行了批评。珍惜泰

---

[1]　郭沫若:《创造十年》,《郭沫若全集》第 12 卷,人民文学出版社 1992 年版,第 118 – 119 页。

东图书局来之不易的位置的郭沫若(其实位置还并不十分稳固),似乎也还没有嗅到反批评的契机,起码还没有后来以批评拓展自身话语空间的强烈意识,这从他写给郑振铎语气温和的信中亦可以见出。语气温和而反映迅速,说明郭沫若对郑振铎提出的问题的重视,而这重视是否直接孕育了后来创造社要清理新文学阵营内部思想的萌芽? 如果是这样的话,创造社和文学研究会论争的缘起问题需要全部重新构建。新文学阵营本身并不是百花齐放,茅盾和郑振铎这批先行占据要津的文人,他们的设计规划无疑在某种程度上已使郭沫若感受到了压力。从这个角度理解郭沫若的行为,他的反映恰好说明了青年郭沫若有着一颗敏感异常的心灵,而非如一些论者说的那样照出了他的人格信用问题。

三、翻译论争的焦点是话语权的争夺

从创造社和文学研究会翻译问题论争的最初的焦点看,不外乎就是翻译的经济性和系统性。翻译外国文学要讲究经济意识,要有系统性,这是文学研究会几位主要成员的共识。在《对于系统的经济的介绍西洋文学底意见》一文中,茅盾指出:"西洋新文学杰作,译成华文的,不到百分之几,所以我们现在应选最要紧切用的先译,才是时间上人力上的经济办法;却又因为中国尚没有华文的详明西洋文学思潮史,所以在切要二字之外,更要注意系统二字。"①为此,茅盾特别列出了先译、后译的书目清单。在《介绍外国文学作品的目的—兼答郭沫若君》一文中,茅盾进一步指出翻译动机有主观、客观之别。主观上"尽可随一己的自由意志,去研究古今中外的一切文学",而在客观上却要达"足救时弊"之效。因此,"个人研究的作品,与介绍给群众的作品,可以不是同一的东西。"②在茅盾看来,为了追求"足救时弊"之翻译效果,介绍给群众的作品就不能盯在西洋文学杰作上。就此而言,但丁(Danto)的《神曲》,莎士比亚的《韩美雷特》(Hamlet),贵推(Jeothe)的《法乌斯特》(Faust)等作品便显得不合时宜。至于为什么翻译上述杰作便是不经济,茅盾和郑振铎未具体说明。从茅盾将翻译事业划分为先后两个步骤的设想看,《神曲》和《韩美雷特》应该是属于"后译"的行列。以翻译作品引导普通读者,以达启蒙群众目的,自然有其合理性,至于为什么先译这些作品而后译另外一些作品,文学研究会成员却并没有给出令人信服的理由。

---

① 雁冰:《对于系统的经济的介绍西洋文学底意见》,1920 年 2 月 4 日《时事新报·学灯》。
② 雁冰:《介绍外国文学作品的目的——兼答郭沫若君》,1922 年《文学旬刊》第 45 期。

从为人生的文学观念出发,茅盾以为当时最需要的是对人生发生影响的文学,翻译亦当如是;郭沫若则以为只要是好的翻译,"无论在甚么时代都是切要的,无论对于何项读者都是经济的。"①显示出翻译具体选择上的分歧,这个问题背后反映出的恰是他们心目中的读者和群众皆是自己构想出来的。针对当下读者与针对未来读者,针对现实读者与针对理想读者,可以并行不悖,郭沫若和茅盾当然也明白这些道理,所以在他们的往来文字中,颇有些辩证的说法。但论争非但没有因此平息,却呈现出愈演愈烈之势,究其原因,译事本身似乎并不占有很重要的位置,翻译论争显示出来的话语权等问题,才是论争双方欲罢不能的症结所在,应该引起更大的注意。"事实上,在许多的翻译论争里,翻译只占次要的位置。不过,这些论争反映出两个重要现象:一、在这些参与论争的人眼中,翻译本身的问题并不是最重要的,翻译只不过是用来传递某些意识形态或诗学标准的手段,当他们认真地探讨翻译问题时,实际上也只不过是要探究出一种最适合于表达和传递这些标准的方法。正由于这个原因,他们并没有能够比较具体地解决一些主要的翻译问题;二、有关翻译的讨论竟然要以炽热的论战形式出现,充分显示出这些讨论并不是学术上的探研,而是意识形态之争,是思想上的斗争。这些斗争的出现,显示出人们要排斥其他不同的意识形态,以建立自己的权威,而翻译只不过是给借用来作制造霸权的工具。回到系统理论去,可以说,各派译者尝试透过翻译,引进一些他们所认同的外国意识形态准则,从而以这样的意识形态准则为中心,建立一个新的社会系统。这样,他们的一个派别便可以在这系统中占主导或甚至统治的地位了。"②

中国传统文学向现代文学转型时期,许多知识分子都自觉不自觉地带有激进主义色彩的话语方式。陈独秀在致胡适信中说:"改良中国文学,当以白话为文学正宗之说,其是非甚明,必不容反对者有讨论之余地,必以吾辈所主张者为绝对之是,而不容他人匡正也。"③陈独秀这种真理在握、不容他人匡正的心态及话语表达方式,几乎是那一时代启蒙文学家共有的特色。

① 郭沫若:《论文学的研究与介绍》,1922 年 7 月 27 日《时事新报·学灯》。

② 王宏志:《重释"信、达、雅"——二十世纪中国翻译研究》,清华大学出版社 2007 年版,第55 页。

③ 陈独秀:《答胡适之》,《中国新文学大系·建设理论集》,良友图书印刷公司 1935 年版,第56 页。

当陈独秀带着他的《新青年》一起来到北京,与北京大学联成一体,个人的话语便造成了一种话语霸权,在某种程度上遮蔽了新文学阵营对传统文学采取不同态度的多元声音。以启蒙者自居的现代知识分子们,从一开始便努力寻求建构文学话语权力的途径及其可能性,以便推行他们的主张,而在推行自身主张的时候,往往也就带有了话语霸权的意味。《新青年》与北京大学、文学研究会与商务印书馆的结合都带有追求权力话语的潜在欲求。茅盾在谈到文学研究会与创造社的论战时,一再否认"垄断文坛"的说法,强调创造社挑衅的突然性:"我们正与'礼拜六派'进行激烈的论战,接着又与'学衡派'进行论战的时候突然发生的,说它'突然',是因为我们确实没有想到会同创造社发生冲突。"①不管茅盾等文学研究会同人主观意愿如何,他们建构起来的新文学话语客观上就像陈独秀的话语方式一样,对新文学阵营内部其他不同的声音构成了压抑或遮蔽。从一开始,文学研究会采取的话语方式便是非此即彼式的二元对立思维,这与创造社的对立式思维并无真正区别。而在创造社同人那里,也往往将文学研究会的一些行为理解为了"怀着敌忾心"的"军事行动"。②

坐拥京、沪最好的文化出版资源,胸怀治国平天下之志,文学研究会成员与《新青年》同人一样有着指点江山,规划文坛大势的心愿,更有舍我其谁的权力话语心态。郑振铎在《〈编辑者〉发刊词》一文中说:"我们,一部分的编辑者们,是在全国最大的一个出版机关里的。我们明白这个出版机关,由它的伟巨的出版机上所播散出去的东西,是具有不能自知的伟巨的影响的。"③话语大权在握,文学研究会自可在翻译方面树起大纛,做自己想做的事,而且不仅要自己去做想做的事,还要引导别人一齐走。舍我其谁的权力话语心态,使他们认定了当时中国只有他们宣扬的那一套才是最合理的、经济实用的。对于郭沫若等人的翻译实践及其理论,在某种程度上他们也可能并不反对,就像他们曾经表述过的那样,但这是以不触及和匡正他们自身的观念为底线的。这种天下第一等的心态,使茅盾、郑振铎等文学研究会成员从美好的启蒙愿望出发,预设了自己的启蒙对象、翻译作品的读者,而且一厢情愿地替这些读者想好了要阅读的书目及阅读的阶段层次。

---

① 茅盾:《复杂而紧张的生活、学习与斗争》,1979 年《新文学史料》第 5 辑,第 5 页。

② 成仿吾:《创造社与文学研究会》,1923 年《创造季刊》第 1 卷第 4 期。

③ 郑振铎:《〈编辑者〉发刊词》,《郑振铎译文集》,人民文学出版社 1985 年版,第 86 页。

茅盾等人供职于出版机构,从事翻译时却并不需要斤斤计较于经济效益,弱小国家不为人知的文学也可随己所愿地选译。新文学的读者当时正处于养成阶段,携手商务印书馆的文学研究会,成员大本营正位于新文学运动发源地北京,无形中已成为造就新文学读者的中坚力量。他们的选择与引导不但在翻译事业,而且就整个新文学而言,都逐渐在形成一个供需良性循环的链条,打造着新文学创作、译介与阅读的新标准。从事翻译的郭沫若等偏偏自觉不自觉地没有进入这个链条。可是当郭沫若等创造社同人搞翻译时,与茅盾、郑振铎等文学研究会成员一样都有着急切的寻求读者和市场的意愿。然而,在当时语境中,郭沫若等创造社同人与茅盾等文学研究会成员殊途毕竟不能同归。为了追求达到启蒙的目的,茅盾和郑振铎等文学研究会同人可以将自身的文学爱好从向着读者大众的文学创作与翻译工作中剥离出来,使他们公开的文学活动与言谈有内在的一致性。郭沫若却无法将自身的文学爱好从其翻译活动中剥离出来。其结果,便是郭沫若、田汉等人的翻译被视为"不经济",原因便是不能被纳入茅盾等人设计好的循序渐进的、讲究"经济"的翻译理念框架中。郭沫若等创造社同人早期的译介选材一方面源于学习方式,另一方面则是富有浪漫气质的创造社同人追求的是表达自己,寄寓心灵,在翻译中寻找精神共鸣才是首要问题。创造社与文学研究会同人在翻译的价值观和话语方式等方面表现出来的巨大落差,使两大文学社团间的翻译问题论争呈现出浓厚的火药味。就此而言,判断创造社与文学研究会翻译问题论争的对错不应该成为研究者们关注的对象。我们应该关注的是两大文学社团为什么在翻译方面提出那样的问题,他们的论争在现代文学翻译及翻译批评等方面的建构中发挥的功能等。在这里最适合的应是谱系学方法,即如福柯宣称的那样,"我们也应该完全抛弃那种传统的想像,即只在权力关系暂不发生作用的地方知识才能存在,只有在命令、要求和利益之外知识才能发展……相反,我们应该承认,权力制造知识(而且,不仅仅是因为知识为权力服务,权力才鼓励知识,也不仅仅是因为知识有用,权力才使用知识);权力和知识是直接相互联带的;不相应的建构一种知识领域就不可能有权力关系,不同时预设和建构权力关系就不会有任何知识。"①创造社与文学研究会翻译文学论争中体现出来的,恰是权力与

---

① 福柯:《规训与惩罚》,刘北成、杨远婴译,生活·读书·新知三联书店 2003 年版,第 29 页。

知识的相互建构关系,而不是简单的是非对错之替代。

四、现代翻译批评的开拓

在描述创造社和文学研究会论争时,"打架"是一个经常被使用的词汇,而"打架"的具体体现便是批评。在《海外归鸿·第二信》里,郭沫若就提出,"我国的批评家——或许可以说是没有——也太无聊,党同伐异的劣等精神,和卑劣的政客者流不相上下,是自家人的做作译品,或出版物,总是极力捧场,简直视文艺批评为广告用具;团体外的作品或与他们偏颇的先入见不相契合的作品,便一概加以冷遇而不理。他们爱以死板的主义规范活体的人心,什么自然主义啦,什么人道主义啦,要拿一种主义来整齐天下的作家,简直可以说是狂妄了。我们可以各人自己表现一种主义,我们更可以批评某某作家的态度是属于何种主义,但是不能以某种主义来绳人,这太蔑视作家的个性,简直是专擅君主的态度了。批评不可冷却,我们今后一方面创作,一方面批评,当负完全的责任……《创造》出版后,每期宜专辟一栏,以登载同人互相批评的文字,用六号字排出最好。"①对于批评的热望赫然可以见出。对外进行批评的突破口,历史地落在了翻译问题上。王锦泉认为,"创造社的批评是从翻译开始的。先是郭沫若在《创造》季刊创刊号的《海外归鸿·第二信》里批评了国内的翻译界。继而郁达夫在《创造》第二期上发表了《夕阳楼日记》……"②从翻译批评开始挑衅之旅,自然说明创造社同人在翻译方面的自信。有人认为:"'打架'需要理由。对于文学作品创作,无论是郭沫若,还是郁达夫、成仿吾、张资平,都没有足够的把握和理由去指责文学研究会的不足。而对于他们比较拿手的翻译,尤其是德文翻译,却表现得异常活跃、信心十足,言辞之间毫不掩饰对'战斗'的热衷。"③其实,郭沫若等创造社同人并非没有足够的把握和理由去指责文学研究会的不足,看看成仿吾的《诗之防御战》即可明了。但是当时的文学创作成绩不高,且文学创作批评也很难分出社团之间的优劣高下,翻译却不同,现代知识分子多留洋读书,判断翻译好坏对错较为轻易,而且标准也较文学创作批评更为确

① 郭沫若:《海外归鸿·第二信》,1922 年《创造季刊》第 1 卷第 1 号,第 17 – 18 页。

② 王锦泉:《略论创造社——兼及与文学研究会的论争》,《郭沫若研究》第 5 辑,文化艺术出版社 1988 年版,第 202 页。

③ 陈宇航:《文坛攻战策略及前期创造社的翻译论战——从〈夕阳楼日记〉谈开去》,2008 年《中国现代文学研究丛刊》第 2 期,第 51 页。

切。创造社同人最猛的火力集中在翻译批评,且将译文的对错作为主要的批评对象,似乎是有意为之,在没有材料确切地表明创造社同人的取舍时,我们只能从创造社同人整体的批评实践的比较中,认为郭沫若等选择了一条自己最熟悉最有力的批评路径。

在《创造季刊》创刊号的《编辑余谈》中,郁达夫提出,"我们所欢迎的批评,不仅限于小说,就是诗歌哲学之类,也可以的。但是翻译品的批评,只可评他的译文错不错,译法好不好,不能评他的内容,这一点要请投稿者诸君注意。"这一声明,实际将创造社自身对于翻译批评的注意点与茅盾、郑振铎等人的翻译批评注意点区分开来。对译品本身错与不错进行批评,这是创造社同人翻译批评的一大特色,也是最有成绩的地方。茅盾回忆及此时说,"与创造社论战的另一个内容是关于翻译错误问题,占了论战的大部分时间。"①由此亦可见创造社批评错译、误译火力之强而且持久,但是茅盾对于这种翻译批评却并不欣赏。他认为当时的错译、误译与初期翻译家们的幼稚有关,故在所难免,需要的是善意的批评,可是当时的批评(主要指创造社的翻译批评)却大多意气用事,护住了自己的短处,只照见了别人的错误。茅盾所说的,可以分为这样几个部分,即错译、误译出现的历史必然性及批评的必要性,还有就是批评错译、误译时应取的态度问题。在茅盾那里,批评被认为是必要的,但批评本身却被分为善意的与非善意的。这种区分表面上看起来很有道理,实际上却很主观。毕竟,善意与否,在批评者和被批评者及旁观者的眼里都有可能有分歧,批评的主观意愿与客观效果之间的偏差也时常存在。茅盾实际上是在承认了批评错译、误译之必要性的同时,将重心放在了指摘创造社翻译批评是"非善意"的问题上。这里牵扯到的是批评的动机论问题。对于批评与被批评的双方来说,批评的真实动机可能是一个至关重要的问题,但对于研究者来说,剩下需要考虑的可能更多的是批评错译、误译的必要性、效果及批评的正确与否的问题。从后一角度看创造社翻译批评,可能错译、误译的批评正是创造社同人文学翻译批评最有成绩和建设性的地方。与翻译的取材、译介的目的等问题比较,译文的对错是更容易让人见出高低差异的地方。以当今流行的"创造性的叛逆"这样的翻译理论去考察创造社同人的翻译批评,可能给人以见木不见林,太过具体琐

---

① 茅盾:《复杂而紧张的生活、学习与斗争》,1979 年《新文学史料》第 5 辑,第 14 页。

屑，但正是这样的翻译批评，实实在在地在推动着现代文学翻译不断地走向进步。

初期创造社同人在日留学时间平均在十年左右，日本学校外语学习所占比重很大，德语、日语和英语对很多创造社成员来说都不成问题，这使他们在翻译问题论争中较多地从语言角度入手，探讨相关问题，实施他们的翻译批评。在《夕阳楼日记》中，郁达夫批评说，"我们所轻视的，日本有一本西书译出来的时候，不消半个月工夫，中国也马上把那一本书译出来，译者究竟有没有见过那一本原书，译者究竟能不能念欧文的字母的，却是一个疑问。"①在《说翻译和创作之类》一文中，郁达夫开篇指出，"翻译，在中国似乎是最容易也没有的一件事情。因为完全不懂外国文的人，在中国，也可以用了之乎者也来翻译，并且大家都还在说他译得很好。其次稍稍懂一点外国文的人，更加可以来翻译，只教有一本华英字典在手头，将英文本上的字一个一个地翻出连结起来，就够了，对此人家也会称颂他是翻译专家。"②在《牧夫》中，成仿吾直斥，"这些嫉妒他们的人与无知无识的人，不是拾起外国的一二废物来大吹特吹，便是挟一部字典来乱翻乱译，而都朋比为奸，利用政党式的组织，欲以离奇的介绍与错误的翻译书来垄断一个时代。"③郭沫若在《致张东荪、俞颂华、舒新城》一信中就说过，"翻译决不可苟且，近来译书的人每每'苟译'，所以译文往往不可解。昔马丁·路德翻译《圣经》，自云：有为一字一句每每踌躇至数日之久，始能决定者。待其译文一出，而德国言文一致因以成立；可知翻译事业不可等闲看待，更不可苟且着手。我希望译述的人都要抱个犀利的良心与峻严的责任感。"④在《讨论注译运动及其他》一文中，郭沫若也特别指出，"目前我国的翻译界，其中自有真有学殖、纯为介绍思想起见而严肃从事的人，但是我们所不能讳言者：如借译书以糊口，借译书以钓名，借译者以牟利的人，正是滔滔者天下皆是。处在资本制度之下，借译书以糊口本是一件极平常的事情，钓名牟利也不足为个人罪。但是译者的苦心尽可以追求他低下的目的，而读者的本望却是要拜见他高明的

① 　郁达夫：《夕阳楼日记》，《郁达夫全集》第 11 卷，浙江大学出版社 2007 年版，第 3 页。
② 　郁达夫：《说翻译和创作之类》，《郁达夫全集》第 11 卷，浙江大学出版社 2007 年版，第 43 页。
③ 　成仿吾：《牧夫》，1923 年 9 月 2 日《创造周报》第 17 号，第 7 页。
④ 　郭沫若：《致张东荪、俞颂华、舒新城》，《郭沫若书信集（上）》，中国社会科学出版社 1992 年版，第 180 页。

手腕。手腕本不高,目的又低下,欺人欺己,糊口呀,钓名呀,牟利呀,雷鸣着的瓦缶呀,真令真有学殖之人也洁身自好,裹足不前了! 如此敷衍下去,我们中国的翻译界只好永远是一坛混水,中国的新文化也只好永远是一坛混水。"①他们关注的是译者的素质问题,包括译介者的责任心和"真有学殖"两个方面的要求。在翻译批评的实践操作中,译者问题便具体落实在对被批评对象错译、误译的指摘上,而这方面的指摘涉及的问题不仅仅是译文与原文相对照下的对与错的问题,而是真正能够显露译介者的责任心和"真有学殖"的地方。在批评实践过程中,创造社同人指摘错译、误译时又显著地突出了译者主体因素,这方面的批评不可避免地带有人身攻击的色彩,这也是创造社翻译批评备受诟病的地方。

《夕阳楼日记》里指出的 confront 与 confound 的区别问题,茅盾将无神论译为雅典主义的问题,张东荪翻译手势戏的问题,都是从字词掌握的角度入手展开的批评。"唐先生在意门湖里面,把点头译作摇头,把蜜蜂认作梨子。郑振铎君把客厅 Drawing - room 译成了图画室,伍剑禅君译雪莱的西风歌竟把 tobe 的第二人称 art 译成艺术(arts)。这样的便是现在的翻译界!"②在《读了珰生的译诗而论及于翻译》,郁达夫批评王统照的译文时说"We shall not find the stars unkind 是不能译作'我们不要去找出这些星星们的不仁慈的。'譬如我们说 I don't find him unkind,若译成中国话,岂可以说'我不找出他的不仁慈'么? find 译作找出,未免太呆了。在这一句里的 shall 也不应该译成'要'字的。此外我更觉得 the stars 有一种另外的意思,因为英文的stars 有时可以作'运命'讲,譬如说 The stars we are against it,是'运命却与此相反'的意思。我疑 Dowson 此处的 stars 也当作'运命'用。"③在郁达夫看来,翻译批评如此做去也就完成了自己的使命了,"我想我的责任,当指出那本译本的误译,说出那本译本的没有价值的时候,就可以告终了。"④对于创造社的这种翻译批评策略,鲁迅曾批评说,创造社同人看那为人生的艺术的文学研究会不免有些俗气,"而且还以为无能,所以倘被发见一处误译,有时

---

① 郭沫若:《讨论注译运动及其他》,《郭沫若论创作》,上海文艺出版社 1983 年版,第 646页。

② 成仿吾:《雅典主义》,1923 年 5 月《创造季刊》第 2 卷第 1 期,第 18 页。

③ 郁达夫:《读了珰生的译诗而论及于翻译》,《郁达夫全集》第 10 卷,浙江大学出版社 2007年版,第 115 页。

④ 郁达夫:《答胡适之先生》,《郁达夫全集》第 10 卷,浙江大学出版社 2007 年版,第 39 页。

竟至于特做一篇长长的专论。"①但是，"如果就事论事而言，创造社的批评基本上是对的。因此，他们遭到反击后，毫不示弱。"②发见一处误译便要做一篇长论，这恰恰是创造社翻译批评的策略，因为在这方面，的确如郭沫若说的那样，有个较为确定性的对与不对的评判标准，而且是大家都可以看得到的标准。

从错译、误译等具体问题入手展开翻译批评，一方面是当时翻译界的误译也的确太泛滥了些，就像郁达夫指摘误译时说的那样，不负责任的误译"在目下的中国，不知更有几多。可怜一般无辜的青年男女，白白的在那里受这些译书的人的欺骗，中国要到什么时候才能有进步呢？"③在为《创造日》撰写的《终刊宣言》中，成仿吾说，"我们当初的几种计划之中最重要的——可以说是使我们突然高兴着手开辟这块新土的原因的——是对于新旧出版物的一种监察与批评的工作……市井无聊之辈，也弄出一些有名无实的翻译与著述出来，这种种的颓风，我们实在不能沈默。"④指摘误译，使译本读者免受误导，这本身就显示出创造社翻译批评的价值。在《论翻译的标准》中，郭沫若便极力推重指摘误译的价值。"张东荪氏说翻译没有一定的标准，这在文体上是可以说得过去：譬如你要用文言译，我要用白话译，你要用达意体译，我要用欧化体译，这原可说没有一定的标准。但是这些所争的是在甚么？一句话说尽：是在'不错'！错与不错，这是有一定的标准的！原书具在，人的良心具在，这是有一定的标准的！"进而提出，"指摘一部错译的功劳，比翻译五百部错译的功劳更大：因为他的贡献虽微而他的贡献是真确的。这种人不独译者当感谢便是我们读者也当感谢。"⑤实际上，在创造社与文学研究会翻译问题论争的初期，其留下的最为重要的意义之一，正是在"指摘一部错译的功劳"。"要没有李逵出来舞一次板斧，'雅典主义'恐怕永远是'雅典主义'，'手势戏'恐怕永远还在'开场'呢！我诚确的感觉著，现今国内文艺界实在最须要批评的工作，并且是须要消极的批评的工作。"⑥

① 鲁迅：《上海文艺之一瞥》，《鲁迅全集》第4卷，人民文学出版社2005年版，第302页。

② 王锦泉：《略论创造社——兼及与文学研究会的论争》，《郭沫若研究》第5辑，文化艺术出版社1988年版，第203页。

③ 郁达夫：《夕阳楼日记》，《郁达夫全集》第10卷，浙江大学出版社2007年版，第7页。

④ 成仿吾：《终刊宣言》，《创造日汇刊》，上海书店影印本1983年版，第1—2页。

⑤ 郭沫若：《论翻译的标准》，1923年7月14日《创造周报》第10号，第15页。

⑥ 梁实秋：《通信二则》，1923年《创造周报》第13号，第15页。

就翻译批评而言,以误译作为批评焦点的确是比翻译的选材及内容方面的讨论更能显示讨论者水平高下的问题,另外与直译、意译等翻译标准的批评相比,误译、错译的指摘也更容易找到较为确切的标准,不至于形成见仁见智的局面。① 正如郭沫若所说,"这是有一定的标准的",对于外语水平显然要高于茅盾、郑振铎等人的郭沫若、郁达夫等创造社同人来说,这无疑是一个争夺话语权的最佳突破口。

创造社同人并不仅仅是为了发现误译或特地为一处误译去写一篇论文,在指摘批评误译时,他们有自身一套批评法则,便是从指摘误译进而探讨译者自身的水平素质,即外国语及外国文化的掌握等问题。实际上,这种翻译批评的杀伤力远比由"翻译是媒婆"引起的关于翻译地位的探讨大,也比翻译的"经济"问题的探讨要大,因为这涉及的不是译者翻译的价值取向及如何看待翻译的问题,而是对译者本身水平及翻译态度的质疑。"近来的翻译品所以愈趋愈下的原因,就是翻译者把这第一层工夫看轻了之过。再说浅近些,便是翻译者自己并没有把人家的文字看懂,便孟浪跑来翻译之过。"②在批评了郑振铎译《新月集》几处错误后,成仿吾说,"新月集只是儿歌集(Child – poems),所用的文法和字句极简洁明了,学过一两年英文的人大都能够了解;以上所举三例在原文也并非难懂,而郑君竟至大错,郑君的译书资格已经自行取消了,亏他还自夸'很忠实,且不至于看不懂'。"③从媒婆与处女的问题,到翻译的经济论问题,再到错译、误译的批评,创造社同人初期进行的翻译批评走过了几个不同的发展阶段。在媒婆与处女和经济论等宏观翻译批评问题上,郭沫若等创造社同人没有占到便宜,反倒有一种被教训的意味;然而一到错译、误译的问题上,郭沫若、成仿吾等创造社同人却

---

① 翻译标准的探究向来难定一端,最多只能是各说己见的问题,自然不利于话语权的争夺。王宏志曾这样描述直译、意译的讨论情况:"到了二十世纪,还不断有人在争论直译与意译的问题,最著名的应算是鲁迅与梁实秋的论争,当时还出现了'硬译'、'死译'、'歪译'、'乱译'等不同的说法。像鲁迅和梁实秋这样博学多才、经验丰富的大家,似乎也不能解决这翻译上的基本问题,实在不能不令人感到沮丧。……这种现象令人不无疑惑:为什么经过了千百年来的讨论,对于翻译的标准,还没有一个普遍认同或比较圆满的答案?"(王宏志:《重释"信、达、雅"——二十世纪中国翻译研究》,清华大学出版社2007年版,第3–4页。)王宏志教授的描述,其实也说明了以这样一个没有普遍认同和圆满答案的问题入手进行挑衅的无意义,除了陷入矛盾的泥淖外,并不能给对方以痛击。

② 成仿吾:《喜剧与手势戏——读张东荪译的〈物质与记忆〉》,1923年5月1日《创造季刊》第2卷第1期,第22页。

③ 成仿吾:《郑译〈新月集〉正误》,1923年《创造周报》第30号,第8页。

虎虎生风,以横扫一切的态势在交锋中占据了绝对上风。在论战中,交锋双方都会选择对自己最有利的话语形式,就此而言,在文学翻译批评中,抓细节,抓住琐屑问题不放松,这是一个"打架"过程中自然选择的结果。

如果不从为"打架"而"打架"的角度去理解创造社的翻译批评,①创造社同人的这种翻译批评策略还是很有建设性意义的。这种建设性首先表现在创造社同人开始翻译批评时清醒的使命和责任意识:"已经攻倒了的旧文学无须乎他们再来抨击,他们所攻击的对象却是所谓新的阵营内的投机分子和投机的粗制滥造,投机的粗翻滥译。"②在现代翻译事业蓬勃开展的阶段,创造社同人的翻译批评纠正了那种以翻译进行外语学习的行为,靠翻字典就盲目进行翻译的莽撞实践,起码茅盾等文学研究会同人就是在论争中逐渐强化了自身外语学习的热情,提高了自身翻译的水平。仅从翻译批评的建设方面来说,翻译批评可以分为译者批评、过程批评、译作批评、影响研究和批评对象等几种,若说文学研究会同人侧重于翻译影响研究批评,而创造社侧重译作批评,两者对于译者方面的批评也与前述划分有着密切的关联。那么,创造社与文学研究会实际上构成了现代文坛翻译批评不同的拓展方向,在对立的同时也构成了互补。另外,从话语权争夺的角度看待创造社同人指摘误译的这种翻译批评活动,也可以明了创造社同人其实也是在通过这一途径接触或探索翻译更为核心的一些问题,即为什么低劣的译者仍然能够进行翻译,错误百出的译品为什么能够出版而且倍受追捧? 在郭沫若等初期创造社同人看来,这些核心问题的答案便是文学研究会垄断了文坛。更具体地说便是占据了新文学出版、发行等各方面的优势,这才使得文学研究会成员翻译的选材生僻,译得让人看不懂的译品大量流行。当然,以现在的眼光看,文学研究会弱小民族的译介及直译方法都带有现代性因素,但是陈义过高的启蒙理想占据话语的重镇,无疑使苦无发表阵地的创造社同人等感到愤愤不平。毕竟,启蒙的渠道不止一端,而读者的现实需要和

---

① 其实,即便是从为"打架"而"打架"的角度看,创造社与文学研究会间的论争仍旧很有建设性意义,从某种程度上亦可以视为不约而同的"双簧信"的重演,即便不从理论及翻译实践的建设性方面来看待论争,也有扩大新文学的影响,触发新文学倡导者们反思的效果。《中国现代文学三十年》(上海文艺出版社1987年版,第36页)也说,"创造社与文研会在创作、翻译、文艺批评问题上有过一些争论,其中不无门户之见,但总的来看,这种互相砥砺,客观上也有利于不同风格、流派文学的竞争和发展。"

② 郭沫若:《文学革命之回顾》,《创造社资料(下)》,福建人民出版社1985年版,第659页。

趣味提高不是某些启蒙家一相情愿就能改变的事。

五、"骂派性格"与翻译论争的歧途

在翻译问题上，屡屡与文学研究会成员产生龃龉的郭沫若，除了在好友郁达夫、成仿吾等人的信中发发牢骚外，并没有机会将内心真实的观念公之于众。《创造季刊》的创办，终于使郭沫若等获得了一个自由表达己见的话语空间。一九二二年五月一日，因郁达夫的稿件《茫茫夜》而被耽搁了很久的《创造》季刊，添加了几篇原先没有的文字，其中之一便是一九二一年十一月六日郭沫若给郁达夫的信。郭沫若在信中仍然猛烈抨击国内翻译界，作为粗翻滥译典型的是《对月》和《游客夜歌》，都是唐性天的译作。唐性天是文学研究会成员，专研德国文学，对德国文学较熟，译过《意门湖》，根据歌德《史维拉》改编成《费公智的自杀》等。就《对月》和《游客夜歌》两诗的翻译来说，与郭沫若清新隽永的译作相比较，唐性天的翻译最多只能算是分行的散文。唐性天在翻译《对月》时，下面加了一个题注："歌德的抒情诗是情绪的，音乐的。同时他就生于诗中。《对月》一诗是他抒情诗中第一首佳作。"①对唐性天的译文，郭沫若颇不以为然，"那样的译品，说是世界最大文豪的第一首佳作，读者随自己的身份可以起种种的错感：保守派以为如此而已，愈见增长其保守的恶习；躁进者以为如是而已，愈见加紧地粗制滥造。我相信这确是一种罪过：对于作者蒙以莫大的污辱，对于读者蒙以莫大的误会。这样地介绍文艺，不怕就摇旗呐喊，呼叫新文学的勃兴，新文学的精神，只好骇走于千里之外。"②有了话语阵地的郭沫若等再也用不着像致李石岑的信中那样使用陈义深远、连被指责者都难觉察个中真义的文字，而是操起像茅盾、郑振铎等熟悉的话语直陈己见，抨击对方。这种话语最大的特征是不再斤斤于个人兴趣，而是大谈读者大众的需要，以此来证明自身掌握真理，顺应潮流，合乎时代需要。至于读者大众的需要是什么，却是各说自话，好像读者大众就是他们手中的一个面团，任由他们揉捏。在《创造季刊》创刊前，郭沫若等人在各种文字中评述他人时，多取讨论的态度，姿态较低；待到《创造季刊》问世，创造社同人的第一次集体登场亮相，便"显示了这一文

---

① 性天(唐性天)：《游客夜歌》，1921 年《文学旬刊》第 18 期。
② 郭沫若：《海外归鸿(一)》，1922 年《创造季刊》第 1 卷第 1 期。

学集体的骂派性格"，①话语姿态与以前截然不同。究其原因，与茅盾、郑振铎、李石岑等列身其中的文学研究会的对比刺激密切相关。换言之，我们并不能以论争发生后的表现混淆甚或模糊翻译问题论争的源起问题。郭沫若等创造社同人之所以成为挑衅者，以"骂派性格"出现于现代文坛上，一个直接的原因便是他们曾是被批评者。

一九二二年八月二十五日，《创造》季刊第一卷第二期发表郭沫若《批判〈意门湖〉译本及其他》和郁达夫《夕阳楼日记》，抨击的焦点仍是翻译问题。郭沫若在批评唐性天《意门湖》译本时，顺手先抨击了周作人从日文重译的《法国俳谐诗》，"周作人君所重译的《法国俳谐诗》，他所依据的两重日文都早读过了。法国人所做的俳谐诗只不过是三行诗罢了，与日本俳句究竟是完全两物。日本的俳句有一定的音数便是'五，七，五'的三句，诗形虽简，规律极是麻烦，比我们中国的五绝，其束缚人的程度可以说有过之而无不及。诗形解放的运动乃是通乎世界的一个普遍的潮流。法国一部分的诗人为解放其种种传统的诗形而模仿俳谐，日本诗人于今却极力解放俳谐和歌之格而采取自由诗律。日本文坛上三十一字的和歌虽尚未十分失坠其传统的势力，至于俳谐的文艺上的位置与价格，则寖寖乎微乎其微了。法人不明俳谐之真相而虚以标榜，日人逆输入之以满足其民族的自负心。我们似可更无捧心效颦削足就履之必要。"②在《"眼中钉"》一文中，郭沫若直言，"我呢，对于周作人之介绍小诗略略表示过不满的意思（见《创造季刊》二期批评《意门湖》的文字里面），对于他提倡印象批评也说过不赞成的话（见《创造周报》一篇谈批评的文字里，连题名我都不记得了）。"郁达夫的文章则将胡适等新月派成员卷入翻译问题论争的漩涡。创造社同人在翻译问题论争上并不使用各个击破的策略，而是全面开火，四处挑衅，使翻译问题论争愈演愈烈。拥有了话语阵地的郭沫若等创造社同人需要维护并开拓自身的话语空间，他们选择的方式便是挑衅进而造成对立。然而，《创造季刊》过长的出版周期反过来却使他们陷入了更大的被动。一九二二年五月十一日、二十一日的《文学旬刊》连续刊出了损（茅盾）的《〈创造〉给我的印象》；七月一日《小

---

① 刘纳：《"打架"，"杀开了一条血路"——重评创造社"异军苍头突起"》，2002 年《中国现代文学研究丛刊》第 2 期，第 192 页。

② 郭沫若：《批判〈意门湖〉译本及其他》，1922 年 8 月 25 日《创造季刊》第 1 卷第 2 期，第 23 - 24 页。

说月报》第十三卷第七号茅盾在答复万良溶时重申翻译《浮士德》非切要事，这引来二十七日《时事新报·学灯》上郭沫若的答复——《论文学的研究与介绍》。随后，八月一日《文学旬刊》马上就刊登了雁冰（茅盾）的《介绍外国文学作品的目的》和化鲁（郑振铎）的《杂谭》，郭沫若接着就于八月四日在《时事新报·学灯》发表《论国内的评坛及我对于创作上的态度》，茅盾于十月十日在《文学旬刊》上发表《译诗的一些意见》，指出，"如果翻译外国诗没有多大的意义，不过是文人游戏而已，本问题就不必多讨论了；如果翻译外国诗不过'报告外国花园里有某种花卉，新开了什么花'而已，本问题也就没有严重注意的价值了；如果翻译外国诗不过因为外国文中既有此种杰作，所以我们不可不有一种译本，那么，本问题也就得否定的答语。我以为翻译外国诗是有一种积极的意义的。"通观这几次往来的文章，郭沫若并没有采取某些学者以为的"开骂"姿态，而是在论争中始终采取了弱式的辩解和防御的姿态。正是这种不对称的论争态势，迫使郭沫若等创造社同人加速开辟新的更快捷的话语阵地，《创造周报》、《创造日》也就应运而生，创造社同人反击的力度随之不断升级，越来越多地选择主动出击批评他人翻译理论及其实践。

一九二三年五月十三日，以批评为特色的创造社刊物《创造周报》出版发行。第一号上，刊登了成仿吾《诗之防御战》一文，分别对胡适的《尝试集》、康白情的《草儿》、俞平伯的《冬夜》（及《雪朝》第三集）、周作人（《雪朝》第二集）和徐玉诺的《将来之花园》做了批评，给人的印象，这篇文章针对的无非是文学研究会。不论成仿吾的主观态度如何，亦不论所批评是否仅是与文学研究会成员耦合，客观效果便是两军对垒的笔战，尤其是在当时两大文学社团相互对立的形势已逐渐明朗的情况下，成仿吾这篇文章自然也就成了攻击的一种表现。在《诗之防御战》这篇文章的后半部分，成仿吾将笔墨一转，锋头再次指向周作人。"和歌与俳句，在日本早已成了过去的骨董，正犹如我们的律诗与绝句。周君把他们介绍了过来，好像是日本的新诗的样子，致使我们多少羽翼未丰的青年，把他们当做了诗的王道，终于把我们的王宫任他蹂躏了。这是我不解周君所以介绍什么日本的小诗的第一点。"接着，成仿吾批评了周作人译芭蕉的名句，认为"古池，——青蛙跳入水里的声音"之译，"简直把他的生命都丢掉了。古池之下原有一个感叹的呀字，是原文的命脉，周君却把他丢了。而且这古池呀在日文是 Furike - ya 的五音，并且是二二一的关系，周君译作古池两个字，把原有的音乐的效果也全失了。"①从翻译的动机到翻译的取材，再到翻译的具体实践，成仿吾在一篇文章里几乎将周作人批评了一个底朝天，如果考虑到成仿吾也承认"这倒是两国文字不同的地方，怎么也没有办法的。"便是他自己对芭蕉此诗的翻译，也觉得枯燥无味，成仿吾的批评便有些为批评而批评的意味了。毕竟，成仿吾据以批评周作人的第一点，即视俳句为日本的骨董便以为周作人的译介有误人子弟之嫌的说法，未免牵强。从郭沫若抨击周作人从日文重译的《法国俳谐诗》开始，至成仿吾批评周作人译日本和歌与俳句，可说两位创造社干将盯住了周作人不放，在日本俳句译介问题上更是穷追不舍。

在新文学刊物屈指可数的文坛上，文学研究会成员自然不会忽略或无视创造社刊物的批评。就在《创造》季刊创刊号刚刚出版后不久，五月十九日郑振铎便在致周作人的信中说，"《创造周报》已经出版，太会骂人了，现在附上一册，我们原本与他们并无敌对之意，而他们却越逼越紧，骂到无所不骂。难道我们竟忍到无可复忍之地步还要忍下去吗？乞北京同人商量一下如何对付他们？"面对迫击炮一般轰过来的批评话语，习惯于文坛主导位置的文学研究会成员感受到了不被理解的委屈，更大规模与范围的论争也就在双方阵营中继续酝酿。

《创造周报》第二号上，有成仿吾的《新文学之使命》，其中批评的一个问题，仍是俳句的译介。"民族的自负心每每教我们称赞我们单音的文字，教我们辩护我们句法的呆板。然而他方面卑鄙的模仿性，却每每教我们把外国低级的文字拿来模仿。这是很自相矛盾而极可笑的事情，然而一部分人真把他当做很自然的事了。譬如日本的短歌我真不知何处有模仿的价值，而介绍者言之入神，模仿者趋之若鹜如此。"②《创造周报》第十九号发表的王独清《通信一则》，其中指摘了耿济之译托尔斯泰的《艺术论》，遣词毫不客气。耿济之将魏伦的 art poetique 误作《诗的艺术》一书，王独清指出那仅是一首诗而已，故批评耿济之说，"我实在不知道译者底法文程度既那样薄弱，为甚么偏要去勉强试译！"③《创造周报》第二十三号发表郭沫若《太戈尔来华的我见》，文中说，"昨天有位友人拿了一本《小说月报》最近出的太戈儿专号来示我，我把内容粗粗翻阅了一遍，在我的心中不免生出了一种又要办一

① 成仿吾：《诗之防御战》，1923 年 5 月 13 日《创造周报》第 1 号，第 8 页。
② 成仿吾：《新文学之使命》，1923 年 5 月 20 日《创造周报》第 2 号，第 5 页。
③ 王独清：《通信一则》，1923 年 9 月 16 日《创造周报》第 19 号，第 13 页。

次神会的预感。太戈儿研究！太戈儿研究！这种标语，在我们国内已经宣传了多年，国内以太戈儿的研究家自任的亦颇不乏人，但是这次《小说月报》的内容亦何清淡若是呢？"①《创造周报》第二十九号刊登了张非怯的《新鲜的呼声—读小说月报太戈儿号内高滋君译的夏芝的〈太戈儿观讨论〉》，文中说，"我很赞美高君的苦心孤旨的译文，因为她是不容易译的。目下我欲言者，是内中几处谬误，提出来和大众讨论，使读者觉得益加明白。"②《创造周报》第三十号刊登成仿吾《郑译〈新月集〉正误》，文中说，"我们的翻译界离林纾的时代已近十年，倘使我们现在还只能译出这样的东西来骗人，我真不能不为我们的翻译界羞了。"③《创造周报》第三十二号上发表梁实秋《通信一则》，"《文学旬刊》有一个姓梁的说仿吾译的《孤独的高原刈稻者》里'Stop here, or gently pass'一句译错了。其实并未译错，倒是姓梁的没懂原文。我想这没有辩论的余地，英文还没有学通，就出来骂人译错，未免可怜。文学介绍实在是很要紧的工作，不过这个工作是很难的，要有充分的预备。决不是看了一本书，买一本字典，就可昌言介绍的。北京的《文学旬刊》有一位先生的演讲，说希腊文学只有史诗，戏剧绝对的没有。这简直是胡说八道了！篇中谬误百出，可笑可怜！"④一九二四年一月十三日，《创造周报》第三十六号出版，刊发了张伯符《〈乌鸦〉译诗的刍言》，对《文学》百期纪念号登载的子岩译美国诗人Edgoar Allan Poe的The Raven给予了批评，这篇文章很长，连载至第三十七号。文中说，"子岩君的译文，差不多每节都有错误，其想入非非的译法，真足令人惊诧不已；甚至最普通的熟语如Can not help后面加Participle的用法都不知道，真不能不令人瞠目了。此外的最滑稽的错处，也不知还有多少，我已经失了批评的勇气，只好请读者自家去批判罢。"这篇批评文章后面又有郭沫若的一段"附白"："此诗译文真是荒唐已极，译者和文学编辑者竟公然发表，读后只令人感叹。伯符君改正处大抵无误，唯第九节似尚有斟酌余地。乌鸦乃不详之鸟，东西民间的俗见相同。原诗意是反语，不识张君以为如何。"⑤《创造周报》第四十九号发表唐汉森《瞿译〈春之循

① 郭沫若：《太戈儿来华的我见》，1923年10月10日《创造周报》第23号，第2页。

② 张非怯：《新鲜的呼声——读小说月报太戈儿号内高滋君译的夏芝的〈太戈儿观讨论〉》，1923年《创造周报》第29号，第11页。

③ 成仿吾：《郑译〈新月集〉正误》，1923年《创造周报》第30号，第7页。

④ 梁实秋：《通信一则》，1923年12月16日《创造周报》第32号，第14页。

⑤ 张伯符：《〈乌鸦〉译诗的刍言》，1924年1月13日《创造周报》第37号，第14页。

环〉的一瞥（续）》，开篇先对泰戈尔来华引发的热潮进行了嘲讽，接着对瞿世英翻译的《春之循环》（文中特地指出是从商务印书馆买的一部文学研究会出版的中文译本）给予了批评，认为"瞿氏译本的错误随处皆是，我们差不多要笑个不停，要时时用力捧着肚子。"①又说，"把春之循环的封面过细一看的时候，'瞿世英译'的旁边，有'郑振铎校'的四个字。我这才知道这部译本倒真是应该大错的了。郑君译的几部书早有人指摘过，瞿君倒请他校，真不知是问道于什么了。"②《创造季刊》第二卷第一期发表成仿吾《"雅典主义"》批评《小说月报》第十三卷第十二期佩韦（茅盾）的一个翻译错误，同时又说，"从前见过一位姓常的所译马克斯的什么，一位姓余的所译倭铿的什么，一位姓唐的所译的意门湖，都是蹩脚的译品。这位唐先生在意门湖里面，把点头译作摇头，把蜜蜂认作梨子。郑振铎君把客厅 Drawing - room 译成了图画室，伍剑禅君译雪莱的西风歌竟把 tobe 的第二人称 art 译成艺术（arts），这样的便是现在的翻译界！……《意门湖》出世时，大登广告说'与郭沫若君等所译的茵梦湖颇有不同。'这期小说月报的这篇介绍文，又与创造社的雪莱纪念号的内容，颇有不同，可是我不解为什么没有把颇有不同的广告打出。小说月报的通信栏，素来是最喜欢登出一些各方面的奇问，与沈雁冰君的奇答的，直到现在还没有人向沈雁冰君问雅典主义是什么，我也觉得有所不足。郭沫若把《意门湖》洗剥了的时候，沈雁冰君说过那是半斤八两，不知沈君以为无神论是几斤几两，雅典主义又是几斤几两？"③同期又发表成仿吾《喜剧与手势戏—读张东荪译的〈物质与记忆〉》，文章首先批评了张东荪对直译的非议，"直译易于信，意译易于达，所以近来有许多人提倡意译，张东荪君至谓直译便是'呆板'。"然后成仿吾说明存在两种直译，认为"理想上的翻译既不是形式的直译，也不是蹩脚的意译。"然后根据英文与法文本柏格森《物质与记忆》对照张东荪译本，认为"张君的译文简直是近于胡闹了。"④《创造季刊》第一卷第三期发表郭沫若《反响之反响》，"其二"为"答《文学旬刊》"，文中说，"振铎足下：批判《意门湖》的一篇文字，我每字每句都负责任。假使批评错

① 唐汉森：《瞿译〈春之循环〉的一瞥》，1924 年 4 月 19 日《创造周报》第 49 号，第 12 页。

② 唐汉森：《瞿译〈春之循环〉的一瞥（续）》，1924 年 4 月 27 日《创造周报》第 50 号，第 15 页。

③ 成仿吾：《"雅典主义"》，1923 年 5 月 1 日《创造季刊》第 2 卷第 1 期，第 18 - 19 页。

④ 成仿吾：《喜剧与手势戏》，1923 年 5 月 1 日《创造季刊》第 2 卷第 1 期，第 21、23 页。

了,诬枉了人,我可以对天下万世人负荆请罪;假使我批评得没有错,尚足以供贤达者退而自省之资,那怕就不能以'捣乱'二字来一概抹杀了罢?"①

在翻译的理论建设方面,文学研究会与创造社的论争并没有什么真正的建树,论争中到处洋溢着口水战的气味,含有太多意气之争的因子,走上了论争的歧途。但即便是在意气之争的口水战这个意义上来理解两大文学社团之间的翻译问题论争,仍然有其可取之处。左拉曾经说过,有时作家"成功之奥秘并不在于有多少才能。请你放下手中的笔和纸,去研究研究文艺界的现实吧:为打开门路而做出的千奇百怪的下流事,利用他人威望的诀窍,以及踩着同行的肩膀向上爬的必要的残忍。""只有角逐才会使才能成熟……如果我们不踏倒别人,那么别人就一定会踏着我们的身体前去。"②对于左拉引发的一场论争,阿尔芒·拉努评述说,"一个作家遭到了他的一位年长的朋友的严厉批评,如果我们不了解其中的奥秘,真会被装进闷葫芦里呢!乌尔巴兹和左拉在这种批评中是有默契的(同时也是真诚的),他们遵循小说家左拉早就确定的一个原则,那就是千方百计引起人们对一本书的注意!他们的算盘没有打错:乌尔巴兹的文章实际上是向人们推荐《德莱丝·拉甘》。"③撇开种种迷雾,可以看到创造社发起的文学论争的背后,其实存在着引起人们"注意"的意图。除此之外,若说这场论争还有其不可抹杀的意义,便是显示出了文学译介的不同途径和方向,指摘了误译与错译,或者借用创造社同人惯常的表述,即以破坏的方式进行的建设。"考希腊文'批评'一字,原是'判断'之意,并不含有破坏的意思。判断有两层步骤——判与断。判者乃分辨选择的工夫,断者乃等级价值之确定。其判断的标准乃固定普遍的,其判断之动机,乃为研讨真理而不计功利。"④创造社的翻译批评虽然带有破坏和攻击性,但判与断这两项工作做得不能说不好,唯其这两方面做得好,他们的批评才产生那样大的影响。纯粹从批评的本原意义上来说,创造社同人的翻译批评为后人树立了良好的榜样。郑伯奇在《新文学之警钟》一文中说,"翻译界,除了为误译打笔墨官司而外,没有可以引人

---

① 郭沫若:《反响之反响》,1922 年《创造季刊》第 1 卷第 3 期,第 9 页。

② [法]阿尔芒·拉努:《左拉》,马中林译,黄河文艺出版社 1985 年版,第 89 页。

③ [法]阿尔芒·拉努:《左拉》,马中林译,黄河文艺出版社 1985 年版,第 132 页。

④ 梁实秋:《浪漫的与古典的·文学批评辨》,台湾水牛图书出版事业有限公司 1986 年版。

注意的事情。"①然而,郑伯奇的这一说法,从反面倒也说明了误译之批评的意义和在当时受注意的事实,而且也正与创造社登上文坛,质疑偶像及初生的现代文学之粗糙和无实绩的观念相一致。"这是一个显然同日益增长的怀疑态度、不相信权威和法规的意思来讲的普遍批判精神及其传播以及后来又同以鉴赏力、情趣、情感或某种不可言喻的东西等等为准有关的过程。"②除此之外,创造社的文学翻译批评在现代文学翻译活动领域开拓了新的发展空间,正如布迪厄指出的,"文学场像所有其他场一样:文学场涉及权力(例如,发表或拒绝发表出版的权力)。"③《新青年》社群、文学研究会和创造社虽然同属新文化阵营,但是作为文学场中不同质的分子,自然产生了种种纠结。

歧途本义为岔路,比喻义为不正确的道路。④ 用论争的歧途概言创造社与文学研究会间的翻译问题论争,本来就包含着两个方面的涵义:首先,是指出这场论争超出了正常论争的范围,带有了人身攻击和意气用事的成分,其次,便是指这场论争也从深层次为现代文学翻译及其批评开辟了不同的路途。比起新文学阵营与旧文学阵营的对垒,新文学阵营内部的对垒可能更被新文学建设者们所看重,因为旧文学的抛弃已被判定为历史的必然,而新文学的建设何去何从却是规划和设想中的事情,这方面的争论因其模糊不明而显得更加重要和关键。对于翻译问题论争的意义,王独清在致郭沫若的信中说,"我敢说社会的进化多是由这种不和的激战生出来的。等到他们不和的原素消失,自然会携手同行,实在用不着先在那里高唱懒性的调和。至于说文学界不宜相互激战,更无道理。我只知道科学界有激战,科学才有进步;哲学界有激战,哲学才有进步;……文学界有激战,文学才有进步。——甚么叫'天下本无事'! 我们正是要在无事中寻事去做,社会才会有活气呢!"⑤王独清的这段话,虽然在一些人的眼里有自我辩护的偏袒成分,但是平心而论,倒也恰好将创造社在翻译问题上执著不休的文学史价值与意义道出了。在一些翻译研究专著中,将创造社的文学翻译视为浪漫主

---

① 郑伯奇:《新文学之警钟》,1923 年《文学周报》第 31 号,第 1 页。

② [美]韦勒克:《批评的概念》,中国美术学院出版社 1999 年版,第 23 页。

③ [法]皮埃尔·布迪厄:《文化资本与社会炼金术》,上海人民出版社 1997 年版,第 80 页。

④ "歧途:岔路;比喻不正确的道路。"《现代汉语规范词典》,外语教学与研究出版社、语文出版社 2004 年版,第 1020 页。

⑤ 王独清:《通信一则》,1923 年 9 月 16 日《创造周报》第 19 号,第 12 - 13 页。

义,而将文学研究会视为现实主义,由此将两大文学社团的文学翻译活动及批评看作是相辅相成的译坛双璧,同时也将两大文学社团间的矛盾纠葛归结于此。在笔者看来,创造社和文学研究会文学翻译及其批评固然是殊途同归,同归之处便是皆想促进现代文学翻译事业健康快速地发展,而殊途之处却并非在于浪漫主义与现实主义择取的差异,只要看看两大文学社团译介成果及翻译批评的具体指向便可明了。就文学翻译批评而言,文学研究会成员茅盾等人好规划,总是喜欢宏观着眼,挥斥方遒,激扬文字,指点译坛,就其描绘出的蓝图而言,倒真是洋溢着浪漫主义的色彩;至于创造社,则紧紧抓住错译、误译问题,从小处入手,虽有得理不饶人,有流于琐屑之嫌,充满了解构精神,恰好弥补了文学研究会宏观文学翻译批评的纰漏。

六、关于《少年维特之烦恼》的翻译论争

初期创造社的辉煌很快随着三鼎足的瓦解而消逝。就在创造社刊物纷纷停刊,创造社同人失去了战斗阵地的时候,创造社与文学研究会之间就翻译问题又发生一次论战,这次论战的焦点是《少年维特之烦恼》的翻译。茅盾叙述这次论争时将其作为创造社与文学研究会之间论争的第四个回合。"一九二四年七月郭沫若因《文学》周报登载了梁俊青对他译的《少年维特之烦恼》译文的批评,给《文学》周报编辑部写了一封长信,指责我们是'借刀杀人'等等。"①

由德语学习而阅读歌德,进而发生译介之念。一九二〇年三月三十日,郭沫若在致宗白华的信中,就提及想要翻译《少年维特之烦恼》。"《韦尔特之烦恼》一书,我很有心译成中文,你以为如何?"②歌德研究会终究只是一个设想,全部歌德的翻译也是许久之后的事,倒是《少年维特之烦恼》一书,郭沫若很快就翻译完毕,并于一九二二年由泰东图书局出版。郑伯奇回忆说,"沫若继续翻译歌德的《少年维特的烦恼》,这是当年在德意志青年中引起狂热的名著,沫若的译本也曾经风行一时,对当时反封建礼教的中国青年也发生过强烈的影响。"③一九二四年十月二十八日,熊裕芳在《读了〈少年维特之烦恼〉以后》一文中说:"郭先生译书,想国内学者是要承认比目前一般译

① 茅盾:《复杂而紧张的生活、学习与斗争》,1979年《新文学史料》第5辑,第14页。

② 1920年3月30日郭沫若致宗白华信,《郭沫若书信集·上》,中国社会科学出版社1992年版,第116页。

③ 郑伯奇:《忆创造社》,《沙上足迹》,黑龙江人民出版社1999年版,第15页。

者较为妥当，就如《少年维特之烦恼》这册有名的作品，像郭先生这样的译法，也是令人满意的，可以说是活的文字，活的文学了。"①梁实秋在《歌德之认识》一文中评价郭沫若的翻译时说，"介绍歌德作品到中国来的人，当推郭沫若先生为最有力。他翻译了《少年维特之烦恼》和《浮士德》，风行全国。他的翻译尚没有受过人的指责，当是可靠的成分多。在现代的文人中，在人格方面，我以为郭沫若先生比较的最接近歌德。"②浪漫诗人译出的《少年维特之烦恼》文采斐然，在广大读者那里大受欢迎，神州大地卷起一股"维特热"。"据一九三二年的一个不完全统计，十年间郭译《维特》已由不同书店重印了三十版之多。以一部外国文学作品在中国产生影响之大和重版次数之多，《维特》恐怕是无与伦比的。"③郭沫若译《少年维特之烦恼》一九二二年由泰东图书局出版后，至一九三二年八月，已经印了十五版。

郭沫若译《少年维特之烦恼》出版后，中国现代文坛上出现过为数不少的书信体小说，如庐隐《一封信》（一九二一年），《愁情一缕诗征鸿》（一九二四年）和《或人的悲哀》（一九二四年），许地山《无法投递之邮件》（一九二三年），王以仁《流浪》（一九二四年），《孤雁》（一九二六年），衣萍《情书一束》（一九二五年），周全平《爱与泪的交流》（一九二五年），向培良《六封书》（一九二六年），章克标《给 A 的信》（一九二六年），郭沫若《落叶》和《喀尔美萝姑娘》（一九二六年），蒋光慈《少年飘泊者》（一九二六年），潘垂统《十一封信》（一九二七年），彭学海《失踪者的情书》（一九二八年），彭家煌《皮克的情书》（一九二八年）等等，或多或少都受到《少年维特之烦恼》一书的影响。据统计，在一九二三年至一九四八年间，中国现代文坛上出版的情书就有《香艳情书》（陈果痴编著，上海益明书局一九二三年版）、《纪念碑》（宋若瑜著，上海亚东图书馆一九二七年版）等四十多种。④ 另外，《少年维特之烦恼》对现实生活中人们的影响也至为深远，《子夜》中吴少奶奶手捧《少年维特之烦恼》，保留雷参谋送给她的早已枯萎了的玫瑰花，便是《少年维特之烦恼》影响的典型描绘。在某种程度上，郭沫若译歌德的功绩也正如顾彬所

---

① 熊裕芳：《读了少年维特之烦恼以后》，黄人影编，《郭沫若论》，上海书店影印出版1988年版，第188页。

② 梁实秋：《歌德之认识》，1933 年 2 月 11 日天津《益世报·文学周刊》第14 期。

③ 杨武能：《漫话〈维特〉》，1980 年《读书》第 4 期，第 105 页。

④ 韩蕊：《从文学的书信到书信的文学——中国现代书信体小说研究》，吉林大学 2007 年中国现当代文学专业博士论文，第 30－31 页。

言,"郭沫若翻译的歌德作品是非常有影响的,如果没有郭沫若的歌德翻译,中国的现代文学可能走的是另外一条道路。五四运动以后,不少作品都受到郭沫若翻译的影响。如果没有他,今天就可能不会去讨论郁达夫和他的作品。"①

郭沫若译《少年维特之烦恼》的流行,一方面自然是由于此书契合了时代需要,另一方面也与他流畅而富有情感的译笔密不可分。一九二二年一月二十二日,郭沫若开始撰写论文《〈少年维特之烦恼〉序引》,指出自己与歌德思想有种种共鸣之点:第一,是他的主情主义;第二,是他的泛神思想;第三,是他对于自然的赞美;第四,是他对于原始生活的景仰;第五,是他对于小儿的尊崇。郭沫若谈及的上述五点共鸣,其实也正是中国现代作家向西方汲取的时代精神养分,是五四新文化运动后最受中国现代青年知识分子关注的问题,换句话说,郭沫若与《少年维特之烦恼》所产生的共鸣,正是那一时代青年知识分子共同的心声。柳无忌在《少年歌德与新中国》一文中指出,"在近二十年来,没有任何一位西洋作家,能象歌德这样有力地影响中国的青年",并认为歌德是"今日中国的喉舌,象在当时他是本时代的喉舌一样。凡歌德在这篇小说里所宣泄的,正是现代中国青年所感觉到的,所希望要宣泄的。今日之中国青年,也在狂飙里挣扎着。暴风烈雨正要推翻陈旧的传统基础,把'过去'的残余都一概摈弃。"歌德的《少年维特之烦恼》正"宣泄出来了我们所不能宣泄的思想和感觉,它象征着我们的快乐与痛苦,它应和着我们心弦的哀吟。少年歌德给了新中国一个礼物,照示和指导着我们的新时代。"②不过,对于时代的需要,本就有着各种不同的理解。迎合读者,还是引导读者,或是两者兼而有之,这本来是一个不起眼的问题,但是在以为人生为价值取向的茅盾和以抒发自我情感为标的初期创造社同人那里,却被赋予了较重要的意义。不过,一如既往地,翻译的动机、接受等问题并没有成为批评的焦点,错译、误译问题仍然是批评的拿手武器。在批评郭沫若译《少年维特之烦恼》时,梁俊青使用的恰恰是创造社同人最擅长的翻译批评方式,不管茅盾等编者有意与否,这次的批评论文编排以子之矛攻子之盾,使郭沫若等唯有顾左右而言他,没有做出真正有分量的反驳。

作为《少年维特之烦恼》的中文首译者,郭沫若译文并非十全十美。随

① [德]顾彬:《郭沫若与翻译的现代性》,2008年《中国图书评论》第1期,第118页。

② [美]柳无忌:《西洋文学研究》,中国友谊出版公司1985年版,第191-197页。

着越来越多的人喜欢并仔细研读《少年维特之烦恼》，许多人也开始表达对郭译的种种不满意。《少年维特之烦恼》的另一译者罗牧说，"起初我也参考过郭译的，及至发现了……长的一个有十五岁，与年龄相应地很文雅地亲了她……那段译文时，我赶快把那本书放开去。夏绿蒂只有六个弟妹，从二岁起到十二岁止。郭先生忽然替她母亲生了一个十五岁的孩子来，真是可贺之至。"①达观生也认为郭沫若译《少年维特之烦恼》存在诸多缺陷，"尤其是关于歌德抒发胸襟发挥议论的地方，都有未能尽善尽美之处。"②在诸多批评者中，言辞激烈，真正与郭沫若笔墨往来构成论战，且波及到《少年维特之烦恼》之外的，是梁俊青。一九二四年五月十二日，梁俊青在《文学周报》发表《评郭沫若译的〈少年维特之烦恼〉》，由此引发了一场翻译论争，除了批评与被批评两方，这场论争还将创造社和文学研究会两个团体其他一些成员卷入其中，所涉论题更是超出翻译本身，包含了批评态度、方式、刊物的编辑乃至人身攻击等诸多问题。

在《评郭沫若译的〈少年维特之烦恼〉》一文中，梁俊青一共指摘了郭沫若译文的十一处错译、误译。据梁俊青讲，他是依据 ThilippReclamlung, Iefprig 所出版旧本来评论郭沫若译文的，而郭沫若译文原本何出，我们却无从知晓。在答复梁俊青的批评时，郭沫若也没有说明自己翻译时的底本出处，从他引用梁俊青文中的德文句子来看，似乎两者相去不远，但这也说明不了什么问题。尤其是受到当时排版印刷条件的限制，两人所引德文句子出现在读者面前时皆面目全非，而这种由排版等造成的技术性错误，使这场论争中被引的原文全部失去了可读性。除非刊物的读者手中拥有梁俊青和郭沫若两人所依傍的德语原著，否则恐怕谁也辨认不出他们所争论的原文与译文间的是非对错到底是怎么一回事。印刷排版带来的不良影响，郭沫若早在与泰东图书局合作之初就已尝尽个中酸辛。在回应梁俊青时，郭沫若也特别指出了这方面的影响。"（第六条）Dubistsdochnicht, Lottehen；mirhabendichdochLieber. 我译的是'绿蒂姐姐，你可不是素菲呀，我们可爱你'，被手民在'可不是'之下替代我加了一个读点。——《少年维特之烦恼》一书，出版时我在日本，并未经我校对。全书的错误如把标点的错误一并加上时，恐怕

---

① WofgangBauer. GermanimpactonmodernChineseintellectualhistory［M］. AbibliogrofChinesepubl. Wiesbaden：Steiner1982. 136.

② ［德］歌德：《少年维特之烦恼》，达观生译，上海世界书局 1932 年版，第 2 页。

有五百处。我做勘误表都做过两次,两次都被书局替我遗失了。在书局方面是因为错误太多了,名誉不好听。所以总不肯把我的勘误表印出。几次推说要改版,我把书本改正后给了他们,他们也替我遗失了。弄到现在书已出到六版,消售到一万以上了。仍还是初版的原样。这真是对不住读者的地方,但是在现代资本制度之下要叫我如何,我也无可如何呢。我从前想,我假如有钱,我可以把创造社所出版的书通同改版,把一切商人本位的劣根性除掉;但我现在的志望却比这更大了:我不仅想改造创造社所出版的书,我在社会改造的实际上也想尽些儿微力,我在此宣言,这可是我后半生的事业了。……(第十一条)译文中两个'地土'的'土'字都是'上'的误排。"①但是,由于郭沫若回应梁俊青的批评时多采用梁俊青文中提到的德文,是以虽然排印错误太甚,我们仍然能够从中看出许多地方的确是郭沫若译文存在问题。比如梁俊青指摘郭沫若对 Field 一词的翻译:"你说你译的 Field,原是'地上',并不是'地土'。哈!哈!沫若!你错了。此里的 Field 既不是'地土'也不是'地上'的意思,乃是'战场'的意思哩。你且看,你的译文:'安眠罢!人中的英杰哟;地土底开拓者哟!但是地土永不会看见你了!'如果照你的改正,把'土'字改为'上'字,那末,'……地上底开拓者哟!但是地上永不会看见你了!'这更成什么话!且再看原书的上文:上文不是说木拉儿勇敢善战么?为甚么他马上就变成'地上的开拓者'呢?地上怎样开拓?'地上'怎样永不会看见你了?这是你的大错特错。"②对于梁俊青的再次批评,郭沫若没再给出针锋相对的回应,从某种意义上来说,也是认可了梁俊青批评的一种方式。但是,正如到处都是错误的排版并不影响论争的进行一样,郭沫若在这方面的沉默并没有使论争向着好的方向发展。

郭沫若并非不能容忍他人对其译文的批评,早在《波斯诗人莪默伽亚谟》一文中郭沫若译出一百零一首鲁拜时,就有闻一多指摘他译文的多处错误,郭沫若不仅表示接受闻一多的批评,而且马上就将闻一多指摘的错漏之处加以修正。梁俊青与闻一多在郭沫若那里受到截然不同的待遇,原因所在,自然与译文的指摘无关,而是与批评者的态度与方法有关。闻一多的批评文字发表在《创造》季刊上,而且是在肯定郭沫若译文的大前提下对一些具体问题提出商榷的;至于梁俊青,其批评文字发表在文学研究会的刊物

① 郭沫若:《通信(一)郭沫若与梁俊青》,1924 年 6 月 9 日《文学周报》第 125 期。
② 梁俊青:《通信·梁俊青致郭沫若、成仿吾信》,1924 年 6 月 16 日《文学周报》第 126 期。

上，此时创造社和文学研究会的对峙早已是路人皆知的事情，在这种情况下，梁俊青的文字似乎也就超出了纯粹翻译批评的范围。更为要紧的是，梁俊青全盘抹杀了郭沫若译文的价值和意义："译文已经出版了两年多，而中国的文坛却杳无声息，好像是对于这本书没有什么感想的样子，这实在令我不能无疑于译文的了……总之，这本书实在不能说是在水平线以上。"①梁俊青如此苛刻地批评郭沫若译文，自然使创造社同人难以接受，更别说郭沫若本人了。成仿吾在致郑振铎信中说，"梁君这次的批评真是荒谬已极，即使他这几条的指摘完全无误，而他在篇首所列的浮词与在篇末断定这部译本不是水平线以上的翻译。实在不能说是有艺术的良心之人的说话。"②其结果，便是批评的枝节问题取代了真正的讨论重心成为论争的焦点。于是，在这场翻译问题论争中，从个人的措辞问题进而到刊物编辑的责任问题，再到两大文学社团往昔至今的种种矛盾纠葛一并都被抓了出来，成了一场清算仗。

郭沫若致信《文学周报》编辑，指出编辑者的第四条罪状"借刀杀人"。③创造社与文学研究会向来是宿敌，郭沫若既然捅破隔在这场论争中间的窗户纸，茅盾或郑振铎等人自然会做出回应，指责创造社同人对人对己标准不一。事实上，成仿吾也不得不间接地承认郭沫若译文的不足，"我前回对你说过，这译本沫若本来曾经改过一遍，被泰东遗失了；去年改了一半，又因生活不好，没有完事。所以这回的事，在沫若实是冤屈已极。你好象很喜欢指摘别人的译书。我前回对你说过，译书本不可与学校的 Uebung 同视。大多数译书的人是为他们的衣食计，若求字字针对，恐怕他们只好饿死。他们大抵是一些穷人，不像你一样境遇好，可以闲坐找他人的错处。平心而论，我们译出来的东西，很可以告无罪于天下。'"④既然翻译匆促，也知道有误，却只修改了一半，对批评采取避重就轻，声东击西的态度，已偏离了原先讨论的题目。一九二四年八月二十日出版的《洪水》周刊第一期上，有周全平《对于梁俊青君的意见》一文，文章点明"这篇所写的，只是关于梁君在一百三十三期文学所发表的文字的态度问题。"依然突出"态度"问题，继续淡漠了本应重视的"翻译"问题。不过这原是创造社论争中常用的方法。

---

① 梁俊青：《评郭沫若译的〈少年维特之烦恼〉》，1924 年 5 月 12 日《文学周报》第 121 期。

② 成仿吾：《通信（二）成仿吾与郑振铎》，1924 年 6 月 9 日《文学周报》第 125 期。

③ 郭沫若：《通信·郭沫若致编辑》，1924 年 7 月 21 日《文学周报》第 131 期。

④ 《通信》，1924 年 6 月 16 日《文学周报》第 126 期。

梁俊青批评的语气虽然刻薄,但很多地方也的确切中肯綮,郭沫若的翻译由于各种因素的影响,缺少精细的打磨,错误之处自然难免。问题就在于,当时论争的双方都没有坦率承认自身错误的勇气,反而将论争的焦点导向态度等议题之外的地方,这与其说是那时翻译问题论争中较为普遍存在着的方式,毋宁说这种缺少心平气和的平等交流的现象本身,就说明了论争本身就没有当成单纯的学术讨论问题,从某种程度上反映出来的恰是论争背后深藏着的话语权的争夺这一深层矛盾根源。综观创造社与文学研究会这一时间段内关于翻译问题的论争,无论是在翻译对象的选择,翻译的功用以及准确性等问题上,创造社和文学研究会的论争都大大地开拓了人们的视野,提高了人们思考这一问题的层次与水平。在那个关注弱者的时代,郭沫若等创造社同人将弱者的声音与自身丰沛的创造力完美地融合在一起,为现代文坛开辟出新的话语空间,同时也渐渐偏离了原初的轨道,作为话语阵地的刊物就像巨大的黑洞一样湮没了创办者原初的意愿,使论争(包括翻译问题)逐渐走上了为话语而话语、为争论而争论的歧途。

第二节　创造社与胡适的翻译纠葛

用现代白话翻译外国文学,胡适是最重要的开拓者之一。早在新文化运动之初,胡适便决心"做两件事:一是不作古文,专用白话作文;二是翻译西洋近代和现代的文学名著。"①一九一二年,胡适译法国作家都德的《最后一课》为《割地》,刊登在上海《大共和日报》,后来又陆续翻译了其他一些小说,并于一九一九年九月编为《短篇小说》第一集,由上海亚东图书馆出版,全书收译作十一篇,其中八篇白话译文。在五四新文化运动期间,胡适用白话译外国诗《老洛伯》、《关不住了》和《月光里》等十余篇。胡适"借一首译诗的顺利,为白话'新诗'开了路……通过模仿和翻译的尝试,在五四运动时期促成了白话新诗的产生。"②在翻译理论建设方面,有《论译书寄陈独秀》、《答T·F·C(论译戏剧)》、《翻译之难》、《论翻译—与曾孟朴先生书》等,在这些文章、书信里面,胡适强调了翻译的重要性,翻译语言要明白流畅等,这

---

①　胡适:《中国新文学大系·建设理论集·导言》,《中国新文学大系·建设理论集》,良友图书出版公司 1935 年版,第 3 页。

②　卞之琳:《五四以来翻译对于中国新诗的功过》,王克非编,《翻译文学史论》,上海外语教育出版社 1997 年版,第 219 页。

些观点在当时引起了人们相当的重视。

就在胡适的翻译实践及其译介理论大行其道的时候，尚在海外留学读书的郭沫若等初期创造社同人也在做着翻译的工作。但是，无论从译作本身的影响还是理论倡导上，他们都无法与胡适相提并论。创造社正式成立后，郭沫若等同人一边创作一边翻译，在文艺上树起为艺术而艺术的旗帜，在翻译方面也力求亮出自己的观点。制造对立，在对立与冲突中表明自己的立场自然也就成了初期创造社同人寻求话语权的途径。与文学研究会一样，胡适也被创造社选为抨击的对象，而这一仗也的确扩大了创造社的影响，正如郑伯奇所说，创造社同人与胡适之间发生的笔战"引起了许多人的注目"，随着影响的扩大，"创造社的基础也就更加稳固了。"[1]不过在创造社同人的笔下，攻击与被攻击的关系描述却是另外一副模样。"达夫对于余译的指责，惹来了胡适的盛气凌人的谩骂，沫若和仿吾不得不连环出马应战……不料胡适遇到沫若和仿吾的回击，招架不住，张东荪便从旁来参战。张东荪的《形而上学序论》的误译被仿吾揭穿，'手势戏'的笑话轰传一时，落得个无趣。接着陈西滢指摘沫若的《茵梦湖》的译文，徐志摩嘲骂沫若的'泪浪滔滔'的诗句。这些事实说明，创造社成立以来就不断遭受到胡适等新月派的敌视和攻击。"[2]并将两个社团的矛盾归于敌我矛盾。文坛上出现批评与反批评是正常的，没有批评与反批评的文坛才不正常。若要理清创造社与新月社在翻译问题上的纠葛，首先要做的不是批评中的是非对错，而是事情的缘起。换句话说，关键在于郁达夫的那篇《夕阳楼日记》。

一九二二年八月二十五日，上海泰东图书局出版的《创造》季刊第一卷第二期"评论"栏中刊载了郁达夫的《夕阳楼日记》。在那篇文章里，郁达夫抨击了国内翻译界的粗翻滥译，作为不良例证的，是余家菊。然而，文章中又有这样一段话："我们中国的新闻杂志界的人物，都同清水粪坑里的蛆虫一样，身体虽然肥胖得很，胸中却一点儿学问也没有。有几个人将外国书坊的书目录来誊写几张，译来对去的瞎说一场，便算博学了。有几个人，跟了外国的新人物，跑来跑去的跑几次，把他们几个外国的粗浅的演说，糊糊涂

---

① 郑伯奇：《中国新文学大系·小说二集导言》，《沙上足迹》，黑龙江人民出版社1999年版，第94页。

② 郑伯奇：《忆创造社》，《沙上足迹》，黑龙江人民出版社1999年版，第27—28页。

涂的翻译翻译,便算新思想家了。"①虽然郁达夫在《答胡适之先生》一文中
说:"看了这几句话,胡先生要疑我在骂他,其实像我这样一个无名小卒,何
尝敢骂胡先生!我怕胡先生谈起政治忙碌,没有工夫细想,要把这些'无聊
浅薄'的文字的意义误会了,所以特地在此声明一下。"②似乎要表明《夕阳楼
日记》并没有挑衅胡适之意,但在胡适已做出反应的情况下,这样的话在真实
含义和表面意思之间却出现了缝隙,可以说是此地无银三百两式的讥讽。

　　虽然郁达夫没有直言所批评的是胡适,但在当时情况下,与郁达夫描写
情况相符合的,也就只有胡适,所谓外国的新人物,便是杜威。《夕阳楼日
记》文后注明写作时间"一九二一年五月四日夜半",而杜威是在一九一九年
五月一日到上海,一九二一年七月到中国讲学的。表面上看,《夕阳楼日记》
写作时胡适还不可能跟着杜威怎样地跑来跑去。但《夕阳楼日记》与读者见
面是在一九二二年的五月一日,其间郁达夫有无新的改动,我们不得而知。
而在杜威来中国之前的两年间,胡适就已在为杜威来华做了大量铺垫性活
动了,比如商请北京、南京等地高校筹集资金等;待到杜威来华后,胡适更是
亲作翻译,陪着杜威在北京、天津、济南、太原等地演说。胡适当然不是笨
伯,对于郁达夫的笔锋所向,自是心知肚明,加上崇尚理性的胡适对创造社
那种情感无节制宣泄的做法原本不太感冒,③于是也就有了《骂人》这样一篇
短文:"上海创造社出的《创造》季刊的第二期有郁达夫先生的《夕阳楼日
记》,是批评译书的。译书是我近来想做而未能的事业,所以我很想看看郁
达夫先生的批评。""他举这书的开端五句作例列举英文、原译文和郁先生自
己的译文。我们细细考察以后,不能不替原译者(余家菊)说一句公道话:余
先生固然也不免错误,郁达夫的改本却几乎句句是大错的。……批评家指
出他们的错误,那也是一种正当的责任。但译书的错误其实算不得十分大
罪恶:拿错误的译书来出版,和拿浅薄无聊的创作来出版,同是一种不自觉
的误人子弟。又何必彼此拿'清水粪坑里的蛆虫'来比喻呢?"④胡适的文字
丝毫不提郁达夫的文章是否与自己有关,而是直接用郁达夫的议题(余家菊

---

① 　郁达夫:《夕阳楼日记》,1922年8月《创造》季刊第1卷第2期,第46页。

② 　郁达夫:《答胡适之先生》,1922年9月21日《时事新报·学灯》。

③ 　1921年8月,初会郭沫若的胡适认为:"沫若在日本九州学医,但他颇有文学的兴趣。他
的新诗颇有才气,但思想不大清楚,工力也不好。"1921年8月9日胡适日记,《胡适的日记(上)》,中
华书局1985年版,第180页。

④ 　胡适:《骂人》,1922年9月17日《努力周报》第20号。

的译文)对郁达夫进行了反批评。胡适"浅薄无聊"的说法虽比"清水粪坑里的蛆虫"文雅许多,但又说"何必彼此拿'清水粪坑里的蛆虫'来比喻",实际上又是以其人之道还治其人之身,而且还加上了"不自觉"这一层意思在内,其实还是很刻薄的。其实,如果仅是刻薄,倒也与创造社同人的某些批评相似,胡适行文中居高临下的气势,使"浅薄无聊"的评议变成了令人难以忍受的铁幕。

胡适注意郁达夫的文字,且能领略那种字里行间的意思,这从一九二三年五月十五日,写给郭沫若、郁达夫的信中亦可见出。胡适说:"病中读到《创造》二卷一号,使我不能不写这封信同你们谈谈我久想面谈的话。我最注意的是达夫在一五二页上说的:'因为我在杂志上发表了一篇旧作的文字,淘了许多无聊的闲气。更有些忌刻我的恶劣份子,就想以此来作我的葬歌,纷纷的攻击我起来。'我很诚恳地希望达夫的第二句里不含有与我有关的意义。"①胡适提到的郁达夫的那段话,出自郁达夫的小说《茑萝行》,原文是:"我的神经受了种种激刺,也一天一天的粗暴起来了。第一因为学校里的课程干燥无味,我天天去上课就同上刑具被拷问一样,胸中只感着一种压迫。第二因为我在杂志上发表了一篇旧作的文字,淘了许多无聊的闲气。更有些忌刻我的恶劣分子,就想以此来作我的葬歌,纷纷的攻击我起来。第三我平时原是挥霍惯了的,一想到辞了教授的职务,就又不得不同六月间一样,尝那失业的苦味。况且现在又有了家室,又有了未来的儿女,万一再同那时候一样的失起业来,岂不要比曩时更苦。"②小说中这样一段文字都能引起胡适的注意,并将其与自己联系在一起,《夕阳楼日记》中的那段文字促使胡适做出反应也就不足为怪。

郁达夫在《答胡适之先生》中声明:"打开窗子说亮话",认为是《夕阳楼日记》里"粪蛆"那一段话引起了胡适的"愤激"。若真是如此,胡适"愤激"之余的表现的确还保留有一些绅士的风度,如果联系到胡适在翻译问题和对待青年问题上的一些态度,如对袁弼译书的记录:"为世界丛书社校袁弼译的'Maupassant'sUneVie'(莫泊桑的《一个生命》),此书我已校过一遍,叫他拿回去,单译第十章送来我看;如可用,再译下去。他是一个少年气盛的人,自己以为他译书甚易……此种少年,为社会的盲目害的趾高气扬,我故

① 胡适致郭沫若、郁达夫信,《胡适全集》第23卷,安徽教育出版社2003年版,第403页。

② 郁达夫:《茑萝行》,1923年5月1日《创造季刊》第2卷第1期,第152页。

意挫折他,使他就范,使他慢慢的成一个人才。此稿仍还他,叫他依我改的修正。"①或许能理解胡适高高在上的那种指导者姿态,可能真的包含了胡适写信给郭沫若、郁达夫信中所说的"我是最爱惜少年天才的人"②的意味在内。只可惜胡适看错了对象,一个比自己小一岁,一个比自己小四岁,学识才力与自己差不到哪里去的郭沫若和郁达夫,很难容忍胡适把自己当作少年看待,虽然是"天才"少年。郁达夫等人的批评虽带有人身攻击的色彩,总还不脱批评范围,胡适使其"就范"、"慢慢的成一个人才"的想法,在立志亮相文坛的青年那里,有时未免就像为其唱起了"葬歌",仿佛想要剥夺其继续进行的权利似的。

不管胡适文章中所用词汇与郁达夫相比是怎样的文雅,实际产生的效果却有过之而无不及。起码,从创造社同人自己的表述中,我们可以见出胡适《骂人》带来的震动。郭沫若在《创造十年》中说:"达夫挨了骂,他便异常地悲愤。写来的信上说,他要跳黄埔江。我得了信,又看见了胡适的那段杂记,也很悲愤。"③郁达夫实际并没有跳江,但这并不能抹去"跳黄埔江"、"很悲愤"这些字眼显示出来的愤激情绪,愤激情绪马上又化为更猛烈的一系列的反击行动。"由达夫的《夕阳楼》惹起了胡适的骂人,由胡适的骂人惹起了仿吾和我的回敬,以后便愈扯愈远了。张东荪来参加过这场官司,接着是惹出了仿吾的《形而上学序论》的指摘,张东荪的'手势戏'喧传了一时,成仿吾的'黑旋风'也因而名满天下。吴稚晖也来参加过这场官司,接着是惹出了陈西滢对于《茵梦湖》的指摘。还有是'诗哲'徐志摩在《努力周报》上骂了我的'泪浪滔滔',这场事件的因果文字,如有人肯好事地把它收集起来,尽可以成为一部《夕阳楼外传》。"④事实也正是如此,在创造社同人和胡适之间,一场关于翻译问题的论争由此拉开了序幕。在与胡适论争过程中,成仿吾撰写了《学者的态度——胡适之先生"骂人"的批评》,用语尖锐而切中要害,被称为成仿吾的第一把板斧,针对张东荪《物质与记忆》中的误译又撰写了《喜剧与手势戏》,被称为第三把板斧。正如成仿吾著名的三板斧一样,创造社的声誉也因这次翻译论争而获得空前的提升。

---

① 1921 年 7 月 12 日胡适日记,《胡适全集》第 29 卷,安徽教育出版社 2003 年版,第 356 页。

② 胡适致郭沫若、郁达夫信,《胡适全集》第 23 卷,安徽教育出版社 2003 年版,第 403 页。

③ 郭沫若:《创造十年》,《学生时代》,人民文学出版社 1979 年版,第 140 页。

④ 郭沫若:《创造十年》,《学生时代》,人民文学出版社 1979 年版,第 148 页

　　就在胡适《骂人》一文发表后四天,郁达夫便在《时事新报·学灯》上发表了《答胡适之》一文。此文若真如胡适所说的那样,"后来达夫作了一篇短文,内中全不提起译文,而说我所以强出头,是因为原文有跟着外国学者跑来跑去的话,而我是曾跟杜威做翻译的,所以借题雪恨。这篇文章,他寄给北京《晨报》社,社中记者给我看了,我劝他不要登。他说,他因为要表示作者的人格的堕落,所以主张登出;我说:'正因为我爱惜作者的人格,所以不愿你登出。'后来,他回信赞成我的态度,所以不登了。——然而此文终于在别处发表了。"①除非当初郁达夫已先将此稿投了两处,否则以三四天的功夫在两家报社经历一番周转,而后在《学灯》上发表,郁达夫急切的心情当可想见。一九二二年十二月,《创造季刊》第一卷第三期出版,这期的评论栏里有两篇文章:郭沫若的《反响之反响》和成仿吾的《学者的态度—胡适之先生的〈骂人〉的批评》,全都是冲着胡适的《骂人》而去。郭沫若认为郁达夫《夕阳楼日记》重心在批评国内翻译界的粗翻滥译,而胡适却故意忽略这些。"他起首便把达夫文中前半的几句愤慨语挑剔了出来,一面把他愤慨的原因全盘抹杀了;一面又把他的愤慨语专门扯到余家菊身上去。我不知道以'公道'自任的胡先生何以竟会有这种态度?"②成仿吾也与郭沫若一样,先从胡适持论轻重失衡谈起:"故意抹杀了他人的论旨,故意压迫了他人的言论,他没有真挚的热忱,只知逞一己的意气,贪一时的快感,把无穷的流弊忘记了!"③接着用胡适的办法,将几个人的译文全部列出来,对照中、英、德三国文字,品评优劣,袒护郁达夫。

　　然而,胡适至此并没有意识到他是在和一个立意要打倒偶像,在现代文坛上开辟自己道路的团体对话。一九二三年四月一日《努力周报》第四十六期,胡适在《编辑余谈》中依然用他高高在上的语调,将他《骂人》一文激起的反响定了基调:"《努力》第二十期里我的一条'骂人',竟引起一班不通英文的人来和我讨论译书。我没有闲工夫来答辩这种强不知以为知的评论……"④接着,胡适大谈了一番翻译如何不容易,这项工作又是如何重之类的

---

　　①　胡适致郭沫若、郁达夫信,《胡适全集》第 23 卷,安徽教育出版社 2003 年版,第 403 页。

　　②　郭沫若:《反响之反响》,1922 年《创造季刊》第 1 卷第 3 期。

　　③　成仿吾:《学者的态度——胡适之先生的〈骂人〉的批评》,1922 年《创造季刊》第 1 卷第 3 期。

　　④　胡适:《编辑余谈》,1923 年 4 月 1 日《努力周报》第 46 期。

话,这些话被郭沫若视为胡适顾左右而言他的自我标榜。在郭沫若的描述里,胡适如此反应是有些难以招架的意思,而在胡适,却似乎并不真的如此。他的表现,毋宁说没有放下高高在上的作为指导者的意识,见到他的意见没有被采纳,反而激起了更强烈的反对声音,心中应是想着郁达夫等属孺子不可教之类。但"不通英文"恰和"浅薄无聊"一样,引起创造社同人深深的不满。胡适的话语方式,在某种程度上也促使这场论争朝着个人的外语能力等具体翻译问题以外的因素上发展,使对话越来越带人身攻击的意味。

一九二三年四月二十日,郭沫若写了《讨论注译运动及其他》一文,批评吴稚晖关于翻译注释运动问题的持论。文末信笔一转,拈出了胡适予以顺手一击:"《夕阳楼日记》的余辉一直发射到现在,真算是波谲云诡。郁达夫指摘了别人的翻译,不见错译者出而自谢,出版者宣言改版,转惹得几位名人出来代为辩护,而达夫自身反为众矢之的。前有胡适之骂他《骂人》。后有张东荪出面附和(见《批评翻译的批评》)。"且将胡适的批评视为名家捞取名声的私举。"本来在这滥译横流的时代……我们这些惯会'上当'的愚人有时忍到无可忍的时候,发出几句愤烈之谈也是势所不能避免。高明之家从而媒蘖其短,谥之以'骂人'而严施教训,我们也知道这是再经济不过的事情;因为一方面可以向大众讨好,一方面更广告了自己的德操。你德行超迈高明过人的北京大学的胡大教授哟!你德行超迈高明过人的时事新报的张大主笔哟!你们素以改造社会为标的,像你们那样庇护滥译的言论,好是讨了,德操诚然广告了,但是社会要到几时才能改造呢?"而颇带杀伤力的攻击点,恰是胡适语中所显示出的对于对手的轻蔑。"你要说别人不通英文不配和你讨论,你至少也要把别人如何不通之处写出,也才配得上你通人的身分。假使你真个没闲工夫,那便少说些护短话!我劝你不要把你的名气来压人,不要把你北大教授的牌子来压人,你须知这种如烟如云没多大斤两的东西是把人压不倒的!"①一九二三年七月十四日,《创造周报》第十号更是刊登张资平的《一群鹅》和郭沫若《论翻译的标准》,继续对胡适的翻译问题进行批评。张资平的《一群鹅》是小说,借两位主人公对话,讽刺胡适译的《希望》一诗虽是译诗却被视为创作,"好像是从前在一种旧书上读过来的,

---

① 郭沫若:《讨论注译运动及其他》,1923 年 5 月 1 日《创造季刊》第 2 卷第 1 期,第 41、43 页。

一时想不出来了。"①郭沫若在《论翻译的标准》一文中指出:"错了是只好认错,能进而感谢指摘的人,而自行改正,这便是真正的'人'所当走的路。"②创造社同人的文字虽然携裹着许多意气之词,但主体仍都落在翻译这一问题上,而且他们提出的复译与转译问题、翻译与理解的准确性问题等等,对现代翻译的发展都有着极为重要的意义,但在当时却并没有引起人们足够的注意,屡屡出现的"节外生枝"的争论使这场笔战逐渐沦为口水战。正如陈平原指出的那样:"晚清及五四运动的思想文化界,绝少真正意义上的'辩论',有的只是你死我活的'论战'。"甚至连象样的论战也谈不上,只是"怄气的变相,愈辩论论旨愈不清楚,结局只能以骂人收场。"③多年后,鲁迅在《上海文艺之一瞥》中还这样描述创造社同人的主张:"这后来,就有新才子派的创造社的出现。创造社是尊贵天才的,为艺术而艺术的,专重自我的,崇创作,恶翻译,尤其憎恶重译的,与同时上海的文学研究会相对立。"④不论鲁迅这段话的出发点如何,不尊重论方理论的原点,随意概括阐发而使问题失去原本意义,似乎是那时论争摆脱不去的宿命。

一九二三年五月十五,读到《创造季刊》第二卷第一期的胡适写信给郭沫若、郁达夫,对《骂人》一文的意图作了解释,也叙述了自己的宽宏大量。"后来你们和几位别人,做了许多文章,很有许多意气的话,但我始终不曾计较。因为许多是'节外生枝'的话,徒伤感情与日力,没有什么益处,我还是退避为妙。"⑤对于胡适的主动来信,郭沫若和郁达夫显然都很在意,很快就做了回复。十七日,郭沫若和郁达夫分别给胡适写了回信。郭沫若在信中说:"先生如能感人以德,或则服人以理,我辈尚非豚鱼,断不至因小小笔墨官司便致损及我们的新旧友谊。目下士气沦亡,公道凋丧,我辈极思有所振作,尚望明晰如先生者大胆尝试,以身作则,则济世之功恐不在提倡文学革命之下。"郁达夫在信中说:"我们讨论翻译,能主持公道,不用意气,不放暗箭,是我们素所主张的事情,你这句话是我们所最敬服的。至于'节外生枝',你我恐怕都不免有此毛病,我们既都是初出学堂门的学生,自然大家更

---

① 张资平:《一群鹅》,1923 年 7 月 14 日《创造周报》第 10 号,第 9 页。

② 郭沫若:《论翻译的标准》,1923 年 7 月 1 日《创造周报》第 10 号,第 15 页。

③ 陈平原:《思想视野中的文学——〈新青年〉研究(下)》,2003 年《中国现代文学研究丛刊》第 1 期,第 135、139 页。

④ 鲁迅:《上海文艺之一瞥》,《鲁迅全集》第 4 卷,人民文学出版社 2005 年版,第 302 页。

⑤ 胡适致郭沫若、郁达夫信,《胡适全集》第 23 卷,安徽教育出版社 2003 年版,第 403 页。

要努力,自然大家更要多读一点英文。"①二十五日,胡适拜访了郭沫若和郁达夫。二十七日,后者回访胡适。十月十一日,胡适又与徐志摩一起拜访了郭沫若。徐志摩在日记中对这次经历做了较详细的描述:"与适之、经农步行去民厚里一二一号访沫若,久觅始得其居。沫若自应门,抱祖裸儿,跳足、敞服(旧学生服),状殊憔悴,然广额宽颐、怡和可识。入时有客在,中有田汉,亦抱小儿,转顾间已出门引去,仅记其面狭长。沫若居隘,陈设亦杂,小孩葬杂其间,倾跌须父抚慰,涕洒亦须父揩拭,皆不能说华语;厨下木屐声卓卓可闻,大约即其日妇。坐定寒暄已,仿吾亦下楼,殊不话谈,适之虽勉寻话端以济枯窘,而主客间似有冰结,移时不涣。沫若时含笑肺?视,不识何意。经农竟禁不吐一字,实亦无从端启。五时半辞出,适之亦甚讶此会之窘,云上次有达夫时,其居亦稍整洁,谈话亦较融洽。然以四手而维持一日刊,一月刊,一季刊,其情况必不甚愉适,且其生计亦不裕,或竟窘,无怪其以狂叛自居。"②胡适的来访显然使郭沫若和郁达夫等人颇感欣慰,一九二三年十月十三日胡适日记中写道,"沫若邀吃晚饭,有田汉、成仿吾、何公敢、志摩、楼(石庵),共七人。沫若劝酒甚殷勤,我因为他们和我和解之后,是第一次杯酒相见,故勉强破戒,喝酒不少,几乎醉了。是夜,沫若、志摩、田汉都醉了。我说起我从前要评《女神》,曾取《女神》读了五日,沫若大喜,竟抱住我和我接吻。"一场因翻译问题而起的论争就此算尘埃落定。在这场翻译问题论争过程中,让人感到惊讶的是,焦点其实不在翻译本身,倒是翻译背后的东西才更耐人寻味,这也算那一时期独有的特色。几十年后,郭沫若在《沫若文集·十卷前记》中说,"胡适在当年是炙手可热的,谁也不敢碰他;然而我们毕竟敢于碰了这只纸老虎儿(注意,我特别加上了一个'儿'字)。创造社当年受到青年们的同情,其主要原因恐怕就在这些地方。"③只字不谈这场论争所涉及的翻译问题,竟像是这场论争与翻译无关,或竟变成了碰纸老虎的一个契机。种瓜得豆的论争事件,无形当中也制约了翻译及翻译批评等问题向更高、更深层面的拓展。

二十世纪初,翻译成为创建中国现代文学不可或缺的媒介和模板,从语

---

①　郭沫若、郁达夫致胡适信,《胡适来往书信选》(上册),中华书局 1979 年版,第 202、203页。

②　虞坤林编:《徐志摩未刊日记(外四种)》,北京图书馆出版社 2003 年版,第 162 页。

③　郭沫若:《沫若文集》第 10 卷,人民文学出版社 1959 年版,第 1 页。

言、语法、思想到文体等各个方面不同的需求也使得译诗观念和实践呈现出较大的差异性。这也给后来的研究者们提出了一个难题,无论从当时的语境还是研究者当下立场出发,探讨那一代人的翻译理论及其实践,都会发现众声喧哗、话语层次错位的现象。从以上分析可以约略看出,胡适固然是留美博士,但认为创造社是不通英文的一班人,的确也是欺人之语。笔战中出此语,可视为策略,不过今天我们回过头去再仔细勘探那段历史,相互间的文字纠葛,也可清晰地见出高高在上的胡适心亦有所偏,虽然他在事情发生后一再地保持沉默,或对创造社同人的围攻表示忍让,但是对于郭沫若、郁达夫等敏感的一群作家而言,费尽力气才寻到泰东图书局一个东家,从而刚刚整体亮相于现代文坛,权威如胡适者的一言半语,带给他们的刺激和压力都不是平常人所能想象的。

创造社的论战,向来是四处挑衅,惟恐天下不乱。在与胡适的笔战中,新月社其他同人的翻译,自然也处于被照顾之列。一九二一年七月,《创造日》第四期、第五期连载周全平《读〈科学大纲〉第一册后》一文,拿新月社丁西林的译书作为批评的靶子。"意外的失望,在我未读完一页时,已侵入我的意识中,而使我对于该书的热度降于零。本来我不懂英文,不敢说译者译笔有错误;我又不曾对于科学有精深的研究,不敢说著者说理有错误。但我是中国人,中国人看中国文章,虽然有时不能完全明晓他的精义深意,然而字面总应该看得懂吧。然而我竟看不懂!我起先以为我的学识太浅陋了,不足以读大教授的文章;然而仔细读时,遂晓得完全是译者的荒谬。固然,科学书不比文学书,用不着把文字修饰得如何优美;但一个'通'字至少总要做到吧!况且译书的是大学校的大教授,是学术界的领袖;怎样可以不把发表思想的工具——文字修理完整呢?"[①]在《创造日》第八期《通信一则》中,张资平指出,"商务印书馆太可恶了!他竟把错译如麻的意门湖大登特登在新制中学说明书内,叫他们取来做国语科的教材参考书。你道可笑不可笑?我以为在创造社内不能不批评他一下!"张资平进而指摘了商务印书馆和中华书局出版书籍的错误,提出"何不在《创造》后面开辟一栏批评一切出版物?最好先从教科书入手,(不必限于文艺的东西始批评。)或就在周刊内一一批评亦可。若从这方面(科学方面)下一个大锤,我想大书局的滑头性或

---

① 周全平:《读〈科学大纲〉第一册后》,《创造日汇刊》,上海书店 1983 年版,第 25 页。

者可以减少一点。要救济中国的青年,要建设中国的新文化,我想非从此革命一番不可。因为此举可以把一般学生所迷信的'教育部审定'几个字取消。"①张资平的提议得到了认可,这方面的批评也开展过几次。《创造日》第十第十一期连载张资平《新制矿物学教科书》,批评上海中华书局一九二一年一月第九版的新制矿物学教本,文中说,"我现在要做'手势戏'——据张东荪氏的'雅典主义'式的译法——批评这本教科书了。"文中指出了第一篇矿物通论中的十四处错误,认为编者"对于岩石学及普通地质学全然是个门外汉!"②尽管张资平等人的这种批评被鲁迅认为是获取自身利益之举,但若仅从字面考虑,张资平的想法没有什么不好。至于张资平的书被大书局使用后便不再进行批评,我们也没有办法以后来的表现否定当时的立论。

第三节　创造社与鲁迅的译介分歧

创造社同人与鲁迅向来是一对冤家。他们几乎在所有问题上都产生过或大或小的纠葛,翻译问题自然也不例外。可是,长期以来,人们对创造社同人与鲁迅间的纠葛矛盾的梳理描述,在不同程度上都忽略了翻译问题上的分歧,或者在谈到此种分歧时也是一语带过,与创造社同人和鲁迅对于翻译问题持续的关注很不相称。在翻译与创作、复译与重译、翻译的归化与顺化、翻译的功用、译介者的自身修养等诸多问题上,创造社同人和鲁迅都有着许多分歧。其中,分歧较大且形成正面冲突的,主要是创作与翻译、复译与重译这两个问题。

一、翻译与创作:关于翻译是媒婆的论争

长期以来,郭沫若与鲁迅间的纠葛矛盾都是学术研究的焦点问题之一,对于翻译问题上的分歧却往往语焉不详,或者只是一语带过,与郭沫若和鲁迅对于翻译问题持续的关注及大量的文字纠葛的事实存在很不相称。在现代文学草创时期,随着人们对独创性的关注越来越大,翻译与创作间的关系也成为备受瞩目的焦点。对于现代中国的知识分子尤其是文人来说,这个问题更是显露其独特性。现代文学虽然并非如胡风说的那样仅是"横的移植",但西方文学笼罩下的影响的焦虑却显得空前强烈,在这一背景下,郭沫若提出"翻译是媒婆"这一观点,自然成为众矢之的。当时,直接而密集地反

---

① 张资平:《通信一则》,上海书店 1983 年版,《创造日汇刊》,第 69 - 70 页。
② 张资平:《新制矿物学教科书》,上海书店 1983 年版,《创造日汇刊》,第 63、68 页。

对郭沫若此说的，是文学研究会。鲁迅虽然没有与郭沫若在这个问题上构成直接论战，但在鲁迅的文字中，却屡屡直接、间接地抨击"翻译是媒婆"的观点。

在现代文坛上，"翻译是媒婆"是郭沫若的发明。一九二一年一月上旬，郭沫若给《时事新报》主编李石岑写信，将翻译比喻为"媒婆"，将创作比喻为"处子"，认为翻译"只能作为一种附属的事业"，而他"觉得国内人士只注重媒婆，而不注重处子；只注重翻译，而不注重产生……"①从此，"翻译是媒婆"便成为众所周知的说法。项义华教授认为，郭沫若致李石岑的信"在李石岑编的另一本杂志《民铎》一九二一年二月号上发表后，当即引起了鲁迅等人的反感。"②实际上，李石岑将郭沫若的这封信发表在由他自己主编的《学灯》（一九二一年一月）和《民铎》（二月份）两份刊物上，至于鲁迅看的是《学灯》还是《民铎》，抑或是两者皆阅读过，现今能见到的材料上并无明确提及者，是以无法确认。其实，鲁迅是通过阅读两种刊物上发表的郭沫若的信而知晓"翻译是媒婆"这一观点的，还是从其他途径获知，我们也难以具体考证。据笔者查阅，鲁迅最早在文字中触及郭沫若翻译观点的，是一九二二年十一月九日发表的《对于批评家的希望》，文中指出，"有几位批评家，当批评译本的时候，往往诋为不足齿数的劳力，而怪他何不去创作。创作之可尊，想来翻译家该是知道的，然而他竟止于翻译者，一定因为他只能翻译，或者偏爱翻译的缘故。所以批评家若不就事论事，而说些应当去如此如彼，是溢出于事权以外的事，因为这类言语，是商量教训而不是批评。"③就鲁迅来说，所谓"当即"，最早见诸文字也就在此时。但是一个问题又出现了，那就是鲁迅《对于批评家的希望》里的这段文字是不是针对郭沫若的？鲁迅自己没有解释，鲁迅全集中也没有注明。

一九二四年一月十七日，鲁迅在北京师范大学附属中学校友会作《未有天才之前》的演讲，其中指出，"现在社会上的论调和趋势，一面固然要求天才，一面却要他灭亡，连预备的土也想扫尽。"而举出来的两个例子，一个是

---

① 1921 年 1 月郭沫若致李石岑信，《郭沫若书信集（上）》，中国社会科学出版社 1992 年版，第 87 页。

② 项义华：《在文学与革命之间——鲁迅与郭沫若的文字纠葛》，2003 年《江汉论坛》第 4 期，第 92 页。

③ 鲁迅：《对于批评家的希望》，1922 年 11 月 9 日《晨报副刊》。

整理国故,另一个就是崇拜创作。《鲁迅全集》中,"崇拜创作"后面有注释:"根据作者后来写的《祝中俄文字之交》(《南腔北调集》),这里所说似因郭沫若的意见而引起的。"①《祝中俄文字之交》发表于一九三二年十二月十五日,文中说,"由俄国文学的启发,而将范围扩大到一切弱小民族,并且明明点出'被压迫'的字样来了。于是也遭到了文人学士的讨伐,有的主张文学的'崇高',说描写下等人是鄙俗的勾当,有的比创作为处女,说翻译不过是媒婆,而重译尤令人讨厌。……排斥'媒婆'的作家也重译着托尔斯泰的《战争与和平》了。"②但《鲁迅全集》中的注释也只是说"似因",并没有将两者间的关联确认下来,当然也就难将鲁迅《对于批评家的希望》一文与郭沫若的观点理所当然地直接联系起来。毕竟,鲁迅在二十年代前期的文章中没有明言所指对象为郭沫若,而郭沫若也没有站出来承认鲁迅之文乃是针对自己而发(后来的文章中有,但多泛泛而论,没有谈及具体的篇章)。何况就创造社内部而言,与郭沫若持论相似的也大有人在。成仿吾就说过,"近来又有许多人因为自己不能创作,便武断现在还没有人能够创作,而尽力劝人从事翻译。他们的用心无非是一方面想冷却他人对于创作的信仰和努力,他方面想借此勉强遮饰自己不能创作的隐痛,暗地里也想借此多少扩张他们那不三不四的翻译品的行销。"③也就是说,鲁迅批评的是一种思想倾向还是郭沫若个人的观点,是一个难以确认的问题。

　　郭沫若致李石岑信招来的最初的反对者是文学研究会(具体参见创造社与文学研究会翻译论争部分)。在当时的文坛上,郭沫若无意间成了"尊崇创作"的代表,而在文学研究会与创造社之间,鲁迅似乎更倾向于前者,④他在许多谈及翻译与创作的文章里,都表露出对创造社的不满以及对文学研究会主张的认同。其中,最为显豁的便是一九三一年七月的《上海文艺之一瞥》,鲁迅在文中说,"创造社是尊贵天才的,为艺术而艺术的,专重自我

---

① 　鲁迅:《鲁迅全集》第 1 卷,人民文学出版社 2005 年版,第 178 页。
② 　鲁迅:《祝中俄文字之交》,《鲁迅全集》第 4 卷,人民文学出版社 2005 年版,第 474 页。
③ 　成仿吾:《今后的觉悟》,1926 年 10 月 16 日《洪水》第 1 卷第 3 期,第 62 页。
④ 　王晓明教授指出,"文学研究会这样独特的团体的出现,正是《新青年》模式在文学领域里扩散的结果。……《新青年》开创了一种用翻译和理论来指导创作的风气,文学研究会则把这种风气发扬光大,别的且不说,《小说月报》就是一个常常将理论和翻译置于创作之上的刊物。"(王晓明:《一份杂志和一个"社团"——重识"五四"文学传统》,1993 年《上海文学》第 4 期)按照王晓明教授的思路,也就能见出鲁迅之所以倾向于文学研究的因由。

的，崇创作，恶翻译，尤其憎恶重译的，与同时上海的文学研究会相对立。那出马的第一个广告上，说有人'垄断'着文坛，就是指着文学研究会。文学研究会却也正相反，是主张为人生的艺术的，是一面创作，一面也看重翻译的。"①文中谈的是文学研究会和创造社，但是潜在地，鲁迅是将自己归入文学研究会行列的，也就是说，是"一面创作，一面也看重翻译的"，或者换句话说，在《上海文艺之一瞥》中鲁迅勾勒出的文学研究会对于创作和翻译并重的思想观念，也正是鲁迅自己内心的真实想法。在《〈竖琴〉前记》中，鲁迅叙述了为人生的文学译介潮流后说，"凡这些（指文学研究会介绍的被压迫民族文学——笔者），离无产者文学本来还很远，所以凡所介绍的作品，自然大抵是叫唤，呻吟，困穷，酸辛，至多，也不过是一点挣扎。但已经使又一部分人很不高兴了，就招来了两标军马的围剿。创造社竖起了'为艺术而艺术'的大旗，喊着'自我表现'的口号，要用波斯诗人的酒杯，'黄书'文士的手杖，将这些'庸俗'打平。"②《新的世故》一文中，鲁迅就说过，"创作翻译和批评，我没有研究过等次，但我都给以相当的尊重。对于常被奚落的翻译和介绍，也不轻视，反以为力量是非同小可的。……创作难，翻译也不易。"③在《关于翻译》中，鲁迅说，"创作对于自己人，的确要比翻译切身，易解，然而一不小心，也容易发生'硬作'，'乱作'的毛病，而这毛病，却比翻译要坏得多。我们的文化落后，无可讳言，创作力当然也不及洋鬼子，作品的比较的薄弱，是势所必至的，而且又不能不时时取法于外国。所以翻译和创作，应该一同提倡，决不可压抑了一面，使创作成为一时的骄子，反因容纵而脆弱起来。"④若将文学研究会成员郑振铎与茅盾对郭沫若观点的批评与鲁迅的上述文字联系起来看，可以发现其间的共鸣。据笔者考证，鲁迅明确地批评创造社翻译是媒婆的观点，是在一九二九年二月发表的《致〈近代美术史潮论〉的读者诸君》。文中说，"从前创造社所区分的'创作是处女，翻译是媒婆'之说，我是见过的，但意见不能相同，总以为处女不妨去做媒婆——后来他们居然也兼做了，——倘不过是一个媒婆，更无须硬作处女。我终于并不蔑视翻译。至

---

① 鲁迅：《上海文艺之一瞥》，《鲁迅全集》第4卷，人民文学出版社2005年版，第302页。

② 鲁迅：《〈竖琴〉前记·南腔北调集》，《鲁迅全集》第4卷，人民文学出版社2005年版，第443页。

③ 鲁迅：《新的世故》，1927年1月15日《语丝》周刊第114期。

④ 鲁迅：《关于翻译》，《鲁迅全集》第4卷，人民文学出版社2005年版，第568页。

于这一本书,自然决非不朽之作,但也自立统系,言之成理的,现在还不能抹杀他的存在。我所选译的书,这样的就够了,虽然并非不知道有伟大的歌德,尼采,马克斯,但自省才力,还不能移译他们的书,所以也没有附他们之书以传名于世的大志。"①此前,鲁迅虽有多篇文章涉及翻译与创作的地位及相互关系问题,却都未明确地将批评的靶子与创造社联系起来,郭沫若也并没有相关的回应文字。正因如此,郭沫若与鲁迅就翻译问题上发生的矛盾分歧便显得非常微妙。但是,无论如何,从上面引述的鲁迅、郭沫若与文学研究会成员间的一些文字,可以见出郭沫若与鲁迅在翻译与创作的地位及相关关系的认定等方面,存在较大分歧。郭沫若被认为是尊崇创作而轻视翻译,鲁迅则以为翻译与创作要并重。

郭沫若最早就翻译问题回应鲁迅,是在《创造十年·发端》。谈及《创造十年》的写作缘起时,郭沫若说:"我应该感谢鲁迅先生,我读了他那篇《一瞥》,才决心来写这部《十年》。"《创造十年》无形中也就与鲁迅的《上海文艺之一瞥》构成了批评与反批评的关系。其中,关于翻译问题的反批评,郭沫若如此写道,"是的,'创造社尊重天才,专重自我,崇创作',这倒不是什么罪恶。""'恨翻译'?'尤憎恨重译'? 我自己似乎也是创造社里面的一个人,我自己便'翻译'过不少的东西,并也'重译'过不少的东西啦! 是的,那些东西怕没有值得我们鲁迅先生的大眼之'一瞥'。不过不负责任的翻译和重译,似乎是在可'恨'、可'憎恨'之列,创造社也干些受指摘的事情,鲁迅先生大约就是根据的这些罢? 这好象是在说'你恨酸败了的面包,便是恨面包'。吾无以名之,名之曰'阿Q式的逻辑'。"②从郭沫若文中"鲁迅先生大约就是根据的这些罢"。看来,似乎郭沫若对鲁迅以前谈论翻译与创作关系的文章并没有多少关注。郭沫若丝毫未提及"翻译是媒婆"一事,也未将鲁迅对创造社乃至自己的批评归之于此,不知是有意为之还是当时并未想及此处。不过,在几十年后,郭沫若在回忆与鲁迅就翻译问题出现的纠葛时却做出了新的说明。此事记于郭小川的日记中:"《时事新报》的'学灯',在一次副刊版上把谁译的一篇小说登到头条,而鲁迅的《头发的故事》则登在次

---

① 鲁迅:《致〈近代美术史潮论〉的读者诸君》,《鲁迅全集》第8卷,人民文学出版社2005年版,第310页。

② 郭沫若:《创造十年·发端》,《郭沫若全集》第12卷,人民文学出版社1992年版,第26页。

要地位,郭鸣不平,给编者李石青写了一封信,说'翻译是媒婆,创作是处女',结果反而遭到鲁迅的反击。"①由于是郭小川的日记,其中是否存在误记、漏记都不清楚。其中有两点值得注意的,是"鸣不平"和"反击"之说。既然郭沫若自言他的那封信是为鲁迅"鸣不平"的,起码就应没有攻击鲁迅的意思,可是鲁迅的批评文章又如何被当作了"反击"?"反击"之说似乎又表明郭沫若承认了先前曾有攻击之举。解放前,郭沫若曾多次谈及"翻译是媒婆"一语提出的前因后果问题,却从未提及由此而生的鲁迅的"反击",更准确地说是没有使用"反击"这样的词汇界定鲁迅的批评行为。

一九三六年十一月十日,郭沫若在《我的作诗的经过》一文中曾对"翻译是媒婆"的提出作了最初的解释。他说:"李君对我每每加以冷遇,有一次把我一篇自认为煞费苦心的创作登在一篇死不通的翻译后面。因而便激起了我说'翻译是媒婆,创作是处女,处女应该加以尊重'的话。"②郭沫若所说的"冷遇",当是指一九二〇年十月十日出版的《学灯》。此期《学灯》依次发表有周作人译波兰作家的《世界的霉》,鲁迅的小说《头发的故事》,郭沫若的历史剧《棠棣之花》,郑振铎翻译的《神人》。被郭沫若称为"死不通的翻译",应为周作人翻译的《世界的霉》,郭沫若"自认为煞费苦心的创作"自然就是《棠棣之花》。但是,时隔十年之后,郭沫若再谈及此事,说法却有了一些耐人寻味的变化。一九四六年,郭沫若在《鲁迅与王国维》一文中说:"我第一次接触鲁迅先生的著作是在民国九年《时事新报·学灯》的《双十节增刊》上。文艺栏里面收了四篇东西,第一篇是周作人译的日本小说,作者和作品的题目都不记得了。第二篇是鲁迅的《头发的故事》。第三篇是我的《棠棣之花》……《头发的故事》给予我的铭感很深。那时候我是日本九洲帝国大学的医科二年生,我还不知道鲁迅是谁,我只是为作品抱了不平,为什么好的创作反屈居在日本小说的译文的次位去了?那时候编《学灯》栏的是李石岑,我为此曾写信给他,说创作是处女,应该尊重,翻译是媒婆,应该客气一点。"③一篇是谈自己的创作问题的,一篇却是为了纪念鲁迅而写,其中都谈及了"翻译是媒婆"这一说法的缘起,前者说是自己感觉受了委屈,后者却说

① 郭小川 1958 年 11 月 20 日日记,《郭小川全集》第 9 卷,广西师范大学出版社 2000 年版,第 399 页。

② 郭沫若:《我的作诗的经过》,《沫若文集》第 11 卷,人民文学出版社 1959 年版,第 145 页。

③ 郭沫若:《鲁迅与王国维》,1946 年 10 月 1 日《文艺复兴》月刊第 2 卷第 3 期。

是为鲁迅抱打不平。于是,这里面便出现了一个需要辨析真伪的问题。对于这个问题,钱理群以为郭沫若自言为鲁迅打抱不平的说法"难以服人","因为同一个郭沫若在作出上述解释的十六年前(一九三〇年)曾明确说明,鲁迅的《头发的故事》'总有点和自己的趣味相反驳'。"①钱理群所说十六年前的表述,便是郭沫若写的《"眼中钉"》,此文发表于一九三〇年五月,写作缘起便是鲁迅《我和"语丝"的始终》。郭沫若在《"眼中钉"》一文中提及自己读鲁迅作品,最早就是一九二一年《学灯》上发表的《头发的故事》,并评价说,"很佩服他,觉得他的观察很深刻,笔调很简练,大有自然主义派的风味。但同时也觉得他的感触太枯燥,色彩太暗淡,总有点和自己的趣味相反驳。——这话是我一点加减乘除也没有的表白,这假如值得说上'批评',我对于鲁迅先生的批评,截到他的《呐喊》为止,就是这样。"②阅读郭沫若的上述这段话,虽然有隔膜,有"色彩暗淡"以及与自己"趣味相反驳"等贬语,但赞赏之意还是有的,钱理群只取后半部分,弃郭沫若前半句,不知何故,依据何在? 若只看钱理群引用的半句话,郭沫若为鲁迅打抱不平的说法自然"难以服人",但若考虑整段话,起码我们无法从郭沫若的话里寻找出"难以服人"的依据。在无法确认郭沫若"很佩服他,觉得他的观察很深刻,笔调很简练,大有自然主义派的风味"这一看法是违心之论的情况下,对郭沫若话语断章取义的做法显然不可取。

郭沫若回忆文字,多与事实相左处,而且前后不同时期的文字也多有自相矛盾冲突的地方,与鲁迅相关的部分尤其如此。查阅相关研究资料,据笔者所见,郭沫若谈及鲁迅的文字,最早是《批评——欣赏——检察》一文。文章中,郭沫若写道:"我这几日非常高兴,因为我得读了我们国内最近出版的两本书:一本是鲁迅氏的《呐喊》,一本是周作人氏的《自己的园地》。这两本书在我们很寂寥的文艺界,我觉得是值得欣赏的产物,尤唯是前的一种。关于前一种的赞词,近来在报章上,在朋友的会话中,我们所得的见闻已不少,仿吾不久亦将作文批评,我在此处暂不多说了。"③郭沫若对周作人接下去的批评,基本还是以否定为主。至于鲁迅,又有成仿吾近乎是全盘否定式的批评文章在后。成仿吾既已将作文之事告诉过郭沫若,成仿吾对鲁迅小说所

---

① 钱理群:《周作人研究二十一讲》,中华书局 2004 年版,第 255 页。
② 郭沫若:《"眼中钉"》,《沫若文集》第 10 卷,人民文学出版社 1959 年版,第 386 页。
③ 郭沫若:《批评—欣赏—检察》,1923 年 10 月 28 日《创造周报》第 25 号,第 1 页。

持基本观点，郭沫若很难说不知道。由此观之，郭沫若文章中说的"值得欣赏"似乎也就成了一个问题。但在郭沫若自己，却抱有相当的委屈。在《"眼中钉"》一文中，郭沫若说，"仿吾的《〈呐喊〉批评》，我不能说什么话，因为《呐喊》我并未读完，仿吾的文章也没在我的手里。不过我相信仿吾站在现在的立场上来，恐怕他的批评又不同。那些以往的批评，我们用不着再去批评。就在当时，他的见解也不见得和我们几个就是一致。"而郭沫若以为自己与鲁迅所发生关系的地方，不过是"只间接的引用过他的一句话，便是'中国还没有一个作家（见《文艺论集》中《天才与教育》）'，而且我还认识他的并不是'傲语'。"①事后回忆文字搀杂了过多的主观因素，蒙上了历史的烟尘，很难作为确论；当时发表的文字，是出自敷衍、真心亦或仅是批评的策略，我们也难以确切地判定。其实，就"翻译是媒婆"这一问题引出的鲁迅与郭沫若的矛盾纠葛而言，郭沫若的出发点到底是不是为鲁迅抱打不平并不重要，重要的是郭沫若的基点是强调创作的"处女"品格及翻译的"媒婆"性质，而正是这一论点一直被鲁迅揪住不放，成为被批评的靶子。

在"翻译是媒婆"的问题上，虽然提出的最初几年论争范围主要局限在郭沫若和茅盾、郑振铎之间，鲁迅并没有明显地介入。但是，有些问题还是非常值得注意。一九二一年六月十四日，郭沫若致信郑振铎，信中直陈："有的说创作不容易，不如翻译（周作人《儿童的文学》一文中有这么意思的话）；有的说中国人还说不到创作，与其嚣嚣焉空谈创作，不如翻译（耿济之《甲必丹之女》序文中有这么意思的话）；像这样放言，我实在不敢赞可。"②郭沫若写此信的缘起，是寄李石岑的那封信。在谈到自己提出"翻译是媒婆"，强调应重视创作的理由时，又举出了周作人和耿济之两人作为反证。周作人《儿童的文学》发表于一九二○年十一月，文中说谈及给儿童看的天然故事一类书时，"中国这类著作非常缺少，不得不取材于译书，如《万物一览》等书了。"谈及戏曲时说，"这类著作，中国一点都没有，还须等人去研究创作；能将所读的传说去戏剧化，原是最好，却又极难，所以只好先从翻译入手了。"③在《儿童的书》中又说，"外国究竟比中国较好，因为他们还有给儿童的书，中

---

① 郭沫若：《"眼中钉"》，《沫若文集》第 10 卷，人民文学出版社 1959 年版，第 390 页、388 页。

② 郭沫若致郑振铎信，1921 年《文学旬刊》第 6 期。

③ 周作人：《儿童的文学》，《艺术与生活》，河北教育出版社 2002 年版，第 30、32 页。

国则一点没有,即使儿童要读也找不到。"①一九二一年二月,商务印书馆出版安寿颐翻译的《甲必丹之女》,是"俄罗斯文学丛书"第一种,也是《上尉的女儿》的第二个中译本(第一个译本是一九〇三年留日学生戢翼翚译成中文章回体小说,名为《俄国情史》)。安寿颐翻译的《甲必丹之女》附有耿济之、郑振铎写的序文和普希金传略。其中,耿济之撰写的对话形式的序言以友人的口吻强调介绍外国文学"当以写实派之富有人道色彩者为先",特别肯定小说的现实主义精神,认为这部小说"能将普加乔夫作战时代之风俗人情描写无遗,可于其中见出极端之写实主义。"从一九二〇年《学灯》双十节增刊,到周作人的《儿童的文学》,再到耿济之为《甲必丹之女》所撰序言,可知郭沫若对创作与翻译问题的关注持续而且一贯。就在郭沫若致郑振铎信刊载后两个月,即一九二一年八月二十九日,此时创造社刚刚成立两个月,《创造》季刊创刊号尚在襁褓之中,而郁达夫那篇惹是生非的文章还没有与读者见面,鲁迅在给弟弟周作人的信中就说:"张黄今天来⋯⋯云郭沫若在上海编《创造》(?)。我近来大看不起沫若田汉之流。"②为什么鲁迅会有这种看法,而且要在给周作人的信中谈论此事? 如果联系郭沫若几篇谈论翻译与创作问题的文章,不难发现其间的脉络。

在翻译与创作关系的问题上,鲁迅与郭沫若其实并无根本性的分歧。在《我的作诗的经过》一文中,郭沫若认为自己有感于当时编辑的偏颇而说出了"'翻译是媒婆,创作是处女,处女应该加以尊重'的话。这话再经腰斩便成为'翻译是媒婆'。这使一些翻译家和非翻译家恼恨至今,一提起这句话来,就象有点咬牙切齿的痛恨。其实'翻译'依然是'媒婆',这没有过分的'捧',也没有过分的'骂'。'媒婆'有好的有不好的。要说'媒婆'二字太大众化了有损翻译家的尊严,那就美化一点,改为'红叶',为'蹇修',或新式一点,为'媒介',想来是可以相安无事的。单说翻译,拿字数的多寡来说,能够超过了我的翻译家,我不相信有好几个。拿着半句话便说我在反对翻译,或创造社的人反对翻译,这种婆婆妈妈的逻辑,怕是我们中国文人的特产。"③说"翻译是媒婆",当然并不意味着郭沫若贬低翻译的地位和作用。若是简

①　周作人:《儿童的书》,《儿童文学小论·中国新文学的源流》,河北教育出版社2002年版,第55页。

②　鲁迅:《鲁迅全集》第11卷,人民文学出版社2005年版,第413页。

③　郭沫若:《我的作诗的经过》,《沫若文集》第11卷,人民文学出版社1959年版,第145页。

单地摘录只言片语，我们可以很轻松地在郭沫若的一些文章里找到他重视翻译地位和作用的文字。在致郑振铎的信中，郭沫若就曾说："翻译绝不是容易的事情；要翻译时有创作的精神则须对于作者的思想和环境须有彻底的了解，对于作品的内容和表现亦须有充分的研究；所以要做个忠实的翻译家终不是容易的事。"①郭沫若谈到《鲁拜集》时说："翻译的工夫，到了 Fitz-gerald 的程度，真算得与创作无以异了。"②郭沫若在《致张东荪、俞颂华、舒新城》一信中也说过，"翻译事业不可等闲看待，更不可苟且着手。"③以自己的实践活动说明自己并无轻翻译的嫌疑。几十年后，郭沫若更明确地提出，"通过翻译，我们可以承受世界的文学遗产。世界上各个国家，各个民族，都有优秀的作家，留下了优秀的作品。这是全世界人民的共同的文化遗产，需要我们翻译工作者把它们译成本国语言，才能使我们更多的人来享受。……翻译是一种创作性的工作，好的翻译等于创作，甚至还可能超过创作。这不是一件平庸的工作，有时候翻译比创作还要困难。创作要有生活体验，翻译却要体验别人所体验的生活。翻译工作者要精通本国的语文，而且要有很好的外文基础，所以它并不比创作容易。"④同样，在抨击"翻译是媒婆"时特别推重翻译的鲁迅也流露出译书并不比创作容易的意思。许寿裳在《亡友鲁迅印象记》中就曾记载说，"鲁迅译果戈理的《死魂灵》，更是一件艰苦的奇功……当鲁迅卧病的时候，我先去访问，谈到这部译本，他告诉我：'这番真弄得头昏眼花，筋疲力尽了。我一向以为译书比创作容易，至少可以无须构想，那里知道是难关重重！'说着还在面孔上现出苦味。"⑤纠缠于一些字词表面的意思，有时并不能说明什么问题。就译诗而言，郭沫若显然对译诗与原诗、译诗与中国现代新诗的关系有自己的一套看法，而这些看法或多或少地在"翻译是媒婆"等观念中有所体现。

看似并无真正差异的两位作家构成了对垒之势，而随着时间的推延，鲁迅更是越来越明确地将"翻译是媒婆"这一说法拈出，直接给以批评。一九三五年被称为翻译年，就在这一年的三月，鲁迅在《非有复译不可》一文中指

---

① 郭沫若致郑振铎信，《郭沫若书信集（上）》，中国社会科学出版社 1992 年版，第 195 页。

② 郭沫若：《波斯诗人莪默伽亚谟》，1992 年《创造季刊》第 1 卷第 3 期，第 11 页。

③ 郭沫若：《致张东荪、俞颂华、舒新城》，《郭沫若书信集（上）》，中国社会科学出版社 1992 年版，第 180 页。

④ 郭沫若：《谈文学翻译工作》，《郭沫若论创作》，上海文艺出版社 1983 年版，第 650 页。

⑤ 许寿裳：《亡友鲁迅印象记》，《鲁迅回忆录（上）》，北京出版社 1999 年版，第 256 – 257 页。

出，"可怜得很，还只译了几个短篇小说到中国来，创作家就出现了，说它是媒婆，而创作是处女。在男女交际自由的时代，谁还喜欢和媒婆周旋呢，当然没落。"①在《由聋而哑》一文中，鲁迅又说，"五四运动时代的启蒙运动者和以后的反对者，都应该分负责任的。前者急于事功，竟没有译出什么有价值的书籍来，后者则故意迁怒，至骂翻译者为媒婆。"②在郭沫若和鲁迅之间，就"翻译是媒婆"引发的问题而言，鲁迅总是处于攻击者的位置，执著地揪住这个问题不放，这里面表现出来的，是鲁迅对翻译所有的较为独特的看法。一九三三年三月，鲁迅在《我怎么做起小说来》一文中说，"但也不是自己想创作，注重的倒是在绍介，在翻译，而尤其注重于短篇，特别是被压迫的民族中的作者的作品。"③翻译的方法，则坚持宁信而不顺。"这样的译本，不但在输入新的内容，也在输入新的表现法。中国的文或话，法子实在太不精密了，作文的秘诀，是在避去熟字，删掉虚字，就是好文章，讲话的时候，也时时要辞不达意，这就是话不够用，所以教员讲书，也必须借助于粉笔。这语法的不精密，就在证明思路的不精密，换一句话，就是脑筋有些胡涂。倘若永远用着胡涂话，即使读的时候，滔滔而下，但归根结蒂，所得的还是一个胡涂的影子。要医这病，我以为只好陆续吃一点苦，装进异样的句法去，古的，外省外府的，外国的，后来便可以据为己有。"④如何输入异质的文化与文学，促使本国文化与文学的改变，这才是鲁迅一向关注的焦点，所反对的是"止在'有自己无别人'，抱定老本领、旧思想，丝毫不肯融通；所以把外国异教的著作，都变成班马文章，孔孟道德。"⑤在反抗传统，借助翻译输入新质的问题上，鲁迅正如朱学勤教授指出的那样，"他出自中国文人，却可能是惟一一个没有被中国文人传统腐蚀的人。"⑥是以鲁迅主张青年多读西洋书，尽量少读或竟不读中国书。在这方面，郭沫若所取路径恰好相反。在颠覆传统，反孔的五四新文化运动时期，郭沫若便重新发现了孔子、庄子等，并将其与西方的文明联系起来。在进行翻译的时候，他总是自觉不自觉地将所译的对象与中国文化传统建立某种关联，最为明显的便是《鲁拜集》的翻译，将西方颓

① 鲁迅：《非有复译不可》，《鲁迅全集》第6卷，人民文学出版社2005年版，第283页。

② 鲁迅：《由聋而哑》，《鲁迅全集》第5卷，人民文学出版社2005年版，第294页。

③ 鲁迅：《我怎么做起小说来》，《鲁迅全集》第4卷，人民文学出版社2005年版，第525页。

④ 鲁迅：《关于翻译的通信》，《鲁迅全集》第4卷，人民文学出版社2005年版，第391页。

⑤ 周作人：《谈龙集》，河北教育出版社2002年版，第148页。

⑥ 朱学勤：《想起了鲁迅、胡适与钱穆》，1996年《作品》第1期。

废文艺与古诗十九首等文学传统里的思想意识构建起某种互文关系。也就是说,郭沫若更乐意在相同的基点上解释他的翻译对象,强调其间的"共鸣"点。郭沫若认为翻译的价值"便专就文艺方面而言,只不过报告读者说:'世界底花园中已经有了这朵花,或又开了一朵花了,受用罢!'他方面诱导读者说:'世界花园中的花便是这么样,我们也开朵出来看看罢!'"①其实,这就是郭沫若与鲁迅在翻译问题上的真正分歧,郭沫若的同质化思考其实解构了鲁迅异质化的努力。郭沫若翻译成果众多,是以委屈于鲁迅批评其轻视翻译的话语,是没有意识到他和鲁迅在翻译问题上的真正的本质性差异所在。

二、关于重译问题的争论

重复翻译,多种译本,自然就是重译;辗转以第三方语言为中介进行翻译的,是转译。重译与转译是两个不同的概念,也可以有交叉的地方,如果转译时已有直译本存在,或者其他转译本存在,那么转译也就是重译。但是,在现代作家们那里,转译与重译的概念有时也有所混淆。郑振铎在《译文学书的三个问题》一文中说,"重译的东西与直接从原文译出的东西相比较,其精切之程度,相差实在很远。无论第一次的翻译与原文如何的相近,如何的不失原意,不失其艺术之美,然而,第二次的译文与原文之间终究是有许多隔膜的。"这里谈到的重译,其实是转译。"如此的辗转翻译的方法,无论那一国都是极少看见的,但在我们中国的现在文学界里却是非常盛行。""重译方法的盛行,确是一件很可伤心的事。因为由此可以表现出中国现在从事文学的人之稀少,与我们文学界的寂寞;从事于文学翻译的只要那一部分的通英语的人,其余通各国文字的人于文学都非常的冷淡,都甘心放弃了他们的介绍的责任。"最后呼吁,"重译的方法,是如何的不完全而且危险呀!我们译各国文学书,实非直接从原文译出不可。"②仅就公开发表的文字看,郑振铎对转译不可靠的批评要早于创造社同人。重译的问题自古就颇受关注,二十世纪中国文坛上,率先关注重译的,并非郭沫若等创造社同人或鲁迅。早在一九〇七年,《庵瓠漫笔》中就说,"译者彼此重复,甚有此处出版已累月,而彼处又发行者,名称各异,黑白混淆,是真书之必须重译,而后来者果居上乘乎?实则操笔政者,卖稿以金钱为主义,买稿以得货尽义

---

① 郭沫若致李石岑,1921 年 1 月 15 日《时事新报·学灯》。

② 郑振铎:《译文学书的三个问题》,1921 年《小说月报》第 12 卷第 3 号。

务;握财权者,类皆大腹贾人,更不问其中原委。"①对连篇累牍的重译提出了批评。一九二〇年六月,邹韬奋在致李石岑的信中也提出重译的问题,"近来看见译者往往把他人已经翻译的书,拿来重译。我以为这事于精力上不太讲经济之道。正当知识饥荒时代,能把有价值的著作译饷国人,愈多愈好。应当分途并进,不宜彼此重复。有了重复,首译的人和继译的人的精力都不免不经济。"②转译之不可靠,重译之浪费,诸如此类的批评声音,最早并非出自创造社同人,郭沫若等人批评重译和转译的观点其实并无骇世惊俗的言论,但是他们的姿态、选取的批评对象及评论方式等等,最终却使他们卷入了相关问题的论争漩涡,或者说他们的本意就是要制造影响尽可能大的论争漩涡。

在转译的层面上正式撰文谈论重译,批评重译的创造社同人,始作俑者是张资平。一九二二年五月一日,《创造季刊》第一卷第一期出版,张资平发表《出版物道德》一文,指出,"重译作品决不算羞耻事。不懂原文由别国的文字转译过来,何妨明明白白的告诉人……我不懂俄文,读 Dostojevskij 等的作品,都是用英译本或日译本。我读 Turgenjeff 的 'Lukerja' LeonidAndrejew 的 'Schweigon' Garschin 的 'VierTage' 和 Dostojevskj 的 'Weihenacht' 都是用德译本,我如果想译这些作品。一定写明白是从英译德译或日译本。……近来许多文士抄译日本新潮社出版的译本,说是介绍西洋文学,不免给木屐儿暗笑了。表明由日文重译,还可以自见其真。小说月报第十二卷第八号里有《近代德国文学的主潮》(日本山岸光宣著)及《大战与德国国民性及其文化》(日本片山孤村著)两篇是抄译本年三月号中央文学独逸文化号。这是只注明原作者姓名不把被译的书名及出版期日告诉读者的好例。"张资平批评的重点,是译者的道德问题,其实也正铺开了后来郁达夫等创造社同人抨击转译的路途。不注明转译出处,误译、错译便无从核实,徒添了许多论争烦恼。

郁达夫在《创造季刊》第一卷第二期上发表《夕阳楼日记》,批评重译。"译者分明说,'著作者的原书是用德文写的,英,法,俄,西班牙,日本,都已早有译本,我这次是根据 Lucy Judge Gibson 和 W. R. Boyce Gibson 的英文译本重译出来的。……'我对于译者的这几句宣言,就已经不满足了。大凡我们译书,总要从著者的原书译出来才好。讲到重译,须在万不得已的时候,

---

① 庵觚:《庵觚漫笔》,1907 年《小说林》第 7 期。

② 邹韬奋:《致李石岑》,1920 年 6 月 4 日《时事新报》"通信栏"。

才能用此下策。如今这一本人生之意义与价值是用德文写成的,德文并非是一种无人学习的文字,译者既有心介绍哲学,何不先费一二年工夫,去学学德文?况且 R. Eucken 的文章,并不难懂,要直接读他,也不算是一件难事。"①十年后,与鲁迅的关系越来越亲密的郁达夫仍然不太认可重译,坚持译书"务取直接译而不取重译"。② 以"直接译"与"重译"相对,"重译"指的实际还是转译。一九二三年《创造季刊》第一卷第三期发表成仿吾《学者的态度》,对胡适进行反批评,谈及重译时说,"何以吝惜几分钟的工夫,不把德文原本翻翻,却把本来就是译得不好的英文再把他颠倒错译呢?(胡先生的译文错得厉害,下面再讲)。郁君并不是和余君较量英文,胡先生的英文好得很,是谁也知道的,也犯不着同他们赌气斗嘴,只要把德文原本看看,把他们的错处指出来,译成更确的文句,作一个最后的解决,岂不是大家都好,我更可以省这一番口舌么?"③一九二三年七月二十三日《创造日》第三期发表成仿吾《牧羊者的哀歌》一文,其中指出,"翻译事业总以根据原文为佳,是我素来所主张的。这回的讼案更使我确信我的主张,我愿'雅典主义'的翻译家也由此猛省。"④《创造日》上又发表过梁俊青的《读〈波花〉并答孙君》,开篇提出,"吾人无论翻译什么文艺作品,都须有了解原文的本事,或最少以原文的意义为标准,才不致以讹传讹,弄出笑话来",又说,"我把波花一字一字的读下去,才知道不懂德文的,也可以翻译德文诗,并且不知其原意的,也可以随便拿着几本译文作标准,就可以算翻译了,唉!有这样容易的事吗?难怪今日的翻译界弄得一塌糊涂哩。"⑤翟秀峰在《读成仿吾的〈欢迎会〉》一文中指出,"现在一般作者只知庸众心理,无怪我国的新剧越弄越糟!至于翻译的也有许多,大部分的译本是从英文转译的,只读了三四年英文查字典的蹩脚译本,倒害了许多有志研究戏剧的青年。"⑥翟秀峰、梁俊青虽非创造社中人,但他们在创造社刊物上发表多篇作品,而且都是指摘非创造社人的译文的,在鲁迅那里自然也被当成了创造社同人的意见。

---

① 郁达夫:《夕阳楼日记》,1922 年《创造季刊》第 1 卷第 2 期,第 46 – 47 页。

② 郁达夫:《〈达夫所译短篇集〉自序》,《郁达夫全集》第 11 卷,浙江文艺出版社 1992 年版,第 155 页。

③ 成仿吾:《学者的态度》,1922 年版《创造季刊》第 1 卷第 3 期,第 18 页。

④ 成仿吾:《牧羊者的哀歌》,《创造日汇刊》,上海书店 1983 年版,第 82 页。

⑤ 梁俊青:《读〈波花〉并答孙君》,《创造日汇刊》,上海书店 1983 年版,第 88、89 页。

⑥ 翟秀峰:《读成仿吾的〈欢迎会〉》,《创造日汇刊》,上海书店 1983 年版,第 130 页。

　　郁达夫说的《夕阳楼日记》引来了胡适"浅薄无聊不自觉"的指责,郁达夫气愤异常,好友郭沫若忍不住帮忙反击。不过,有意思的是,到郭沫若写《创造十年》时,他所指摘的对象,却不是胡适,而是鲁迅。"《人生之意义与价值》是德国哲学家威铿的著书,因此要使问题得到最后着落,就必须查看德文原本。我有德文原本第四版,和英译本的内容完全不同,达夫所指摘的那几句根本没有。英译本所根据的是初版,在这儿却于不意之间得到一个重译之不必可靠的实证。便是著者本人已经废弃了的文字,在别一国的旧译里却珍重地被保留着。这个事实,我想就让我们尊重重译的鲁迅先生,无论怎样把他手中的一只笔自由自在地曲,曲得就象卓别麟手中的一根手杖,也是难于曲护的。"①如果考虑到郭沫若在《屠尔格涅甫之散文诗》等文中表露的观点,如"屠氏文艺业已介绍于我国者已不少。余兹所译乃其自一八七八年至一八八二年四年间之小品文,连载于杂志'欧洲报知'中者,'散文诗'之名即为该报编辑者所肇赐。此诗集最脍炙人口,或者国内已有译品亦未可知,但是余意以为翻译不嫌其重出,译者各有所长,读者尽可自由择选。歌德所著《浮士德》一剧之英译,便单就第一部而言,已有二十余种之多。即此屠氏诗集之东译,亦不下四五种。此(一)足以证明原著之可珍,(二)足以证考国民读书之能率,所以重译一事决不能成为问题。"②在《批判〈意门湖〉译本及其他》一文中,郭沫若也说过,"大凡一种名作,翻译成别国文字时,是不嫌其重复的。歌德的《浮士德的悲剧》译成英文的有二十多种。译的人各人的见地不同,各人的天分不同,所以译的成品也就不能完全一致。我国的翻译家每每有专卖的偏性,拟译一种著作,自家还没有着手,便预先打一张广告出去,要求他人勿得重译;这种无理的要求,这种滑稽的现象,怕是我们国内独无仅有的了。"③郭沫若所说的这段文字是针对唐性天译《意门湖》而言,带有欲擒故纵的论战意味,但也算是一种公开的态度。在为杨凡译高尔基《文学论》所作序言中,郭沫若说,"凡是有益的著作,关于他的介绍或翻译是不嫌其重复的,尤其是象这本《文学论》,这是应该'传抄十本诵万遍,口角流沫右手胝'的宝典,不怕前乎杨君者已有人,即使后于杨君者更有人,都是

　　① 郭沫若:《创造十年·学生时代》,《郭沫若全集》第 12 卷,人民文学出版社 1992 年版,第 156 页。

　　② 郭沫若:《屠尔格涅甫之散文诗》,1921 年 2 月 16 日《时事新报·学灯》。

　　③ 郭沫若:《批判〈意门湖〉译本及其他》,1922 年《创造季刊》第 1 卷第 2 期,第 24 页。

我国所应当极端欢迎的事。"①上述几段文字,郭沫若都是赞成重译、复译的,这也就可明了郭沫若在重译、复译问题上掉转锋头针对鲁迅的原因。起码,在郭沫若看来,鲁迅在翻译及重译问题上对创造社所持观念极为不确,或者说存有偏见。

慎重对待重译是一般学者的共识,周作人就曾指出,"如对于某种译文甚不满意,自己去重译一过,这种办法我也很是赞成。不过这是要有意的纠正的重译,才可以代批评的作用,如偶然的重出,那又是别一问题,虽然不必反对,也觉得不必提倡。"②这里周作人谈及了"批评"的重译与"偶然的"重译,这两种重译,前者是处于不知情的境况下的行为,后者则是有针对性的纠偏行为,前者不必大惊小怪,后者应需提倡。应该说周作人的这种剖析还是比较客观的。但问题不在于创造社同人在重译问题上的批评是否客观中肯,而是重译的质量问题。创造社同人批评的目标不是偶然的重译也不是批评的重译,而是译者已知存有译本又进行翻译,却水平不高,没有多少建设性的重译。可是在鲁迅的批评话语中,不仅没有分析创造社抨击重译的具体指向,同时也抹平了"偶然的"重译与"批评的"重译间的差异。在鲁迅那里,他不仅将创造社等同于反对重译者,同时也将文学研究会等同于赞同重译者,认为文学研究会"是注意于绍介被压迫民族文学的,这些都是小国度,没有人懂得他们的文字,因此也几乎全都是重译的。"③也就是说,鲁迅以被压迫民族、小国度文字不得不重译的现实为重译的必要性进行辩护,这当然是正确的。但这并不等于创造社反对重译(转译)弱小民族、小国度的文字,创造社同人指名道姓地进行批评的重译与转译,都是德国与英国这些强权话语国度的文字,正如郁达夫批评转译时指出的那样,"德文并非是一种无人学习的文字"④。当然,这也并不意味着创造社同人就不同意对德语等强势文字进行重译或转译,对偏至之美颇好的创造社同人在翻译上却显得并不怎么固执,更为关键的是,对重译不满并不意味着不要重译,而是不满于那时表现得极为糟糕的重译,这一点在郁达夫他们进行的文学翻译批评中就可以见出。一九二八年,梁实秋就曾撰文说,"据胡适之先生说,法文、

---

① 郭沫若:《〈文学论〉序》,1936 年《光明》半月刊第 1 卷第 9 期。

② 周作人:《翻译与批评》,《周作人自编文集·谈虎集》,河北教育出版社 2002 年版,第 23 页。

③ 鲁迅:《上海文艺之一瞥》,《鲁迅全集》第 4 卷,人民文学出版社 2005 版,第 302 页。

④ 郁达夫:《夕阳楼日记》,1922 年《创造季刊》第 1 卷第 2 期,"批评栏"第 47 页。

俄文作品译成中文的大半是自英文转译的;懂英文的人所以不直接译英文名著而要转译法俄文作品者,是因为英文名著的文字难,成语典故、俗话等等,都是我们一般略识 ABC 者所难得懂的,而法俄作品译成英文的率皆浅显易明。我想这话不错。大概从事翻译的人,和别种的人一样,喜欢走抵抗最小的路。"①虽然这话带有偏见,但也说明胡适与梁实秋实际上对转译的不以为然。转译、重译为不得已之法,这似乎也是当时翻译者共同的心声。在当时的论争中,创造社强调的是转译、重译之不可靠,而鲁迅、郑振铎强调的是重译、转译之现实需要,这本是"不得已"包含着的两面:既然是不得已,就说明有现实的必然需要,必然的需要却不得已,说明其不尽如人意。这中间的辩证关系并不难理解,但是当事人似乎谁也不愿意站在对方的立场上,辩证地看待对方的言语,固执己见,正是陈独秀不容匡正态度的延续。鲁迅一贯地抨击创造社在翻译问题上的持论,自然使睚眦必报的郭沫若感到十分恼火。鲁迅与另外一位创造社成员穆木天之间展开的关于重译问题的争论,也使郭沫若忍不住地要在《创造十年》中为创造社翻译问题辩护一下。

穆木天在《各尽所能》中说:"有人英文很好,不译英美文学,而去投机取巧地去间接译法国的文学,这是不好的,因为间接翻译,是一种滑头办法。"②重视直接译而反对间接译,在翻译人才困乏的时候,穆木天的观点立论未免太高。不过,就其观念提出的初衷而言,无疑有其现实意义和历史进步性。后来,穆木天在《一边工作一边学习》一文中又加以申说,"我认为,想把一篇作品翻译得好,固然要靠自己的外国文和中国文的力量,可是,如果对于作品本身的理解不够,翻译出来,总会是'四不像',甚至,还会令人觉得'恶心'。……对于原作要有正确的了解,这是从事翻译的人的第一个守则。""翻译并不是创作,翻译是把一篇作品,从一种语言文字,改变成为另外一种语言文字。在翻译时,一个翻译者不能有丝毫的主观。他把人家的作品,尽可能弄得'不走样'。""如果翻译哪一个作家的话,译者就必须尽可能把他的时代了解清楚:他的时代的社会情形、政治情形、科学和思想情形、艺术其他部门的情形,都应当了解得相当清楚。必须那样,才能对于自己选定的作者有充分了解,才能把握住他的作品的要点。""过去,我喜欢尊重原文的文法结构,因为我希望中国语法能够欧化,结果变成了生硬,尽管看得懂,可不够灵

① 实秋(梁实秋):《翻译》,1928 年 12 月 10 日《新月》第 1 卷第 10 期。
② 穆木天:《各尽所能》,1934 年 6 月 9 日《申报·自由谈》。

活。不过,我在一些细微节目上有时了解不够(譬如在《葛朗代》里,对于法国新旧行政区划,译时,我并没弄清楚),在大体的了解上,相信还没有大错。"①

见到穆木天《各尽所能》一文后,鲁迅马上便写了《论重译》一文,指出"懂某一国文,最好是译某一国文学,这主张是断无错误的,但是,假使如此,中国也就难有上起希罗,下至现代的文学名作的译本了。"因为"中国人所懂的外国文,恐怕是英文最多,日文次之,倘不重译,我们将只能看见许多英美和日本的文学作品,不但没有伊卜生,没有伊本涅支,连极通行的安徒生的童话,西万提司的《吉诃德先生》,也无从看见了。这是何等可怜的眼界。"②一方面是这方面的译作少,一方面是能翻译的人才少,另一方面却是有能力译的人却并不努力去从事这方面的翻译,"这些东西,梁实秋先生是不译的,称人为'阿狗阿猫'的伟人也不译,学过俄文的蒋先生原是最为适宜的了,可惜养病之后,只出了一本《一周间》,而日本则早已有了两种的译本……暂时之间,恐怕还只好任人笑骂,仍从日文来重译,或者取一原本,比照了日译本来直译罢。"③现代著名诗人朱湘也曾表达过对翻译匮乏的焦虑,"诗,戏剧,小说,批评,散文,不说好的译本,就是坏的译本都没有一个影子!"因此,"我们正是一个需要翻译的时期"。④ "坏的译本都没有一个影子",惶论什么好的译本,也谈不到重译、转译和直接译的选择,在渴望转型,急需外来血液输入的情况下,有总比没有好,这是译界一部分人的观点。正是从文学介绍的角度,鲁迅提出了非重译、转译不能开阔眼界,得到必要的杰作。从这一点出发,他首先强调的是先译进来,供给读者以欣赏阅读的机会,至于翻译的完善与否,有待译者素质提高后再论。"对于翻译,现在似乎暂不必有严峻的壁垒。最要紧的是要看译文的佳良与否,直接译或间接译,是不必置重的;是否投机,也不必推问的。"⑤由此而言,鲁迅主张重译,是出于功利性目的,是手段而不是作为终极选择。在鲁迅看来,最佳选择当然仍是从原文直接译。"我很不满意于自己这回的重译,只因别无译本,所以姑且在空地里

① 穆木天:《一边工作一边学习》,陈惇、刘象愚编选,《穆木天文学评论选集》,北京师范大学出版社 2000 年版,第 405 - 410 页。

② 鲁迅:《论重译》,《鲁迅全集》第 5 卷,人民文学出版社 2005 年版,第 531 页。

③ 鲁迅:《"硬译"与"文学的阶级性"》,《鲁迅全集》第 4 卷,人民文学出版社 2005 年版,第 216 页。

④ 朱湘:《寄孙大雨(五)》,罗念生编,《朱湘书信集》,人生与文学社 1936 年版,第 210 页。

⑤ 鲁迅:《论重译》,《鲁迅全集》第 5 卷,人民文学出版社 2005 年版,第 532 页。

称雄。倘有人从原文译起来，一定会好得远远，那时我就欣然消灭。"①"近几天重译了果戈理的《死魂灵》两章（还没有完），也是应《世界文库》之约，因为重译，当然不会好。昨天看见辛垦书店的《郭果尔短篇小说集》内，有其第二章，是从英文重译的，可是一塌胡涂。"②"《果戈理怎样工作》我看过日译本，倘能译到中国来，对于文学研究者及作者，是大有益处的，不过从日文翻译，大约未必译得好。现在先生既然得到原文，我的希望是给他们彻底的修改一下，虽然牺牲太大，然而功德无量，读者也许不觉得，但上帝一定加以保佑。……日本文很累坠，和中国文差远，大约和俄文也差远，所以从日本重译欧洲著作，其实是不大相宜的，至多，在怀疑时，可以参考一下。"③

表面上看起来似乎是论争，其实一个从译介者的角度着眼，另一个却从译文本身着眼，着眼点的不同，这一错位使关于重译的论争本身构成了互补而非对错正误的辨别。然而，也正是这种错位，显示出了论者各自关注的问题的差异，对于译介形式和趋向判断的分歧，这也就使双方都从对方那里读出了对立的意味。虽然殊途亦能同归，但是同归的实现并非是自然而然就能够实现的，而是需要殊途之间的搏击、纠缠、融会，而在达到最后的同归之前，两方以敌对的形式出现在人们面前，为各自选定的路途据理力争。

读了鲁迅《论重译》一文后，穆木天感到自己文章主旨被抹杀，于是重申自己的主张。在《论重译及其他》一文中，穆木天指出，"在我的那篇'各尽所能'之中，我提出来反对重译。中国现代，的确是有些离奇的事实。如刘廷芳博士以英文译本译梅特林的戏曲一类事体，在中国不还是屡见不鲜么？我想，如刘廷芳博士一类的英文程度相当好的人，与其译梅特林，倒还是从英文译点英美文学作品好些。在我以为英文程度好的人似应当多译点英美文学作品，不必舍其所长，去就所短，而从英文译法文学作品，学法文学的，应当多译些法文学作品，而不必从法文译本中间接地译英美文学。我以为，对于英美法日诸国的文学，是需要直接翻译的。自然，俄国文学，德国文学，是相当地需要从英法诸国文字翻译，而西班牙意大利波兰及诸弱小民族的

① 鲁迅：《〈俄罗斯的童话〉小引》，《鲁迅全集》第 10 卷，人民文学出版社 2005 年版，第 442 页。

② 鲁迅致孟十还信，1935 年 3 月 9 日，《鲁迅全集》第 13 卷，人民文学出版社 2005 年版，第 403 页。

③ 鲁迅致孟十还信，1935 年 7 月 4 日，《鲁迅全集》第 13 卷，人民文学出版社 2005 年版，第 496 页。

作品,是除了间接地翻译别无办法。"以此回应了鲁迅的观点后,穆木天限定了自己所说的间接译的内涵。"间接地去译,诗与其根据英文译本,还是根据法日诸国的译本好些。因为英国译诗,是重格律,而法日,是重内容。我们不能无条件地说一切书都可以间接翻译,我们自然也不能说须去等待着直接翻译。一切问题,是要附以条件的。我们不能不附条件地这样或那样地作。"①与《各尽所能》相比,穆木天在反对间接译的问题上显然严谨了许多。"附条件"的间接译也使穆木天的持论更具辩证性。然而,这仍然不构成一以贯之的论争序列。因为穆木天的回应文字,显然受到鲁迅《论重译》一文的影响,在强调间接译须附加条件的时候,脱离了先前对于译介者的关注,而加入了其他的一些条件,比如语言的差异等。其实,从鲁迅和穆木天两方的文章来看,这场论争在各个层面上都带有错位的意味。鲁迅的文章从大处着眼,有抨击翻译界可能出现的不良倾向的意思,而穆木天所注意的,却是在探讨具体的译介及其可行性。鲁迅在《再论重译》一文中说,"我们向来看轻着翻译,尤其是重译。"②这种表达方式本身,也说明了鲁迅抓典型而不针对个人的论说特色。

如果翻开二十世纪三十年代的报刊杂志,可以发现当时的文坛上曾掀起一股翻译及探讨翻译问题的热潮。其中最受关注的一个问题就是重译。茅盾在《〈简·爱〉的两个译本》中则指出,视重译为浪费者,有"先插草标,不许别人染指"的嫌疑,并认为"这种不知和什么理的'理论',现在正跋扈一时,虽不足以寒复译者之胆,然而已足摇书贾之心,切实工作的译人书尚未出,先已受到了威胁。"③针对当时不良现象,鲁迅在《非有复译不可》中更是指出,"要击退这些乱译,诬赖,开心,唠叨,都没有用处,唯一的好办法是又来一回复译,还不行,就再来一回。譬如赛跑,则先在的一个永远是第一名,无论他怎样撇脚。所以讥笑复译的,虽然表面上好像关心翻译界,其实是毒害翻译界,比诬赖,开心的更有害。因为他更阴柔。而且复译还不止是击退乱译而已,即使已有好译本,复译也还是必要的。曾有文言译本的,现在当改译白话,不必说了。即使先出的白话译本已很可观,但倘使后来的译者自己觉得可以译得更好,就不妨再来译一遍,无须客气,更不必管那些无聊的

---

① 穆木天:《论重译及其他(下)》,1934 年 7 月 2 日《申报·自由谈》。
② 鲁迅:《再论重译》,1934 年 7 月 7 日《申报·自由谈》。
③ 茅盾:《〈简·爱〉的两个译本》,1937 年 1 月 16 日《译文》第 2 卷第 5 期。

唠叨。取旧译的长处,再加上自己的新心得,这才会成功一种近于完全的定本。但因言语跟着时代的变化,将来还可以有新的复译本的,七八次何足为奇,何况中国其实也并没有译过七八次的作品。"①不论重译、转译还是直接译,目的都在追求"近于完全的定本"。而"近于完全的定本"的判定标准,并不在于重译、转译与直接译这些外在的形式,而是译文本身。鲁迅曾批评苏联作家列别津斯基《一周间》的译本时说,"《一周间》译本有两种,一蒋光慈从俄文译,一戴望舒从法文译,我都未看过,但听人说,还是后一本好。"②判断译本的好坏,并非取决于是重译、转译,还是直接译,直接译能否击败并取代重译、转译,最终还是"必须那译本比旧译本好,不能但以'直接翻译'当作护身的挡牌。"③在谈到敬隐渔译自己的《阿 Q 正传》时,就说明了直接译者并非可靠的一个原因。"敬隐渔君的法文听说是好的,但他对于翻译却未必诚挚,因为他的目的是在卖钱,重译之后,错误当然更加不少。"④直接译的好坏与译者素质和努力有关,而重译却被想当然地认为错误不少。

在这场关于重译(实即转译)的论争中,论争的双方焦点并不一致。比如鲁迅谈到,"大约凡是译本,倘不标明'并无删节'或'正确的翻译',或鼎鼎大名的专家所译的,欧美的本子也每不免有些节略或差异。译诗就更其难,因为要顾全音调和协韵,就总要加添或减去些原有的文字。世界语译本大约也如此,倘若译出来的还是诗的格式而非散文。但我们因为想介绍些名家所不屑道的东欧和北欧文学,而又少懂得原文的人,所以暂时只能用重译本,尤其是巴尔干诸小国的作品。原来的意思,实在不过是聊胜于无,且给读书界知道一点所谓文学家,世界上并不止几个受奖的泰戈尔和漂亮的曼殊斐儿之类。但倘有能从原文直接译出的稿子见寄,或加以指正,我们自然是十分愿意领受的。"⑤看起来冠冕堂皇,无懈可击。鲁迅指出重译实乃无可奈何之举,然而,他所指的范围仅限于东欧和北欧,实际上创造社指摘的重译都是对中欧和西欧而言的。

---

① 鲁迅:《非有复译不可》,《鲁迅全集》第 6 卷,人民文学出版社 2005 年版,第 284 页。

② 鲁迅致曹靖华信,1933 年 12 月 20 日,《鲁迅全集》第 12 卷,人民文学出版社 2005 年版,第 522 页。

③ 鲁迅:《论重译》,《鲁迅全集》第 5 卷,人民文学出版社 2005 年版,第 532 页。

④ 鲁迅致姚克信,1934 年 3 月 24 日,《鲁迅全集》第 13 卷,人民文学出版社 2005 年版,第 48 页。

⑤ 鲁迅:《通讯》,《鲁迅全集》第 7 卷,人民文学出版社 2005 年版,第 131 页。

第三章

创造社三鼎足的翻译观

第一节　郭沫若的译诗观

郭沫若精通德、日、英等国文字,在长达几十年的文学著译生涯中,曾译过海涅、泰戈尔、歌德、雪莱、莪默、惠特曼等几十位外国诗人的诗二百余首,留给我们的译诗集有:《鲁拜集》(一九二四年一月上海泰东图书局初版)、《雪莱诗选》(一九二六年三月上海泰东图书局初版)、《德国诗选》(一九二七年十月上海创造社出版部初版)、《沫若译诗集》、《新俄诗选》(与李一氓合译,一九二九年十月上海光华书局初版)、《赫曼与窦绿苔》(一九四二年四月重庆文林出版社初版)、《英诗译稿》(一九八一年五月上海译文出版社初版),另外还可以加上《浮士德》(一九二八年二月上海创造社出版部出版第一部,一九四七年十一月上海群益出版社出版全译本)。郭沫若的许多译诗都曾让人爱不释手,对于他自己和其他一些现代文学作家的文学思想和创作都产生过较为深远的影响。作为郭沫若著译大厦不可忽略的重要组成部分,研究郭沫若的译诗及其译诗观,对我们更深入地理解郭沫若的文学创作成就及其思想等,无疑有着非常重要的意义。

郭沫若译诗肇始于在日留学读书时期。一九一四年,留学日本的郭沫若自言"读的是西洋书",①"一个礼拜的外国语时间在二十二三个钟点以上",教授的方法也特别,"先生大概都是帝大出身的文学士,本来并不是语学专家,于学生们所志愿的学科没有涉历,他们总爱选一些文学上的名著来做课本。"②上课也是让学生自己读外文原书并翻译。一九一五年,郭沫若翻译了德国诗人海涅的《归乡集·第十六首》;一九一七年,郭沫若在泰戈尔的《新月集》、《园丁集》和《吉檀伽里》三部诗集中选译了一本《泰戈尔诗选》;

---

① 郭沫若致宗白华信,《郭沫若书信集(上)》,中国社会科学出版社 1992 年版,第 131 页。
② 郭沫若:《创造十年》,《学生时代》,人民文学出版社 1979 年版,第 43 页。

一九一八年译海涅的《悄静的海滨》及《海涅诗选集》。外语学习的机缘,促使郭沫若走上了译诗历程,而诗人心灵的遇合,则使译诗成为郭沫若无法撇弃的情结。由于郭沫若谈译诗的文字散见于各处,随不同的语言环境而在表述方面亦有所区别,但大体上也有一种内在的脉络。概而言之,郭沫若译诗观可分为三个方面:诗可不可以翻译,译诗也应是诗、译诗的目的是为了促进创作(即译诗的价值和功用)。

可译与不可译一直是翻译理论中一个古老的悖论,许多优秀的诗人都对文学翻译尤其是诗歌翻译的可能性提出质疑。但丁在《飨宴》中说,"任何富于音乐、和谐感的作品都不可能译成另一种语言而不破坏其全部优美和谐感。正因如此,荷马的史诗遂未译成拉丁语;同样,《圣经·诗篇》的韵文之所以没有优美的音乐和谐感,就是因为这些韵文先从希伯来语译成希腊语,再从希腊语译成拉丁语,而在最初的翻译中其优美感便完全消失了。"① 雪莱在《诗辩》中说"诗人的语言牵涉着声音中某种一致与和谐的重现,假若没有这种一致与和谐的重现,诗也就不成其为诗了;并且即使不去考虑那个特殊的规律,而单从传达诗的影响来说,这种重现之重要,正不亚于语词本身。此所以译诗是徒劳无功的"。② 周作人在《〈陀螺〉序》中说:"诗是不可译的,只有原本一首是诗,其他的任何译文都是塾师讲《唐诗》的解释罢了。所以我这几首《希腊诗选》的翻译实在只是用散文达旨,但因为原本是诗,有时也就分行写了:分了行未必便是诗,这是我所想第一声明的。"③译过大量外文诗歌的梁宗岱也说过:"诗,在一定意义上,是不可译的。一首好诗是种种精神和物质的景况和遭遇深切合作的结果。……即最大的诗人也不能成功两首相同的杰作。何况翻译? 作者与译者感受程度的深浅,艺术手腕的强弱,和两国文字的根深蒂固的基本差别……这些都是明显的,也许不可跨越的困难。"④林语堂在为吴曙天编《翻译论》写的序中指出,"诗为文学品类中之最纯粹之艺术最为文字之精英所寄托的,而诗乃最不可译的东西。无论古今中外,最好的诗(尤其是抒情诗)都是不可译的。因为其为文字之精

---

① 　但丁:《飨宴》,转引自谭载喜:《西方翻译简史》,商务印书馆 2000 年版,第 53 页。

② 　[英]雪莱:《诗辩》,伍蠡甫主编,《西方文论选(下)》,上海译文出版社 1979 年版,第 52 页。

③ 　周作人:《〈陀螺〉序》,1925 年 6 月 22 日《语丝》周刊第 32 期。

④ 　梁宗岱:《附录》,《梁宗岱译诗集》,湖南人民出版社 1983 年版,第 203 页。

英所寄托,因为作者之思想与作者之文字在最好作品中若有完全天然之融合,故一离其固有文字则不啻失其精神躯壳,此一点之文字精英遂岌岌不能自存。"①朱光潜认为,"有些文学作品根本不可翻译,尤其是诗(说诗可翻译的人大概都不懂得诗)。……文字传神,大半要靠声音节奏。声音节奏是情感风趣最直接的表现。对于文学作品无论是阅读或是翻译,如果没有抓住它的声音节奏,就不免把它的精华完全失去。但是抓住声音节奏是一件极难的事。"②可译与不可译是个相对的概念,强调诗的不可译,并不意味着不能译,而是翻译之难,原诗中许多精妙都在翻译过程中走失了。

持续从事译诗活动几十载,郭沫若译诗之丰有目共睹,诗是否可译似乎不应该成为一个问题。但是,译诗的多似乎并没有使郭沫若否定诗之不可译性,相反地,似乎译的诗歌越多,对诗之不可译性了解的也就越深。一九二○年三月三十日,郭沫若致宗白华的信中译了立体派诗人 Max Weber 的 The Eye Moment(瞬间)一诗,随即说"最后一句借河流自然音律表示全宇宙之无时无刻无昼无夜都在流徙创化,最妙,最妙,不可译,不可译。"又译一段雪谟(即雪莱)的诗,随后自我评价:"诗不能译,勉强译了出来,减香减色,简直不成个东西,我要向雪谟告罪,也要向你告罪了:你读了我这不通的译品,恐怕茫不得其解,枉自费了你可宝贵的时间。你还是读原作的好。"③在《〈木犀〉附白》中谈到陶晶孙《木犀》日文中译时,郭沫若说,"一国的文字,有它特别美妙的地方,不能由第二国的文字表现得出来。此篇译文比原来逊色得多了。"④"诗不能译"、"不可译"的话,恐怕不能简单视为谦虚之词,而是真实地意识到了翻译在文体、意蕴与语言转换过程中的难度。

事实上,可译性与不可译性在郭沫若的翻译事业中似乎成了难以拆解的症结。不可译的诗似乎带有巨大的不可抵挡的魅力,诱惑郭沫若去进行翻译,而翻译了大量外国诗歌的郭沫若也在实践中探索着诗之可译的合适途径。在《古书今译》一文中,郭沫若说:"诗的翻译,假使只是如像对翻电报号码一样,定要一字一句的逐译,这原是不可能的事:因为这样逐译了出来,而译文又要完全是诗,这除非是两种绝对相同的语言不行,两种绝对相同的

① 林语堂:《论翻译》,吴曙天编《翻译论》,光华书局 1937 年版。
② 朱光潜:《谈翻译》,1944 年《华声》第 1 卷第 4 期。
③ 郭沫若致宗白华信,《郭沫若书信集(上)》,中国社会科学出版社 1992 年版,第 127 页。
④ 郭沫若:《〈木犀〉附白》,1922 年《创造季刊》第 1 卷第 3 期。

语言没有,有时亦无须乎翻译了。随你如何说,诗的翻译,绝不是那么一回事!诗的翻译应得是译者在原诗中所感得的情绪的复现。"①郭沫若明确地指出,"诗不能直译"。其实,对于诗之直译,郭沫若似乎向来都有些排斥。"最近国人论译诗,有些朋友主张定要直译的,不知是何存心。直译而能不失原意尚可,对于原文在若解与若不解之间,或竟至全未了解,便梦梦然翻译,这种态度我觉得可以深自忏悔了罢!"②若不是"像对翻电报号码"那般的直译,郭沫若显然认为诗是"可译"的。概而观之,在诗歌的可译与不可译、直译与意译(气韵译)之间,郭沫若的倾向大抵是可译与意译,但这并不绝对排斥郭沫若言语中时常流露出的诗歌"不可译"的说法。大体而言,郭沫若对诗可译与不可译所持态度,是相当辩证的,而郭沫若对译诗可译与不可译的思索,都与他对诗歌气韵(风韵)的推重密切相关,而这些又直接导致了郭沫若主张译诗也必须是诗的译诗思想。

在《反响之反响》一文中,郭沫若提出,"翻译的动机无论是为'糊口'起见,或者是为'介绍思想'起见,它的先决问题是要在了解原书以后,不能说是对于原书完全不了解,为糊口起见便可以随便译书。对于原书完全未了解便从事翻译,又何从把思想介绍得起呢?了解原书是一件事情,翻译是一件事情。翻译之所以困难,并不是了解原书之为难,是翻译难得恰当之为难。两种国语,没有绝对相同的可能性。而一种国语中有许多文字又多含歧义……"③也就是说,在郭沫若看来,翻译之难,在于两点:一是了解原书,二是跨越两种国语的差异。能够做到上述两点,方可言真正的翻译。郭沫若极为推崇英国人 Fitzgerald 翻译的 Rubaiyat,虽然 Fitzgerald 在译诗过程中,"原文的一节有时分译成三四节,原文的三四节又有时合译成一节",却仍不失为"完美的译品"。④ 原因就在于 Fitzgerold 的译诗是真正的诗。虽然译诗和原诗"内容几乎完全不同,但是那诗中所流的精神,是没有甚么走转。"⑤出于同样的理由,郭沫若也赞许泰戈尔诗歌自译成就。在《〈卷耳集〉序》中,郭

① 郭沫若:《古书今译的问题》,1924 年 1 月 20 日《创造周报》第 37 号,第 8 页。

② 郭沫若:《批判〈意门湖〉译本及其他》,1922 年 8 月 25 日《创造季刊》第 1 卷第 2 期,第 28 页。

③ 郭沫若:《反响之反响》,1922 年 8 月 25 日《创造季刊》第 1 卷第 3 期,第 7 页。

④ 郭沫若:《批判〈意门湖〉译本及其他》,1922 年 8 月 25 日《创造季刊》第 1 卷第 2 期,第 28 页。

⑤ 郭沫若:《波斯诗人莪默伽亚谟》,1922 年《创造季刊》第 1 卷第 3 期,第 11 页。

沫若说:"太戈尔把他自己的诗从本加尔语译成英文,在他《园丁集》的短序上说过:'这些译品不必是字字直译——原文有时有被省略处,有时有被义释处'。他这种译法,我觉得是译诗的正宗。"①所谓"译诗的正宗",具体来说,便是郭沫若提出的译诗也"要完全是诗"。② 在致孙铭传的信中,郭沫若说:"译诗不是件容易的事。把原文看懂了,还要译出来的是'诗'才行。"③那么,译诗在什么层面上才成其为诗呢?或者说译诗应该在哪些方面使自身成其为诗?为达此目的,译者又应该如何做才可?这里首先要弄清楚的问题便是,郭沫若认为什么是诗?只有解决了这个问题,才能进一步去谈论译诗也必须是诗的问题。

对于郭沫若的诗歌观,向来是见仁见智的问题,可是若要寻出郭沫若自己独特的见解,窃以为不能不谈其《论节奏》一文中的这样一段文字,"一切感情,加上时间的要素,便要成为情绪的。所以情绪自身,便成为节奏的表现。我们在情绪的氛氲中的时候,声音是要战栗的,身体是要摇动的,观念是要推移的。由声音的战颤,演化而为音乐。由身体的动摇,演化而为舞蹈。由观念的推移,表现而为诗歌。所以这三者,都以节奏为其生命。旧体的诗歌,是在诗之外,更加了一层音乐的效果。诗的外形,采用韵语,便是把诗歌和音乐结合了的。我相信有裸体的诗,便是不借重于音乐的韵语,而直抒情绪中的观念之推移,这便是所谓散文诗,所谓自由诗。这儿虽没有一定的外形的韵律,但在自体,是有节奏的。就譬如一张裸体画的美人,她虽然没有种种装饰的美,但自己的肉体,本是美的。"④郭沫若的诗歌观,将声音与情绪分离开来,韵语是外形,如果不考虑外形的东西,音乐的东西,在情绪的层面上,诗当然是可译的,因为人类的情绪是相通的。这就与林语堂、朱光潜等人在语言的层面上提出诗不可译的观念有了差异,或者说这正是郭沫若译诗观之所以成立的独特的基点。因此,译出来的诗只要同样呈现出了原诗的那种情绪的律吕,使人感着那种诗意的流淌,也就可以了。至于字句是否完全能够与原诗对应,自然也就不在郭沫若译诗关注的范围,或者说只

---

① 郭沫若:《〈卷耳集〉序》,王训昭编,《郭沫若研究资料(上)》,中国社会科学出版社 1986 年版,第 161 页。

② 郭沫若:《古书今译的问题》,1924 年 1 月 20 日《创造周报》第 37 号,第 8 页。

③ 郭沫若致孙铭传信,1923 年 8 月 31 日《创造日》。

④ 郭沫若:《谈节奏》,1926 年 3 月 16 日《创造月刊》第 1 卷第 1 期。

是处于附属的位置。当然,郭沫若的诗歌观念区分的是诗、乐与舞,如果具体到以语言为表现工具的文体中,问题似乎还没有解决,比如诗歌、散文、散文诗等几个概念就一直有些纠缠不清。虽然穆木天提出"诗的思维术",区分散文与诗歌,实际上结果可能还是像朱湘说的那样,"诗与散文的区别究竟何在,无人能够解答。"①也就是说,由于郭沫若强调诗"没有一定的外形的韵律",而突出诗"自体"的节奏,实际上是将诗(尤其是散文诗)与散文的划分界限神秘化了。于是,我们由此见出了郭沫若译诗的推论方式:译诗也须是诗,而诗与散文的分别源于"自体"而非韵律等外在的因素,故而译诗要成为诗,就不能过多地拘泥于原诗的形式,或过多地考虑译诗的形式建构问题,而是要译出原诗的那种"自体"的东西,而这种"自体"的东西在郭沫若看来便是"风韵"。

在译诗方法方面,为求使原诗在翻译的过程中诗意能够得到较为完美的再现,郭沫若提出了"风韵译":"我们相信译诗的手腕决不是在替别人翻字典,决不是如像电报局生在替别人翻电文。诗的生命在它内含的一种音乐的精神。至于俗歌民谣,尤以声律为重。翻译散文诗、自由诗时自当别论,翻译歌谣及格律严峻之作,也只是随随便便地直译一番,这不是艺术家的译品,这只是言语学家的解释了。我始终相信,译诗于直译,意译,之外,还有一种风韵译。字面,意义,风韵,三者均能兼顾,自是上乘。即使字义有失而风韵能传,尚不失为佳品。若是纯粹的直译死译,那只好屏诸艺坛之外了。"②在《讨论注译运动及其他》一文中,郭沫若说:"我们相信理想的翻译对于原文的字句,对于原文的意义,自然不许走转,而对于原文的气韵尤其不许走转。原文中的字句应该应有尽有,然不必逐字逐句的呆译,或先或后,或综或析,在不损及意义的范围以内,为气韵起见可以自由移易。"③郭沫若所说"风韵译"关注的其实是翻译的等值问题。等值(equivalence)是西方翻译理论研究的核心概念,最早由杰克逊(R. Jakobson, 1951, On Linguistic Aspects of Translation)提出,他认为差异的等值是语言的一个基本问题,也是语言学关注的关键问题(Equivalence in difference is the cardinal problem of

---

① 朱湘:《寄赵景深(十七)》,罗念生编,《朱湘书信集》,上海书店1983年版,第89页。

② 郭沫若:《批判〈意门湖〉译本及其他》,1922年《创造季刊》第1卷第2期,第28页。

③ 郭沫若:《讨论注译运动及其他》,《郭沫若论创作》,上海文艺出版社1983年版,第644页。

language and the pivotal concern of linguistics）。所谓"等值"，杰克逊认为就是"在值、尺度、力度、效度和重要性方面相等（equal in value, measure, force, effect, significance）"。① 一九六四年，奈达发表了被西方翻译界奉为现代翻译理论圭臬之作的《翻译科学初探》（Toward a Science of Translation），提出了"动态对等（dynamic equivalence）"的概念，即"译文的接受者和译文信息之间的关系，应与原文接受者和原文信息之间的关系基本相等（The relationship between receptor and message should be substantially the same as that which existed between the original receptors and the message）"。② 在翻译"等值"问题上，西方翻译理论逐渐由原文与译文的对等，走向阅读效果的对等，也就是说，研究的重心由以原著中心转向了以读者（接受者）为中心。郭沫若提出"风韵译"的翻译观，追求的便是翻译的"动态对等"，从信息接受者的角度提出的翻译要求。

郭沫若所谈的"风韵译"，当时也是许多译者的共识，只是具体说法稍有差异罢了。与创造社相对立的文学研究会，其主要成员郑振铎也赞成意译诗歌，并引用邓亨（Sir John Denham）的话说："我觉得译诗的一个大毛病就在于死译。让这个'谨慎'给那些从事于忠实的事的人保守着；但是无论什么人如以此为译诗的宗旨，他所做的实在不是必要的，并且他也永不能成就他的试验；因为他的事业不仅是译一种文字而为别一种文字，乃是译这首诗而为别一首诗；而诗呢，则是具有一种奥妙的精神的，由这种文字而转于那种文字上时，他就完全蒸散了；如果没有一种新的精神，加在译文里，那么，除了无用之物以外，更没有什么东西存留着呢。"③另一位文学研究会主将茅盾在《译诗的一些意见》中也说："我也赞成意译——对于死译而言的意译，不是任意删改原文，以意译之的意译；换句话说，就是主要在保留原作神韵的译法。我在上面说过，原诗所备的种种好处，翻译时只能保留一二，决不能完全保留。我们要在许多好处中挑出一种来保留，应该挑一种最关重要的来保留。我以为一首诗的神韵是诗中最重要的一部，邓亨所说'奥妙的精神'，当亦指此，我们如果不失原诗的神韵，其余关于'韵''律'种种不妨相

---

① Palma Zlateva, Translation As Social Action. 1993, London and New York, p. 102.

② Ernst – August Gutt, Translation and Relevance: Cognition and Context. 1991, Basil Blackwell. p. 67.

③ 郑振铎：《译文学书的三个问题》，1921 年《小说月报》第 12 卷第 3 号，第 266 页。

异。而且神韵的保留是可能的,韵律的保留却是不可能的。"①在与别人的谈话中,瞿秋白也曾较为详细地谈到过译诗的"神韵"问题,"翻译不是件容易事,译诗则更是难事了。对两国的语文仅仅通晓是不够的,必须精通烂熟才行。然后才能体会原作的神韵。'神韵',决不是字句表面上的解释,你必须对那个民族的风俗、历史和性格有充分的了解,更要把握住诗人特殊的个性和语言风格才能体会到它神韵的所在;你又必须有坚实的中文根底,对中国旧诗和新诗有较全面的涉猎,你才能够找到体现这种神韵的最合适的形式(诗体、格律、用韵等等),你既钦羡于原作的神韵,又得意于译文的形式,你就会不自觉地与原诗人取得心灵上的共鸣,或许就是我们所说的'心有灵犀一点通'吧,保持在这种状态下,你就可以施展你文辞的技巧,用探索和联想去字斟句酌——但不可以松懈、草率,否则神韵立刻会从你的笔下溜走。"②这并不是贬低郭沫若气韵译的价值,而是指出译诗作为需要高度创造性参与的活动,在翻译理论上其实译者大都明白如何做,只是具体实践起来,却因译者自身素质而呈现出高低不同的风貌。

郭沫若提出的"风韵译",与中国传统文论中"气韵生动"的理论观念一脉相承,同时又与他自己心仪的泛神论密切相关。丰子恺在《绘画与文学》中就曾将泛神论与气韵观联系起来。"在神韵中看出直接经验的生物的根元,其结果就是在泛神论中看出最后的基础。为世界的根元的绝对的神,是唯一而又无限的。神创造一切诸物。天地间没有一物不出自神的创造。神是唯一绝对的精神。——这样的说法是泛神论的半面。泛神论的别的半面,便是气韵生动说的最有力的支柱。即创造这等万物的唯一绝对的精神,必在个物中显现;凡存在于天地间的,不拘何物,皆可在其中看见神。所以人在自己中发现创造者,原是当然之理。……'气韵生动'就是站在泛神论的立脚点上,而从个物中看出创造者的功夫……说气韵是属于生知的,然则人们都能感到气韵的么? 谁也可以全无准备而实际地得到气韵的生动么? 神遍在万物中,又内在于自己中。但是并非人人都能在实际生活上经验到神的。要使潜在于内面的神生动,须要用功夫。要使气韵生动,须要用功

---

① 沈雁冰:《译诗的一些意见》,1922 年 10 月 10 日《时事新报·文学旬刊》第 52 期。
② 彭玲:《难忘的星期三——回忆秋白、之华夫妇》,丁景唐、丁言模编,《瞿秋白印象》,学林出版社 1997 年版,第 192-193 页。

夫。"①丰子恺谈论的出发点和归宿是绘画,然而用在郭沫若"风韵译"的理解上,却也正恰当。郭沫若提出以诗译诗、译诗必须也是诗的说法,与他自己的诗歌观念一脉相承。在郭沫若看来,"诗不是'做'出来的,只是'写'出来的。"②"诗是纯粹的内在律底表示,他表示的方具用外在律也可,便不用外在律,也正是裸体的美人。"③既然诗是情绪的律吕,将这种内在的诗意的跳动表达出来,也便是诗,外在的因素都是次要的,正如丰子恺说的那样,"从气韵生动的立脚点看来,形似真是琐事末节而已。"④这种诗歌创作观的形成,与郭沫若对泛神论的信奉不无关系。

作为五四时期著名的泛神论诗人,郭沫若推崇文学创作的"天才观",所谓诗歌内在的情绪的律吕实际也就是"'气韵生动'就是站在泛神论的立脚点上,而从个物中看出创造者的功夫"。具体到翻译实践上,便是译者须将原诗"气韵生动"处把握住,又能够具体而微地表现于译诗中。这种能力只能求之于内而不能求之于外,最终还是归结到译者个体素质上。强调译者的主观感情投入,这是郭沫若译诗观的一个重要特色。"译雪莱的诗,是要使我成为雪莱,是要使雪莱成为我自己。译诗不是鹦鹉学舌,不是沐猴而冠。男女结婚是要先有恋爱,先有共鸣,先有心声的交感。我爱雪莱,我能感听得他的心声,我能和他共鸣,我和他结婚了。——我和他合而为一了。他的诗便如像我自己的诗。我译他的诗,便如像我自己在创作一样。"⑤正是在"像"的追求中,体现了郭沫若对译者主体性的强调。郭沫若强调的译者主体性,是指精神上的吻合及译入语选择的放纵自由,这导致了诗歌形式的极度放纵,有些译文偏向散文体式。

虽然郭沫若没有系统地阐述过自己的译诗观,也未曾有意识地建构过翻译观,但作为一个真正的诗人,他从自我直觉出发,以诗人的敏感,对于诗歌独特的理解,零散却又暗自内在关联成一体地谈论了诗是否可译,译诗必须也是诗和译诗的价值和功用等问题,在现代诗歌翻译方面留下了不可磨灭的痕迹。实际上,郭沫若的译诗和他的新诗创作及新诗观一样,都

---

① 丰子恺:《绘画与文学·绘画概观》,湖南文艺出版社2001年版,第86-87页。

② 郭沫若致宗白华信,《郭沫若书信集(上)》,中国社会科学出版社1992年版,第85页。

③ 郭沫若致李石岑,1921年1月15日《时事新报·学灯》。

④ 丰子恺:《绘画与文学·绘画概观》,湖南文艺出版社2001年版,第88页。

⑤ 郭沫若:《〈雪莱诗选〉小序》,《郭沫若论创作》,上海文艺出版社1983年版,第672页。

在督促人们回到诗歌本身,重新审美诗之所以为诗的那种本质的内在的东西。

第二节　成仿吾的译诗观

成仿吾精通德、英、日、法、俄五种语言,"他很有语学上的天才,他对于外国语的记忆力实在有点惊人。"①但在创造社活动时期的译介成果并不多,就创造社刊物上发表的文字看,除了几首译诗,剩下的便是一些零星的介绍性文字,数量非常有限。便是那些有限的翻译文字,很多也是夹杂于翻译批评中出现。在现代文坛上,成仿吾被冠以黑旋风的称号,他以犀利的文学批评在初期创造社三鼎足中占有重要的位置,许多文字都与翻译问题相关,持论虽然稍嫌宽泛,却不乏真知灼见,而较成系统的观念,便是他的译诗观。

探询成仿吾的译诗观,不能不先考察成仿吾的诗歌观。只有弄清楚了成仿吾的诗歌观念,才可能较为深入全面地把握他的译诗观。在成仿吾那里,译诗观和诗歌观念是两位一体的关系,成仿吾有自己的诗歌观念,在这个诗歌观念的基础上,他形成了自己诗歌应该如何翻译的思想,译诗观反过来又体现了成仿吾的诗歌观念。"一讲到译诗能不能的问题,实在说起来,我们又非由'什么是诗?'着手研究不可。"②在《诗之防御战》中,成仿吾提出,"诗的职务只在使我们兴感 to feel 而不在使我们理解 to understand。使我们理解,有更明了更自由的散文。诗的作用只在由不可捕捉的创出可捕捉的东西,于抽象的东西加以具体化,而他的方法只在运用我们的想像,表现我们的情感。"又说,"中了理智的毒,诗歌便也要堕落了。我们要发挥感情的效果,要严防理智的叛逆!""诗也要人去思索,根本上便错了。我们读诗,与我们对画听音乐,原则上是一样的。我们只是要由诗的内容,与诗人共赏内容所具有的情调,内容间理论 reasoning,我们是不必去多事的。"③欣赏的是情调,而不是用理智去思考。因此,译诗如何传达诗情画意便成了成仿吾译诗理论出发的基点。

在《诗之防御战》一文中,成仿吾批评了周作人译的日本江户时代的大俳句家松尾芭蕉(一六四四——一六九四)的名句,原文为:古池や蛙•びこむ

---

① 　郭沫若:《创造十年》,《郭沫若全集》第 12 卷,人民文学出版社 1992 年版,第 50 页。

② 　成仿吾:《论译诗》,1923 年 9 月《创造周报》第 18 号,第 3 页。

③ 　成仿吾:《诗之防御战》,1923 年 5 月《创造周报》第 1 号,第 3 页。

水の音,①周作人将其译为:"古池,——青蛙跳入水里的声音。"成仿吾批评周作人之译失掉了原文的命脉。"照周君这样译出来,简直把他的生命都丢掉了。古池之下原有一个感叹的呀字,是原文的命脉,周君却把他丢了。而且这古池呀在日文是 Furuike - ya 的五音,并且是二二一的关系,周君译作古池两个字,把原有的音乐的效果也全失了;不过这倒是两国文字不同的地方,怎么也没有办法的。青蛙的'青'字是周君添的蛇足。俳句以粗略 Simple or rough 见长,添上一个青字,亦不能于全体的情绪有所增加,倒把粗略的好处都埋没了。水里的声音的'里'字,也是周君添的蛇足,把原文的暗昧的美点也全失了。我以为俳句既以音节的关系来暗示一种文字以外的情调,则译他时当然也应保留原有的音节才好。"对于芭蕉的这首俳句,成仿吾自己译之为:"苍寂古池呀,小蛙儿蓦然跳入,池水的声音。"②对于那些建立在音节审美基础上的诗歌来说,音乐性的丧失一直都是让人备感头痛的问题。在评说意大利格言 Tradutore,traditore 的英译 The translator is a betrayer 时,罗曼·雅各布森认为"从那句合仄押韵的意大利韵语中,剥夺了其所有的文字游戏的价值。所以一种认知态度会驱使我们将这一格言转变为一个更加明确的陈述,并回答下列问题:是什么信息的翻译者? 是什么价值的背叛者?"③对此,成仿吾指出,"大凡译书总要一忠于原文,二慎守原文的先后

---

① 此诗的一些中文译例如下:

古池塘,青蛙跳入,水声。

蛙跃古池内,静潴传清响。

古老的水潭呀,青蛙跳水的声音。

古池冷落一片静,忽闻青蛙跳水声。

静寂的池塘,青蛙蓦然跳进去,水的声音呀。

古池塘,青蛙跳入水声响。

幽幽古池啊,有蛙儿蓦然跳进,池水的声音。

闲寂古池旁,青蛙跃入水中央,水声扑通响。

沉寂的古潭呵,一只青蛙跳入,刹那间的水声。

苍寂古池,小蛙迈然跳入,池水的声音。

青蛙入古池,古池发清响。

苍寂古潭边,不闻鸟雀喧,一蛙穿水入,划破静中天。

幽幽古池畔,青蛙跳破镜中天,叮咚一声喧。

古老水池滨,小蛙儿跳进水里,发出的清音。

② 成仿吾:《诗之防御战》,1923 年 5 月《创造周报》第 1 号,第 8 页。

③ Jakobson,Roman. On Linguistic Aspects of Translation. Lawrence Venuti. The Translation Studies Reader. London & New York:Routledge,2000.

轻重，三务求明了。"①在成仿吾看来，周作人翻译的俳句，无疑没有"慎守原文的先后轻重"，以至于将原诗中最重要的东西遗失了。

　　成仿吾的批评其实涉及到诗歌翻译的字、音与情调等几个问题。对于俳句的情感特征，译介俳句最力的周作人自然深深知晓。在《日本的诗歌》中，周作人说："日本的诗歌只有一两行……不适于叙事，若要描写一地的景色，一时的情调，却很擅长。"②对于短诗宜于抒情，长于瞬间情调的表达，人们并无多少异议。俞平伯在《忆游杂诗·序》中也说过，"短诗体裁用以写景最为佳妙，因为写景贵在集中而使读者自得其趣，或疑诗短不能详尽，不知写景物本不是要记路程的。"③但是在情调的传达效果上，却是歧见纷纭，译诗尤其如此。对于重瞬间情调的俳句来说，原诗与译诗在各自语言文化中触发的情调在读者接受反应方面能否等效以及在何种程度上等效，始终是一个主观性问题，没有客观标准。于是争论往往也就滑向易见的因素，比如诗所凭借的具体的物质因素，比如字或音。成仿吾批评入手处，正是日本俳句特有的字与音的组合排列，以及由这种排列组合中生出的音乐的效果及粗略的美。将芭蕉的这首俳句译成中文后，周作人用了十一字，成仿吾用了十七字，汉字一字一音，因此，也就是周作人译为十一音，而成仿吾译为十七音。对于周作人译作，李均评价说，"朴实无华，准确地将古文变成白话，词语无加无减，基本上将原作加以较好的再现。只是原作那种鲜明的节奏感，译文稍嫌不足。所以出现这种情况，大概是同译者认为俳句不能翻译有关，结果只限于再现，而未进行再创作。"在批评其他译品时说，"原作五、七、五音数句式，译文也要照搬。殊不知日文较之中文用音较多，诸如中文一个'紫'字，日文训读即为四个音（MU LA SA KI）。虽亦有 XI 的读法，但一般不单用，而必须与别的字合用，诸如'紫色'（XI XIAOKU），'紫檀'（XI TAN）等。也就是说，日文的含量比中文少得多，同样的音数句式，照译为中文必须多加词语，造成句子中的赘疣。"④李均的批评其实正显示了周作人与成仿吾在译诗方面的两种价值取向：归化与顺化。成仿吾认为原作的情调源于

　　①　成仿吾：《学者的态度》，1922 年 11 月 25 日《创造季刊》第 1 卷第 3 期。
　　②　周作人：《日本的诗歌》，《周作人自编文集·艺术与生活》，河北教育出版社 2002 年版，第112 页。
　　③　俞平伯：《忆游杂诗·序》，《诗》，1922 年。
　　④　李芒：《再说翻译，再现原作的再创作——答许钧先生问》，《采玉集》，译林出版社 2000 年版。

日语本来的字与音的特有安排,所以坚持五、七、五的排列方式,也就是说,形式与内容的一致不可分割,在成仿吾那里便成了译诗如何再现原作情调的问题。

原作情调的再现,一个先决条件便是译介者的素质问题。在成仿吾看来,译诗的不成功,与其他泛滥的翻译品一样,都是译者素质低下所致。那些素质低下的翻译者不但"挟一部字典来乱翻乱译",还想要"以离奇的介绍与错误的翻译书来垄断一个时代。"①"我想不论目的是什么,总要自己先懂了,才能介绍。有许多人今天胡乱看了一页书,便把这一页书拿去介绍,自己懂不懂倒丝毫不管,这样的介绍家,我是极力反对的。……我们的翻译家,大多数自己还不懂,倒先出来碰命的翻译。"②诗既然是 to feel 的事情,对于 feel,古今中外的人们并无本质的差异,因此在成仿吾看来,"译诗并不是不可能的事情",关键的是译者的能力。"人类的感情生活,大抵相同,表情的文字语言,也没有多大的贫富之差可论。所以这种理想的翻译之可能不可能,完全关系于译者的能力。"高素质的译者能够译出诗之所以成其为诗的内在因素,而低能的译者却不过是像打字员一样做些机械的技术工作。"译诗虽也是把一种文字译成第二种的一种文字的工作,然而因为所译的是诗——一个整个的诗,所以这工作的紧要处,便是译出来的结果也应当是诗。这是必要的条件,也可以说是十足的条件(Sufficient Condition)。有些人把原诗一字一字译了出来,也照样按行写出,便说是翻译的诗,这样的翻译,即很精确地译出来,也只是译文字而绝不是译诗。"③将翻译成功与否的关键置于译者身上,也就意味着凸显了译者自身的创造性。"优秀的译品,本来不啻是一种创作。"④在《莪默伽亚谟的新研究》一文中,成仿吾引用了国外批评家的观点,推崇斐茨杰拉德译的《鲁拜集》,认为他"把波斯的诗的灵感 Poetic inspiration 用英文再现出来,而不拘于它的形式,这是斐氏的工程。"⑤译诗便是另一种意义上的创造,或者说"创造性的叛逆",是成仿吾译诗观的一个重要支点。

---

① 成仿吾:《牧夫》,1923 年《创造周报》第 17 号,第 7 页。

② 成仿吾:《"雅典主义"》,1923 年 5 月《创造季刊》第 2 卷第 1 期,第 19 页。

③ 成仿吾:《论译诗》,1923 年 9 月《创造周报》第 18 号,第 4 页。

④ 成仿吾:《编辑余谈》,1922 年 12 月《创造季刊》第 1 卷第 3 期。

⑤ 成仿吾:《莪默伽亚谟的新研究》,1923 年《创造周报》第 34 号,第 11 页。

在译诗问题上,成仿吾发表过一篇专门的讨论文章——《论译诗》,在这篇文章中,他提出了理想的译诗。"所以理想的译诗,第一,它应当自己也是诗;第二,它应传原诗的情绪;第三,它应传原诗的内容;第四,它应取原诗的形式。"进而提出了译诗的两个方法:"表现的翻译法 Expressive method"和"构成的翻译法 Compositive method"。对于表现的翻译法,成仿吾以为:"这种翻译的方法,实具创作的精神,所以译者每每只努力于表现,而不拘泥于原作的内容与形式。"认为 Richard Dehmel 译的 Paul Verlaine 的《月明》一诗,"虽有许多与原诗不同之处,然而它自己便是一首好诗,而又能把原诗的情调表出,所以说它是魏尔伦诗的名译,谁也不能非难。"所谓构成的翻译法,"是保存原诗的内容的构造与音韵的关系,而力求再现原诗的情绪的意思。""这种方法的要点,是在仿照原诗的内容的关系与音韵的关系,求构成原诗的情绪。译者须把原诗一字一字在内容上的关系与在音韵上的关系拿稳,然后在第二的一国语言中也求出那样的内容的字,使它们也保存那种音韵上的关系。"在两种译诗法中,成仿吾并无明显的抉择性。但是就其对周作人译俳句的批评来看,似乎更重视后者,这也与成仿吾对译诗作用所持观点相合。"一种语言的最丰富的表现,可以在诗歌中看出来。我们的语言极富,只是因为构造生硬的原因,表现却不甚丰富。我们的新文学运动的一个目的,是在使我们的表现丰富起来。我们能把外国的许多好诗,翻译出来,是可以使我们的表现丰富,同时使我们知道怎样扩充我们的表现方法的。"①译外国的好诗,以丰富本国诗歌创作的表现方法,这就要求"保存原诗的内容的构造与音韵的关系,而力求再现原诗的情绪的意思"。不仅如此,译诗之用的观念还直接影响到译诗的选材问题。在《诗之防御战》一文中,成仿吾批评周作人译俳谐诗,不仅仅是因为在他看来,周作人未能将日本俳谐诗译好,更关键的还在于俳谐诗与中国新诗发展的需要不相吻合。"和歌虽则音数较多,而他的笨重与呆板,实令所得不偿所失,而且一个固定而呆板的铸型,久后必归无用。和歌与俳句,在日本早已成了过去的骨董,正犹如我们的律诗与绝句。周君把他们介绍了过来,好像是日本的新诗的样子,致使我们多少羽翼未丰的青年,把他们当做了诗的王道,终于把我们的王宫任他蹂躏了。"②这个问题又牵扯到成仿吾的新诗观和他对中国现代新诗发展的

---

① 成仿吾:《论译诗》,1923 年 9 月《创造周报》第 18 号,第 4、6、8 页。
② 成仿吾:《诗之防御战》,1923 年 5 月《创造周报》第 1 号,第 8 页。

整体判断,这一判断的基础便是文学发展的进化论,当时在文学创作及译介方面持进化论思想最突出的是文学研究会的茅盾,成仿吾在《诗之防御战》中批评的五位诗人,大多为文学研究会成员,而在抨击俳谐诗时用了近一半的篇幅,可见对这一问题的重视程度,而从某种意义上来说,成仿吾此论也是以子之矛攻子之盾。然而,无论如何,成仿吾的这一持论反映出了他在文学译介方面实际与文学研究会有相通之处,即建立在进化论观念基础上的翻译观。

第三节　郁达夫的翻译观

郁达夫对于外国文学的精通,多受时人赞誉。在《创造三年》中,陶晶孙说,"达夫原是文学上天才,他精通英德俄等一切文学,并不多弄哲学及全不弄科学,又通中国古典而不溺其中,自己在生活于罗曼性中,但不像沫若之有苦闷,可以说是新罗曼主义生活之标本。"①一九一六年九月,因医科费用太大,又爱好文科,郁达夫又改读文科,专攻法学部政治学科,重读一年级。从此时起,除应付学校功课外,整日阅读西洋小说,"我十八岁的春天,考入了东京第一高等学校的预科。这一年的功课虽则很紧,但我在课余之暇,也居然读了两本俄国杜儿葛纳夫的英译小说,一本是《初恋》,一本是《春潮》。和西洋文学的接触开始了,以后就急转直下,从杜儿葛纳夫到托尔斯泰,从托尔斯泰到独思托以夫斯基、高尔基、契诃夫。更从俄国作家,转到德国各作家的作品上去,后来甚至于弄得把学校的功课丢开,专在旅馆里读当时流行的所谓软文学作品。在高等学校里住了四年,共计所读的俄、德、英、日、法的小说,总有一千部内外。"②正是看中了郁达夫深厚的文学修养,对于外语的精通,林语堂将自己的英文著作《京华烟云》托付郁达夫,请其翻译成汉语。翻开郁达夫的文集,处处可见他对外国文学的熟悉和洋溢着的喜爱之情。"在许许多多古今大小的外国作家里面,我觉得最可爱,最熟悉,同他的作品交往得最久而不会生厌的,便是屠格涅夫。这在我也许是和人不同的一种特别的偏嗜,因为我的开始读小说,开始想写小说,受的完全是这一位相貌柔和,眼睛有点忧郁,绕腮胡子长得满满的北国巨人的影响。"③"读了一

---

① 陶晶孙《创造三年》,《陶晶孙选集》,人民文学出版社 1995 年版,第 257 页。
② 郁达夫:《五六年来创作生活的回顾》,《郁达夫全集》第 10 卷,浙江大学出版社 2007 年版,第 310 页。
③ 郁达夫:《闲书》,1940 年版,第 94 页。

天的书,又把杜格涅夫的短篇看了两三遍,这一位先生的用笔,真是来得轻妙。"①外语掌握得好,又有深厚西方文化素养,这一切都奠定了郁达夫作为一个翻译家的基础。

对于翻译,郁达夫强调说,"我的译书,大约有三个标准:第一,是非我所爱读的东西不译;第二,是务取直接译而不取重译;在不得已的时候,当以德译本为最后的凭借,因为德国人的译本,实在比英、法、日本的译文为更高明;第三,是译文在可能的范围以内,当使像是我自己写的文章,原作者的意思,当然是也顾到的,可是译文文字必使像是我自己做的一样。"②郁达夫一再表示,"想翻译的作品不但要自己理解的,而且要是自己欢喜的。自己没有感动过的东西是译不好的。"③在这里,郁达夫提出了译者在进行翻译时的选材问题。德国小说家鲁道夫·林道是郁达夫喜爱的作家,因为"他的小说的主调,是幽暗沉静,带一味凄惨的颜色的",这也与郁达夫自己的风格相近,故而郁达夫翻译了林道的《幸福的摆》。这篇译文起初发表在《奔流》上时,曾被沈从文以为是郁达夫自己做的小说,只不过加了个外国人的假名而已。但是,即便是郁达夫最喜欢的一些作家,介绍仍然远远多于翻译,甚或只是限于介绍。郁达夫喜欢英国《黄面志》作家珰生,除了在《黄面志(The Yellow Book)》一文中介绍外,还曾专门撰文表达了自己的喜爱之情。"Ernest Dowson 的诗文,是我近年来在无聊的时候,在孤冷忧郁的时候的最好伴侣。我记得曾经在一篇小说里,把他的性格约略描写过的。大约是因为我的描写还没有力量,所以到了今日,仍不见有人称道他的清词丽句。但我对他的同情和景仰,反而因世人对他的冷淡,倒是日见增高了。"④即便是自己这样喜爱的作家,郁达夫翻译的作品也相当少,在为数甚少的译品中,还有一些就是介绍文字中随后译出的。对于自己深爱的法国作家卢梭,郁达夫曾撰写《卢骚的思想和他的创作》、《卢骚传》等系列介绍文章,可是对他的翻译却寥寥无几。翻译的选材要求,对于译品的严格要求及谨慎态度,不仅拘

---

① 郁达夫:《郁达夫日记集》,浙江文艺出版社 1986 年版,第 275 页。

② 郁达夫:《〈达夫所译短篇集〉自序》,《郁达夫全集》第 11 卷,浙江大学出版社 2007 年版,第 155 页。

③ 钟敬文:《忆达夫先生》,陈子善、王自立编《回忆郁达夫》,湖南文艺出版社 1986 年版,第 216 页。

④ 郁达夫:《集中于〈黄面志〉(The Yellow Book)的人物》,《郁达夫全集》第 10 卷,浙江大学出版社 2007 年版,第 88 页。

束了郁达夫进行翻译的范围和领域,也直接影响到翻译的数量,这是导致郁达夫译品甚少的根本原因。

在如何对待翻译这个问题上,郁达夫实际提出了"畏"的思想。也就是说,作为一个好的翻译者,他不应该将翻译视为儿戏,一个随便就可以去完成的工作,而是应该带有畏惧之情,充分晓得翻译之难。已经具备了一个译者应有的优秀素质的郁达夫,对于翻译之难,总是屡屡发出他的感慨。在《谈翻译及其他》一文中,郁达夫说,"对于翻译,我一向就视为比创作更艰难的工作。创作的推敲,是有穷尽的,至多至多,原稿经过两三次的改窜,也就可以说是最后的决定稿了。但对于译稿,则虽经过十次二十次的改窜,也还不能说是最后的定稿。"①"翻译比创作难,而翻译有声有色的抒情诗,比翻译科学书及其他的文学作品更难。"②他结合自己的翻译经验时说,"总觉得翻译古典或纯文艺的作品时,比到自己拿起笔来,胡乱写点创作诗词之类,还要艰难万倍;原因,是当下笔时要受原作者的束缚之故。所以,从事文笔将近二十五年,但翻译的东西,却极少极少。"③在《〈达夫所译短篇集〉自序》一文中,郁达夫用带些自我总结色彩的话说,"译书实在是一件不容易的事情!从事于文笔以来,到现在也已经有十五六年的历史了,但总计所译的东西,不过在这里收集起来的十几万字的一册短篇集,和在中华出版的一册叫作《几个伟大的作家》的评论集而已。译的时候,自以为是很细心,很研究过了,但到了每次改订对照的时候,总又有一二处不妥或不对的地方被我发见;由译者自己看起来尚且如此,当然由原作者或高明的读者看起来,那一定错处是要更多了!"④对于翻译之难的体会,源于自我严格的要求。"近来实在贫病得厉害,什么东西都做不出来。无聊之极,却把平时爱读的几首小诗,勉勉强强地翻出了。这一首是德国李泻特·代迈尔所作的抒情诗,也是最近翻出来的,因为自家不敢自信,所以将原诗附上,想请大家来赐以指教,有许多微妙的地方,明明知道非翻出来不可的,如 So wild und unverwandt 之

① 郁达夫:《谈翻译及其他》,《郁达夫全集》,第 11 卷,浙江大学出版社 2007 年版,第 449 页。

② 郁达夫:《读了珰生的译诗而论及于翻译》,《郁达夫全集》第 10 卷,浙江大学出版社 2007 年版,第 111 页。

③ 郁达夫:《语及翻译》,《郁达夫全集》第 11 卷,浙江大学出版社 2007 年版,第 402 页。

④ 郁达夫:《〈达夫所译短篇集〉自序》,《郁达夫全集》第 11 卷,浙江大学出版社 2007 年版,第 155 页。

中的 unverwandt 等,但无论如何总翻不好。"①在译诗《祈祷》后面,郁达夫也感慨,"这一篇小小的祷告,是多么醇美而健全,多么幽婉而多致啊! 可惜译者的诗才拙劣,不能传达出原作的好处于万分之一。"②自我要求的严格反过来又使郁达夫对自己的译品感到不满足,从而构成不间断的互动,其背后的动力,便是对诗味或者说译品内在精神的追求。当然,郁达夫从译者态度方面提出"畏"的要求,并非仅仅对自身的翻译实践而言,还有更鲜明的现实针对性。"五四"新文学以后,西方的各种思潮和文学主张涌入,翻译文学的热情高涨,泥沙俱下,难以辨别,在举国推崇西学,翻译大行其道的时期,草率从事翻译工作的人很多,正如郁达夫感叹的那样:"翻译,在中国似乎是最容易也没有的一件事情。因为完全不懂外国文的人,在中国,也可以用了之乎者也来翻译,并且大家都还在说他译得很好。其次稍稍懂一点外国文的人,更加可以来翻译,只教有一本华英字典在手头,将英文本上的字一个一个地翻出连结起来,就够了,对此人家也会称颂他是翻译专家。"③在这种情形下,郁达夫屡屡感慨翻译之难,其实也就是向翻译者们提出了审视自身,谨慎对待翻译工作的要求。

在翻译的评价标准和理想追求上,郁达夫追寻的是严复。郁达夫在《〈几个伟大的作家〉译者序引》一文中还曾强调:"近来看见讨论翻译的文字很多,大抵是在诸杂志及周刊上发表的,但我的对于翻译的见解,却仍旧是非常陈腐。我总以为能做到信、达、雅三步工夫的,就是上品。其次若翻译创作以外的理论批评及其他的东西,则必信必达方有意义,否则就失去翻译的本旨了。至于雅之一事,则今非昔比,白话文并非骈偶文,稍差一点也不要紧。"④在《读了珰生的译诗而论及于翻译》一文中也说,"信、达、雅的三字,是翻译界的金科玉律,尽人皆知,我在此地可以不必再说。"⑤《语及翻

---

① 郁达夫:《〈我们俩的黄昏时候〉译后志》,《郁达夫全集》第 12 卷,浙江大学出版社 2007 年版,第 7 页。

② 郁达夫:《〈祈祷〉译者附注》,《郁达夫全集》第 12 卷,浙江大学出版社 2007 年版,第 9 页。

③ 郁达夫:《说翻译和创作之类》,《郁达夫全集》第 11 卷,浙江大学出版社 2007 年版,第 43 页。

④ 郁达夫:《〈几个伟大的作家〉译者序引》,《郁达夫全集》第 10 卷,浙江大学出版社 2007 年版,第 487 页。

⑤ 郁达夫:《读了珰生的译诗而论及于翻译》,《郁达夫全集》第 10 卷,浙江大学出版社 2007 年版,第 111 页。

译》等文中也再次重申严复的翻译三原则:"我国翻译的标准,也就是翻译界的金科玉律,当然是严几道先生提出的信、达、雅的三个条件。他是从隋唐人的翻译佛经中得来的归纳经验,因而立为此说;而他自己的翻译穆勒氏、赫胥黎氏、亚丹·斯密氏等名著时,亦曾躬行实践过了。这三个翻译标准语,当然在现代也一样的可以通用。在福州时,曾见过严先生所用的翻译原本,英文的栏外,无论在边沿和天地空处,严先生临读时写入的细注,多得无以复加;并且,每一册书,他的从头细读,总在几遍以上,这从他的中文细注的年月中可以看出。从这一点来细推当日严氏译书的苦心孤诣,真要教我们这些读书不求甚解的粗心小子,惭愧得无地容身。所以严氏的关于翻译的三个条件,我总以为在现代,也还可以通用,而且也还应该固守。"①我们之所以大段引用郁达夫的上述这段文字,是因为郁达夫自己详尽地阐述了为什么奉严复的译学三原则为翻译标准的缘由。

郁达夫对于翻译之难的认识,使他对于翻译者自身的素质提出了更高的要求。在郁达夫看来,并不是任何人懂一点外语就可以随便尝试翻译的。在《读了珰生的译诗而论及于翻译》一文中,郁达夫抨击了一些卤莽的译者。"读过一两本文法读本,便自以为知者,想来翻译外国的高深的学说和美妙的诗文,是一件很危险的事情,结果必至于害人害己,闹出大笑话来。"提出了他对译者自身条件的要求。"我以为没有翻译以先,译者至少要对于原文有精深的研究,致密的思索,和完全的了解。所以我对于上述的信达雅三字之外,更想举出'学''思''得'的三个字来,作为翻译者的内的条件。"关于"学",郁达夫指出,"我们不学,当然不知,无知当然不能翻译。不过学有浅深,知有博狭。……我们所谓'学'者,是对于一种著作的深湛研究,并不单指懂外国文的程度而言。"并以泰戈尔和拜伦作品的翻译为例进行了说明。关于"思",郁达夫认为,"翻译一点东西,虽无效达摩的必要,去用九年面壁之苦心而寻思物理。但我想我们既欲把一个异国人的思想丽句,传给同胞,我们的职务,终不是翻翻字典可以了局。原著者既费了几年的汗血,付与他的思想以一个形式,他们想传他的思想的人,至少也得从头至尾,设身处地的陪他思索一番,才能对得起作者。若看得字眼容易,拿起笔来就胡翻乱译,则不唯没有眼力的同胞,要受你的欺骗,便是原著者的死灰,也要受你的

---

① 郁达夫:《语及翻译》,《郁达夫全集》第 11 卷,浙江大学出版社 2007 年版,第 401 页。

侮辱的呀!"关于"得",郁达夫认为是"最要紧的一个条件","我们在动手翻译之先,至少先要完全了解原作者的精神,而原作者的精神的了解,不是单因通过外国文字可办得到的。英国人也许不能了解贝郎,俄国人也许不能了解托尔斯泰。翻译者的异邦人,要想了解空间时间远隔的原作者的精神,真真是谈非容易,然而我们的希望,却非要达到这目的不可。说到此处,或者有人要骂我在唱高调,是的,这或者是高调,因为 Shakespeare 的译者 S chlegel,Goethe,Jean Paul Richter 的译者 Carlyle,Omar Khayyam 的译者 Fitzgerald 等是不可多得的。但无论如何,我想最卑之论,亦只应降到译者能完全了解原文的真意而止,'不了解原文而从事于翻译',总不是我们理想中所应有的事罢!"①郁达夫以 Fitzgerald 的翻译为例阐述了"得"之重要。在郭沫若、成仿吾两位创造社同人那里,Fitzgerald 也是被作为译者的模范推崇的。因为 Fitzgerald 的翻译近乎创作,以 Fitzgerald 的翻译作为学习的榜样,在某种程度上也正体现出了创造社同人翻译的特色。

郁达夫举出王统照译的玡生 Eeata Solitudo 一诗为例,说明作为译者不能缺少上述三个内在条件。其中,玡生 Eeata Solitudo 第三节原文是:

> There all forgetting
> Forgotten quite,
> We will repose us,
> With our delight
> Hid out of sight.

此一节诗王统照译为:

> 在那里忘却一切,
> 完全遗忘。
> 从这个光景里来的欢愉
> 我们要休息了我们自己。

---

① 郁达夫:《读了玡生的译诗而论及于翻译》,《郁达夫全集》第 10 卷,浙江大学出版社 2007 年版,第 111－118 页。

郁达夫以为完全译错了。"第二行的 Forgotten quite 是 To be forgotten quite 的意思,是我们忘掉一切,而同时我们也被完全忘记(我们弃世,世亦弃我们)的意思。王君轻轻看过,只以完全遗忘四字了之,是没有看懂这一句的意思,是缺少我上举的三个翻译者的内在的条件的原故。"①那么,到底谁具备翻译者的这三个条件呢?郁达夫没有举出正面的例子,他自愧不敏,事实上,他的译文也的确难以让人信服,起码《沉沦》中华兹华斯的诗翻译与王统照这节诗犯的过错不相上下。挑拣翻译者的错误是容易的,要求翻译理论的倡导与实践的完全吻合也不可能。我们所探讨的,不是这些具体的对错问题,而是在理论与实践的吻合与背离中,翻译实践及其理论建设的不断完善的可能性。

具备了以上素质的译者,翻译出来的到底好不好,还需要看译者灵感的参与。正如奥克塔维奥·帕斯在《批评的激情》中说的,"翻译由爱而生,爱文本是必要的。其次,也必须掌握它的语言,对被翻译的文本要有准确的知识。必须深入研究,有好的字典,技巧,最后还要灵感。但是,灵感并不从星星中来,而是来自我们自身。灵感与研究与字典三者结合,没有字典也就不存在灵感。"②除了灵感之外,还有译者之外的一些因素影响着翻译的最终的完成。毕竟,一件译作必须通过读者的阅读才能最终完成,实现它的价值和意义。于是,译语与译入语文化的间隔与差异,对于译者来说也就成为一个需要谨慎对待的问题。"中外风俗习惯的相反,又是中国翻译者的一个大便利,因为他若把译文翻得同原文颠倒或相反了,就可以拿出这些事情来作证,证明他的翻译是顺译、神译、魂译,可以不受原文的拘束的。"③郁达夫的上述文字有些反讽的味道,但是他的确强调译者在翻译过程中的主观能动性。在谈及自己所译哈代的文字时,他说,"我的译文,完全是一种意译,以不失哈提翁的真意为主,文章中的形容词之装置,和文句前后的调遣,未必能和原文一句一句的合致,应该请读者注意。"④在《语及翻译》一文中,郁达

① 郁达夫:《读了珰生的译诗而论及于翻译》,《郁达夫全集》第 10 卷,浙江大学出版社 2007 年版,第 114 页。

② [墨西哥]奥克塔维奥·帕斯:《批评的激情》,赵振江译,云南人民出版社 1995 年版,第 198 页。

③ 郁达夫:《说翻译和创作之类》,《郁达夫全集》第 11 卷,浙江大学出版社 2007 年版,第 44 页。

④ 郁达夫:《哈提翁为什么不写戏剧》,1927 年《语丝》第 4 卷第 3 期。

夫谈的更为透彻。"原文的味儿,是原作者的,但译文的味儿,却须是译者的。"在郁达夫看来,翻译并非鹦鹉学舌,而是浸透着译者主体的创造,而这创造的目的,便是以目的语的娴熟使用更好地传递原文"真意"。"关于最后的一个雅字,因时代的不同,或者有一点商榷的余地。譬如,前人以太常的长斋为雅,而现代的绅士,却以对女士们献殷勤而雅的事情也很多。所以,这一个雅字,若系指译文的文体来说,那么现代的译文,只教能使读者感到有直读下去的趣味,也就可以了。换一句话说,就是原文的味儿,是原作者的,但译文的味儿,却须是译者的。英国人菲兹及拉儿特(Edward Fitzgerald, 1809－1883)的翻译《鲁拜集》,就是一个好例。"①在这里,郁达夫其实是提出了译者对原文的阅读理解并重新进行传递的问题,确定了译事乃是译者个人之事。在介绍尼采的《查拉图斯脱拉》时,郁达夫就说:"这虽是疯狂哲学家的一部象呓语似的杰作,然而神妙飘逸,有类于我国的楚辞,真是一卷绝好的散文诗。不过传神的翻译,怕有点儿不容易。"②文化意蕴不可译,不同语言的阻隔,神韵不可译,对于原文本神韵的把握与传达,这是创造社同人共同的翻译追求。郁达夫所说的"得"应是在翻译之信与达方面的追求,而信与达的实现不是靠字句的忠实,而是精神层面或者说诗学层面的契合。佛马克指出,"所谓'与文本对话'是一个比喻性的说法,因为本文完全不会说话,而从作者和读者一般并不拥有相同的时空参数这一意义上来说,交往的情景是分离的。这种不对称交往的后果就是,接受者——在没有经过说话者/作者同意的情况下——对别人言辞的理解只由他自己一个人负责。"③从这个意义上来说,译文的味儿,须是译者自己的,郁达夫的强调突出的正是翻译活动过程中译者的主体性问题。

在翻译与创作关系方面,郁达夫的翻译实践与他的创作理想和创作实践有着紧密的联系。有的时候,他的创作便带有译文的痕迹,而他的译文又常常带着创作的色彩,两者往往水乳交融在一起。刘大杰曾对郁达夫翻译的《小家之伍》给予很高的评价,他说:"我觉得郁先生的翻译,是持有郁达夫式的独特的风格。在《小家之伍》里,处处保有着译者创作的笔致。而译者

① 郁达夫:《语及翻译》,《郁达夫全集》第11卷,浙江大学出版社2007年版,第402页。

② 郁达夫:《歌德以后的德国文学举目》,《郁达夫全集》第10卷,浙江大学出版社2007年版,第494页。

③ [美]佛马克、蚁布思讲演:《文学研究与文化参与》,北京大学出版社1996年版,第21页。

那种认真的态度,在中国的翻译界确是可贵的……哪怕是一个地名一个人名的发音,也要再三地加以考虑。"①郁达夫后期的小说《迟桂花》是他一生中得意的力作。他声明这部小说是受了德国中短篇麻醉后的作品。在写作这部小说之前,郁达夫曾预言:"《迟桂花》的内容,写出来怕将与《幸福的摆》有点气味相通,我也想在这篇小说里写出一个肺病者的性格来。"②《迟桂花》写于一九三一年,而在之前的一九二八年郁达夫就翻译了《幸福的摆》。的确,《迟桂花》中的翁则生带着某种"肺病者的性格",与《幸福的摆》中的华伦一样有青春迟暮的哀怨。两篇都讲述男女主角之间温情脉脉的爱情故事,只是前者清新、灵动,后者则郁热、低沉,让人悲痛、哀伤,为故事的主人公掬一捧同情泪。郁达夫的翻译对他的创作应该说也产生了潜移默化的影响,创作与翻译实际上已经构成了互动关系。对于郁达夫来说,创作和翻译对于主体而言可能有着更多的意味,比如创作与翻译可以达到相互调节的功用。"我个人就老有感到绝望,虚无,完全不想做东西或看书的时候,这一种麻木状态的解除,非要有很强的刺激,或很适当的休养不能办到,创作不出来的时候的翻译,实在是一种掉换口味的绝妙秘诀。不过翻译惯了,有时也会不想再去创作的,除在这一点地方,少许带有些危险性外,则于倦作之余,试一试只为娱乐自己而做的翻译工作,终究是很有意义的方法;因为在翻译的时候,第一可以练技巧,第二可以养脑筋,第三还可以保持住创作的全部机能,使它们不会同腐水似地停注下来。"③

---

① 刘大杰:《小家之伍》,1931 年 7 月《现代学生》第 1 卷第 9 期"书评"栏。

② 郁达夫:《沧州日记》,《郁达夫日记集》,浙江文艺出版社 1986 年版,第 281 页。

③ 郁达夫:《再来谈一次创作经验》,《郁达夫全集》第 11 卷,浙江大学出版社 2007 年版,第 54 页。

第四章

创造社翻译的互文性研究

　　互文性(Intertexuality),又译为"文本间性"或"互文本性",是由法国符号学家克里斯特娃在其著作《符号学,语意分析研究》中推出的一个概念:"横向轴(作者—读者)和纵向轴(文本—背景)重合后揭示这样一个事实:一个词(或一篇文本)是另一些词(或文本)的再现,我们从中至少可以读到另一个词(或另一篇文本)。在巴赫金看来,这两支轴代表对话(dialogue)和语义双关(ambivalence),它们之间并无明显分别。是巴赫金发现了两者间的区分并不严格,他第一个在文学理论中提到:任何一篇文本的写成都如同一幅语录彩图的拼成,任何一篇文本都吸收和转换了别的文本。"①热奈特认为,"没有任何一部文学作品中不在某种程度上带有其他作品的痕迹,从这个意义上讲,所有的作品都是超文本的。只不过作品和作品相比,程度有所不同罢了(或者说有的作品更公开、更直观、更明显)。比如,同是参照奥维尔(Orwell)的作品:《反串维吉尔》(Virgile travesti)就比卢梭的《忏悔录》超文本性程度更强。"②在互文性视角下,任何文本都意味着背后存在着一个巨大的关系网络:在横的方面,互文性将一个文本与其他文本置于一个共时的文本系统中进行对比研究;在纵的方面,互文性将一个文本与其前文本之间的关系凸显出来,勾勒出具体文本背后的文学与文化传统的系统关系。纵横两条轴的交叉组织,就形成了文本,同时也造就文本无限衍生的可能性。巴特认为,"文本就意味着织物……主体由于全身处于这种织物—这种组织之中而得以解脱,就像蜘蛛在拉丝结网过程中得到解脱一样。如果我们使用新词的话,我们可以把有关文本的理论定义为网络学(网络,即蜘蛛的织

---

　　①　[法]克里斯特娃:《符号学,语意分析研究》,145 页。转引自[法]蒂费纳·萨莫瓦约:《互文性研究》,邵炜译,天津人民出版社 2003 年版,第 4 页。

　　②　[法]热奈特:《隐迹稿本》,第 16 页。转引自[法]蒂费纳·萨莫瓦约:《互文性研究》,邵炜译,天津人民出版社 2003 年版,第 36 页。

物和丝网)。"①网络之外无文本,任何文本都是对其他文本的吸收或转换,不论是有意的还是无意的。文本间相互关系,诸如吸收或转换的实现离不开文本主体。互文性的深度就在于它关注文本的主体,引入了心理学向度,在研究视野和研究方法上意味着从静态到动态、从注重结果到探究过程的转变。

自从互文性理论提出伊始,就与翻译有着千丝万缕的关系。从广义上来说,所有的阅读都意味着翻译,而阅读也就意味着互文。作为译者,既是原文本的阅读者,又是译本的创作者;既要熟悉源语,又要熟悉母语;既需要熟悉源语文化,又要将之最大限度使之在母语文化中得到传达。这些情况的存在,使翻译过程本身成为一种"互文",译本与原文本,译本与源语文化,原文与源语文化,译文与译入语文化之间,都存在一种互文性关系。"译作即原著,原著即译作,译作'描绘'原著,就像原著'描绘'译作一样,'译作'和'原著'互相存在于对方内部,充分体现了后现代翻译观中'你中有我'、'我中有你'的互文特点。"②王宏印教授指出,在翻译中,存在三个层次的互文性。"因为翻译过程涉及两个客体,即已经定型的原文本亦即第一文本,和正在生成中的译文本即第二文本,这是第一层互文关系,即原文本和译文本之间的翻译互文关系,或称'共时性互文关系'(synchronic intertextuality)。第二层互文关系建立在原文本自身文化和语言系统中的互文关系,即原文本赖以生成的文化文本的规范和资源及其操作机制,以及相应的译文文本在其文化和语言中潜在的可以依赖的文化资源和语言资源及其操作机制。这是文化语言系统内部的渊源互文关系,或称'历时性互文关系'(diachronic intertextuality)。第三层互文关系建立在翻译转换本身,即体现在原文本中的互文是否有必要或者是否可能全部转移到译文本中去。这里综合了前面两种互文关系并有交错转换性质,故而可称为'转换性互文关系'(transtional intertextuality)。"③就此而言,互文性的翻译研究实际上就是对翻译现象的多维的立体透视,将文本、译介、读者、文化语境等等因素都纳入研究场,既研究翻译的发生及其过程,更关注译文的作用及其效果的达成,而这些又与变

①　[法]罗兰·巴特:《罗兰·巴特随笔选》,百花文艺出版社1995年版,第230页。

②　秦文华:《在翻译文本新墨痕的字里行间——从互文性角度谈翻译》,2002年《外国语》第2期,第55页。

③　王宏印:《文学翻译批评论稿》,上海外语教育出版社2006年版,第100页。

化着的时地人等综合因素联系起来,构成一个动态的对话过程,而非完成了的结构,研究及研究对象的意义都处于生成状态而非确定性的结论或静止的状态。互文性在创造社同人翻译中的主要表现有两个方面,一是翻译被镶嵌在一个更大的文本框架之中,比如一封长信或小说、散文创作中,译文已经成为创造社同人具体文本书写的一个有机组成部分,译文意义的解读既来自于原文,也与镶嵌其中的具体文本有着密不可分的关联,这种情况也可称为文本内的互文性关联;另外一种情况便是译文虽是独立的,而这独立的翻译文本与译介者自身的创作实践等其他文本之间也构成了互文,或者说具有某种互文性,这种情况也可称为文本间互文性。

第一节 《流浪者的夜歌》的翻译

《流浪者的夜歌》(Wandrers Nachtlied)是德国大诗人歌德的小诗。"这诗是一七八〇年九月六日或七日夜歌德三十一岁时所作,写在几克翰 Gickelhahn 山上的猎屋中的木壁上的。"①曾被舒伯特、李斯特、鲁宾斯坦等许多大作曲家谱成乐曲,总数达二百种以上,流传非常广远。五四新文化运动以后,随着国人日见其多地接触德语文化与文学,这首小诗也开始逐渐进入中国现代知识分子们的视野。就像海涅说的那样:"歌德的诗歌有一种不可思议的魔力,这是无法言传的。那和谐的诗句像一个温柔的情人一样缠住你的心;当它的思想吻你的时候,它的词句就拥抱着你。"②《流浪者之夜歌》很快以其无穷的魅力捕获了一大批中国现代文人的心。几十年来,郭沫若、唐性天、宗白华、梁宗岱、冯至、钱春绮等诸多诗人、翻译家都曾译介过此诗。其中,梁宗岱还曾以《一切的峰顶》(即《流浪者的夜歌》一诗的第一行)为名出版过自己的一本译诗集,并解释说:"这是我的杂译外国诗集,而以其中一首的第一行命名。原因只为那是我最癖爱的一首罢了,虽然读者未尝不可加以多少象征的涵义。"③"德国抒情诗中最深沉最伟大的是哥德底《流浪者之夜歌》……给我们心灵的震荡却不减于悲多汶一曲交响乐。"④然而,让众多现代文人骚客爱不释手的《流浪者的夜歌》,并没有引发研究者们相应的

---

① 郭沫若:《海外归鸿》,1922 年 5 月 1 日《创造季刊》第 1 卷第 1 期,第 14 页。

② [德]海涅:《论德国宗教和哲学的历史》,商务印书馆 1974 年版,第 78 页。

③ 梁宗岱:《附录》,《梁宗岱译诗集》,湖南人民出版社 1983 年版,第 203 页。

④ 梁宗岱:《论诗》,《诗与真·诗与真二集》,外国文学出版社 1984 年版,第 34 页。

研究热情。或许，正如海涅所说，"这是无法言传的"，我们除了欣赏，沉浸于曼妙的诗意中，还能企求什么呢？多达十余种的汉译文本之间、译文与原作之间存在着的微妙差异，翻译者的才情禀赋及其价值取向等等，却都为译介学的研究留下了广阔的空间。

首先让我们一起看看《流浪者之夜歌》这首诗的德语原文：

> Über allen Gipfeln
>
> Ist Ruh,
>
> In allen Wipfeln
>
> Spürest du
>
> Kaum einen Hauch,
>
> Die Vöglein schweigen im Walde.
>
> Warte nur, balde
>
> Ruhest du auch.

此诗共八行三十七个音节，各行音节数长短不一，形成起伏变化的韵律感。若从轻重音（U 为轻音，B 为重音）区分，三十七个音节的安排在行与行中也是错落有致，并无一定规则：

```
B  U  B  U  B  U
   U  B
U  B  U  B  U
   B  U  B
   B  U  U  B
U  B  U  U  B  U  U  B  U
   B  U  U  B  U
   B  U  U  B
```

音节的错落，韵式安排的变换 abab cddc，使小诗的阅读与内在情感的律动融合起来，将诗人情绪的纤微变化呈现在读者面前。这首小诗浸润着"以'u'音为基调的雍穆沉着的音乐"。① 在德语字母发音中，a、au、o、u 给人的

---

① 　梁宗岱：《论诗》，《诗与真·诗与真二集》，外国文学出版社 1984 年版，第 104 页。

感觉是较为阴沉,而字母 e 和 i 的发音则较为明亮。在三十七个音节的分布中,如果按照行计算,字母 e 和 i 逐渐减少,而字母 a、au、u 的比重却逐渐加强。在这首小诗中,轻快明亮的发音逐渐被灰暗低沉的音调所取代;诗的前四行轻重音互相间隔,后四行主体部分重音为两个连续的轻音分割开来。这种音节上的安排变化,使小诗读起来给人一种夜色逐渐加深的感觉,正如郭沫若说的,这诗有一种"沉著的诗调"。① 另外,歌德的这首小诗,先谈无生命的矿物,Gipfeln(山顶);接着吟哦植物,Wipfeln(树梢);随后是 Vöglein(鸟)和人的登场。当然,整首诗其实都是以人的视角和感觉为出发点和归依的,所以隐在背后或站在前台,始终都有人的存在,更确切地说,诗中之人经过了一个由隐到显的过程,逐步引导读者由物境进到情景再到人的具体心境,安排非常巧妙。

最早翻译 Wandrers Nachtlied 的是郭沫若和唐性天。一九二一年十一月,唐性天译 Wandrers Nachtlied 为《游客夜歌》,发表在《文学旬刊》上,全文如下:

> "无数山峰里,
>
> 早已镇静,
>
> 一般树林中,
>
> 你亦不能觉到——
>
> 最微的清风;
>
> 林中的小鸟,
>
> 亦是沉默无声了:
>
> 你再等一会儿,
>
> 亦可休息了。"②

唐性天的译文可能是我们见到的公开发表的此诗的第一篇汉译。就在唐性天译诗发表一个月前,素来对歌德很着迷的郭沫若在写给郁达夫的信里就翻译了 Wandrers Nachtlied,译名为《放浪者的夜歌》,全文如下:

---

① 郭沫若:《海外归鸿》,1922 年 5 月 1 日《创造季刊》第 1 卷第 1 期,第 4 页。

② 性天(唐性天):《游客夜歌》,1921 年《文学旬刊》第 18 期。

"一切的山之顶，

沈静，

一切的树梢，

全不见，

些儿风影；

小鸟儿们在林中无声。

少时顷，你快，

快也安静。"①

　　郭沫若见到唐性天译文后，马上就又写信给郁达夫，认为唐性天"误译了歌德的诗"，并借此对国内的翻译界大加挞伐，认为国内的翻译界多"粗制滥造"，"外国文的译品也难有真能负责任——不负作者，不负读者，不欺自己——的产物。"②也就是说，在郭沫若看来，唐性天的译文起码有这样几个方面的不足：偏离原文，不是能满足读者需要的译文。偏离译文与否，只要找出原文仔细对照一番就可知晓。唐性天译文中，像"早已"、"一般"等词，显然与德语原文不相符合，"休息"之译，也稍嫌生硬。唐性天的翻译比原文多出一行，押韵方面更是无从谈起。至于不能满足读者的需要，也就是"不负读者"。这一点就存在见仁见智的问题了。要弄清楚郭沫若这一批评的真实立足点，就需要回到郭沫若的译诗观。

　　在诗歌的翻译方面，郭沫若指出，译诗也要"完全是诗"。③ 在致孙铭传的信中，郭沫若说："译诗不是件容易的事。把原文看懂了，还要译出来的是'诗'才行。"④为求使原诗在翻译的过程中诗意能够得到较为完美的再现，郭沫若提出了"风韵译"的主张，认为，"译诗于直译，意译之外，还有一种风韵译。字面，意义，风韵，三者均能兼顾，自是上乘。即使字义有失而风韵能传，尚不失为佳品。若是纯粹的直译死译，那只好屏诸艺坛之外了。"⑤在《讨论注释运动及其他》一文中，郭沫若说："我们相信理想的翻译对于原文的字

　　①　郭沫若：《海外归鸿》，1922 年 5 月 1 日《创造季刊》第 1 卷第 1 期，第 4－5 页。

　　②　郭沫若：《海外归鸿》，1922 年 5 月 1 日《创造季刊》第 1 卷第 1 期，第 17 页。

　　③　郭沫若：《古书今译的问题》，《郭沫若论创作》，上海文艺出版社 1983 年版，第 680 页。

　　④　郭沫若致孙铭传信，1923 年 8 月 31 日《创造日》。

　　⑤　郭沫若：《批判〈意门湖〉译本及其他》，1922 年《创造季刊》第 1 卷第 2 期，第 28 页。

句,对于原文的意义,自然不许走转,而对于原文的气韵尤其不许走转。原文中的字句应该应有尽有,然不必逐字逐句的呆译,或先或后,或综或析,在不损及意义的范围以内,为气韵起见可以自由移易。"①也就是说,在郭沫若看来,译诗和翻译科技文不同,不是简单地将原文内容或意思翻译清楚就可以了,译出来的必须还是诗,让读者读起来还有诗的感觉和韵味才行。郭沫若译 Wandrers Nachtlied,不但译诗每行的音节数和原诗相等,就是每个音节间的轻重变化,也颇为相似;但在押韵等方面的具体安排并没有刻意追寻歌德原作,而是采用白话文自身的节奏韵律,使译诗读起来并不刻板僵硬。字面、意义和风韵皆能兼顾,忠实践行了他所信奉的"风韵译"。对自己的这一翻译,郭沫若颇为自诩地说:"这么译出来,总没有原文的音调莹永。我的译文是按照原文的各个缀音 Syllable 译的,我想也很可以按照徐伯提 Schubert 的乐谱歌出。"②以郭沫若的译诗观看,唐性天的译文最多只能算是分行的散文。

翻译的价值取向不同,译文优劣的评价自然也会有所区别。在译诗的忠实与诗意之间,唐性天的翻译与郭沫若相较,"误译"并不总在唐性天一边。在翻译中,神韵的忠实传达总会因译者不同而呈现出人各其面的差异,同一译诗在不同的读者看来忠实度也会有所不同。若扣之于具体字句的对应,唐性天的译文显然有几处远比郭沫若的译诗忠实得多,"误译"的倒似乎是郭沫若。比如"Warte nur, balde/ Ruhest du auch."这一诗句,就韵味而言,郭沫若译得最好,但就内容来说,却并不见得比别人忠实。郭沫若译此句为:"少时顷,你快,/ 快也安静。"就音节而言,郭译与原诗相同,而且快捷连贯的韵律感和情绪的细微转换也颇相吻合;但是,郭沫若译这句译得淋漓尽致的是 balde,Warte nur 却不见了踪影。在德语中,人做主语时,Warte 有等、等候、等待的意思,nur 做小品词,表示强调,有只要的意思。也就是说,从内容来讲,"Warte nur, balde/ Ruhest du auch."这一诗句比较忠实的翻译者应是唐性天:"你再等一会儿,/ 亦可休息了。"当然,唐性天的这句译文更像是平常说话而不是诗,"一会儿"虽也勉强可译 balde,但瞬息的转折,内在情感的变换意味却荡然无存。

与作为诗人的郭沫若的译诗相比,唐性天的这首译诗处处都显示出笨拙的忠实。比如,"树林中,/你亦不能觉到——最微的清风",译得也比郭沫

---

① 郭沫若:《讨论注译运动及其他》,《郭沫若论创作》,上海文艺出版社1983年版,第644页。

② 郭沫若:《海外归鸿》,1922年5月1日《创造季刊》第1卷第1期,第5页。

若忠实,却也是诗味索然。对于小诗中的这段文字:"In allen Wipfeln/ Spürest du/ Kaum einen Hauch",现有的译文多不相同。对于这行诗,宗白华译为:"一切的树梢中,/感不到/些微的风。"梁宗岱译为:"一切的树尖,/全不见/丝儿风影。"① 朱湘:"在树梢间/不闻/半丝轻风"。② 冯至译为:"一切的树梢中/你几乎察觉不到/一些声气。"③ 钱春绮译为:"树梢微风/敛迹。"④ 在这段文字的翻译中,有树尖和树梢间这类微不足道的文字理解差异,但也存在直译与意译的根本区别。在德语中,du 作为第二人称单数,可作为对孩子、亲戚和朋友的亲密的称呼,也可以作为对动物或其他事物的称呼,也可以用作非人称代词,大约与 man 的意思相近。Spürest 是"感觉,感觉到"的意思。上述几则例文中,仅有冯至明确地译出了 du,而其他几位译者,多是以主动语态的形式暗含在内,只有钱春绮的翻译将树梢微风作为施动者。钱春绮的译诗自始至终取主动态,不仅消除了 du 所具有的亲切意味,诗中人从山、树到鸟,再到人的感觉滑动无形中也就被取消了。其他几位像郭沫若一样译出 Spürest 的主动感,并以此暗含 du 的几位译者,在具体的译介实践上也是各不相同。宗白华译 Spürest 为"感"、冯至译为"察觉"自然相当忠实,而朱湘的"不闻"则改触觉为听觉,梁宗岱译为"见",也就是视觉化了。上述几例翻译,宗白华、冯至与唐性天相同,取"感觉"之意,是为直译;而梁宗岱之译,与郭沫若完全相同,改感觉为视觉,是为意译。直译与意译在传达原诗意思方面,并没有多少区别,但在中国文化的语境中,显然梁、郭二人的译法更有诗味。对于风的感觉描述,中国传统诗向来以感觉视觉化为高妙,如"帘卷西风"等。

译诗价值的高低,有时并不在于它也是诗,或者忠于原诗的程度。对于五四前后那段时期的中国现代文学来说,尤其如此。人们在讨论译诗好坏的时候,总是采取与原诗比照的方式,至于译诗是不是诗,又是怎样的诗,关注并不多。不是从译诗本身评价译诗,而是回到原诗或参照原诗,这本身就是对译诗评价的不公。理解郭沫若译诗必须也是诗的观点,首先意味着我们要将译诗视为独立自足的诗,而不是原诗的影子或替身,也不仅仅是进一

---

① 梁宗岱:《论诗》,《诗与真·诗与真二集》,外国文学出版社 1984 年版,第 35 页。
② 朱湘:《朱湘译诗集》,湖南人民出版社 1986 年版,第 46 页。
③ 冯至:《论歌德》,上海文艺出版社 1986 年版,第 151 页。
④ 钱春绮:《歌德抒情诗选》,人民文学出版社 1989 年版,第 300 页。

步了解原诗的预备。译诗有的时候并不仅仅作为译诗存在,译诗的时机及出现的语境有时反而比译诗本身有更为深远的意义。在郁达夫和郭沫若等一些创造社同人那里,译诗很多时候都是自身情绪的投影,借他人酒杯浇自个块垒,译与作水乳交融,形成一个有机的整体。当然,所有人读诗都决非取消自我的存在,译诗也是如此。只是郁达夫和郭沫若的译诗很多都镶嵌在他们的创作或书信之中,已经与他们的创作或书信完整地融合为一体,难以分割。翻阅郭沫若一九二〇年至一九二三年间的书信,基本上每封信都或多或少地涉及到外国诗文的译介,一九二〇年三月三十日郭沫若致宗白华的信中引用并翻译了歌德、惠特曼、雪莱、海涅、Weber 等几位诗人的诗,一九二一年十月六日郭沫若致郁达夫的信中引用翻译了歌德、朗费罗和海涅等多位诗人的诗。其中,提及歌德诗文处居多,这与郭沫若对歌德的痴迷有关。一九一七年秋,为了准备学医,郭沫若把德语作为第一外语;由于学习德文,开始接触了歌德和海涅的作品。三年级学习时,所读的德文便是歌德的自叙传《创作与真实》。郭沫若自己回忆说,"这些语学功课的副作用又把我用力克服的文学倾向助长了起来。我和德国文学,特别是歌德和海涅等的诗歌接近了,便是在这个时期。"一九一九年暑假,郭沫若因学医枯燥无味,又两耳重听,想改入文科,对歌德的《浮士德》产生了浓厚的兴趣。并开始零碎地翻译《浮士德》,从中得到思想上的共鸣。他说,"我翻译它,也就好象我自己在做文章","特别是那第一部开首浮士德咒骂学问的一段独白,就好象出自我自己的心境。"①与西方文学日益接近,这为郭沫若等现代诗人从西方诗歌中寻找自我情感的契合与表达的需要提供了便利。在一些创作,尤其是书信中,郭沫若频繁地引用西方文人的诗歌原文,加之以自己的中文翻译,使得自身情感的表达就不仅仅是在对方那里寻找归依的问题,而是变成了对话与交流,具有了世界文学视野的意味,从而使自己的书信和情感的表达具有了某种复调色彩。

作为一首优美的译诗,《流浪者的夜歌》虽然也可以从那封致郁达夫的书信中提出来单独阅读(后来收入郭沫若译诗集时即是如此),可是这些译诗与其原初呈现文本的互文意义也就随之而逝。要完整地把握郭沫若译《流浪者的夜歌》的审美意蕴及其功用,不能不将其还原到郭沫若致郁达夫

---

① 　郭沫若:《创造十年》,《郭沫若全集》第 12 卷,人民文学出版社 1992 年版,第 73－74 页。

的信中去。李欧梵在谈论郁达夫的《沉沦》时，特别指出："一个作家创作小说的时候，除了自己的创作灵感、生活经验与对外在人物和世界的观察外，亦可能从其他文学作品中汲取不少材料；换句话说，作家在挪用别人的书，变成自己的书；把其他的文本放进自己的文本之中。这不算抄袭，而是一种移植和引用，在音乐作曲中的例子比比皆是，但在中国现代文学中尚不算常见。因此，我愿意在这篇论文中从这个引用的观点来重读郁达夫的《南迁》。我用的研究方法，勉强可称作'文本交易'（textual transaction），也是中国现代文化史上吸收西学的一个现象。"①李欧梵就小说创作谈论"文本交易"（textual transaction）现象，认为在中国现代文学中尚不算多见。若将视线从小说创作方面扩散开去，就能发现这种现象在中国现代文学中实在算不得稀罕事。尤其是书信日记这些被现代文学作家热捧的新文类中，"文本交易"（textual transaction）现象更是比比皆是。一九二一年十月六日，郭沫若在给郁达夫的信中翻译了歌德的 Wandrers Nachtlied，而郭沫若的这封信以《海外归鸿（一）》刊登在《创造季刊》，成为供大众阅读的文本。其实，《三叶集》的出版发行并获得极大成功，已经表明书信之于创作无异的地位，很多作家甚至有意以书信的形式进行创作。在《〈沫若书信集〉序》中，郭沫若就说过："写这些信的动机，自己是很明白的，一多半是先存了发表的心，然后再来写信，所以写出的东西都是十二分的矜持。"②将书信当作创作对待，信与信中的信息皆成为可供鉴赏的文本。就此而言，《流浪者的夜歌》与郭沫若的书信，恰好构成李欧梵教授所说的"文本交易"（textual transaction）现象。

在致郁达夫信的开头，郭沫若说："离上海才两礼拜，我的心境完全有隔世之感。在上海闷对着浮嚣的世界，时时想远遁，如今转到福冈来，无名的烦恼依然缠绕着我。前礼拜去上了几天课来，那种刻板样的生活真要把我闷死。"当时，经过一番拼搏的郭沫若刚刚在泰东图书局站稳脚跟，因生活困窘等原因不得不重返日本，将出版《创造》季刊的未竟事业托付给了郁达夫。几个月前内心烦躁无法继续读书的郭沫若与成仿吾一起去了上海泰东图书局，现在又从上海返回日本，想要继续学业可是内心却烦躁依旧。"没有法子只好把自己想读的书来读"的郭沫若，翻出了司空图的《诗品》，读到"沈

① 李欧梵：《引来的浪漫主义：重读郁达夫〈沉沦〉中的三篇小说》，2006 年《江苏大学学报》第 1 期，第 1 页。

② 郭沫若：《序》，《沫若书信集》，泰东图书局 1933 年版，第 1 页。

著"一品的起首两句"绿衫野屋,落日气清",转而便想到了在几克翰 Gickel-hahan 的歌德以及歌德在猎屋墙壁上留下的 Wandrers Nachtlied。烦闷中的郭沫若沉浸于 Wandrers Nachtlied 一诗的曼妙中,享受着"沈著"的诗调。歌德的这首小诗,成了郭沫若心境变换的一个节点,使郭沫若的心灵世界暂时离开浮嚣烦闷的现实生活,徜徉于沉静的诗的世界。歌德诗中"沈著"的诗调的感受与传达变得尤为重要,这也影响到郭沫若译诗的具体实践。作为一个完整的创作,歌德的这首小诗在郭沫若的信中成为不可分割的一部分,对于郭沫若自身情绪变化的展示更是如此。在情绪波澜的转折过程中,它成为不可或缺的一个点。这个点的安置与司空图的《诗品》一样,将郭沫若带离使他烦扰的当下生存,在一个遥远的陌生的时空里获得心灵的休憩。犹如《沉沦》中手捧华滋华斯诗集的主人公一样,郭沫若也只有在诗中才获得少许安静,在这里面,歌德诗的翻译本身就带有一股浪漫的诗意,召唤出"沈著"的宁静,或许这就是郭沫若为何在翻译中遗漏 Warte nur 不译的原因。殊不知这安静却更加映衬出现实中那颗骚动难宁的心。

紧接下来,郭沫若提到了郁达夫的来信,"接了你的信后,心中突然感着不安,把我沈着的陶醉,完全清解了。"郭沫若宁静下来的心似乎又要发生变化。但这变化并没有径直向着不宁静的方向发展。沈着的陶醉完全清解了的郭沫若,"拿本牧白桑的《水上》和管铅笔,便向博多湾上走来。"这走的目的,其实还是追求刚才被破坏了的"沈着的陶醉"。"我每到无聊过甚的时候,——不到过甚的时候总起不起决心——便走到海边来访访我这些旧友。他们总肯十分地安慰我。"也就是说,随着从歌德的 Wandrers Nachtlied 一诗中得到的沈着的消散,郭沫若心境反而变得更加烦扰而无法抚慰,起码诗篇已经失去了它的功用。来到海边的郭沫若重新得到了心灵世界的慰安,感到"非常幸福",只是随这幸福而想起的已是俄国的赤色诗人,是海涅诗的悲丽。不过这种幸福感也并没有能够持续太久,浮士德无形的隐忧随之袭来。"隐忧"所唱:

> So ein unaufhaltsam Rollen,
>
> Schmerzlich Lassen widrig Sollen
>
> 如此一个不尽的循环,
>
> 愿的不得干,不愿的不得不干。[①]

---

① 郭沫若:《海外归鸿》,1922 年 5 月 1 日《创造季刊》第 1 卷第 1 期,第 13 页。

愿意做的是什么，不愿意做的是什么，这些问题在郭沫若那里似乎很清楚，实际却又有些模糊，那种矛盾的心灵状态却是真实的。一开始使郭沫若沉入"沈著"的歌德最终又将他拖了出来，一进一出之间，郭沫若已从狂飙突进时期的歌德转向了古典时代的歌德。当然，这并不意味着理性的歌德取代了浪漫的歌德，而是两个歌德同处于郭沫若内心深处，时时使他感到矛盾、彷徨与痛苦。一向被视为浪漫诗人的郭沫若，并没有像梁宗岱那样激赏 Wandrers Nachtlied 的绝妙诗艺，与"沈著"诗调的共鸣经不起外界些微的刺激。有着强烈的入世情怀的郭沫若，始终在为他的浪漫天性寻求实践的契合与对应，而这一追寻却始终处于分离状态，导致他极富浪漫气息的创作总带有某种悬浮感。从某种程度上来说，"文本交易"中的 Wandrers Nachtlied 其实正喻示着浪漫主义之于郭沫若的关系。

第二节 《孤寂的高原刈稻者》的翻译

在初期创造社同人中，郁达夫的外语水平自然是翘楚之选，但他的翻译成果却难以与其他成员相提并论。虽然郁达夫具备了一位译者所应具备的优良素质，实际上他翻译的东西却不多，林语堂的托付终成泡影，终其一生，郁达夫翻译的作品，包括诗歌、散文、文论及短篇小说在内，也就只有 30 篇左右（散见于其创作中的译诗译文除外）。当然，除了正式刊载的译文外，郁达夫的一些翻译还属于"抽屉文学"，未曾得到发表，正如郁达夫自己所言，"我因为常常对自己有过于严格的要求，所以到如今，虽则有几篇译稿藏在箱子底里，终不敢拿出来付印问世。"[1]"我因为自家知道英文没有根底，所以从来还没有译过英文书，二年来译了一本淮尔特的小说——Dorian Gray——到如今我还不敢拿出去单行本。"[2]单以郁达夫贡献于读者面前的那些译文而论，似乎也与人们对他的期待有差距，总是惹来争议不断。探讨郁达夫的翻译观，他的翻译实践，翻译观与翻译实践之间的吻合与背离等情况，对于我们从整体上认识郁达夫的翻译，郁达夫的翻译与那一时代的翻译建设之关系等等，有着重要的价值和意义。

如果剔除书信、评论和创作中顺带出现的译作，郁达夫在公开声明退出创

---

① 郁达夫：《读了珰生的译诗而论及于翻译》，《郁达夫全集》第 10 卷，浙江大学出版社 2007 年版，第 119 页。

② 郁达夫：《答胡适之先生》，《郁达夫全集》第 10 卷，浙江大学出版社 2007 年版，第 39 页。

造社前公开发表的译品仅有译诗一首,即德国婆塞的《春天的离别》(一九二七年三月一日《洪水》半月刊第三卷第二十八期);散文两篇,即英国淮尔特的《〈杜莲格来〉的序文》(一九二二年三月十五日《创造季刊》第一卷第一期)和美国托玛斯·乌兹的《小说的技巧问题》(一九二七年二月二十日《洪水》半月刊第三卷第二十七期)。与之相对的,是大量存在于郁达夫创作、书信与批评中的零星译品。研究郁达夫在创造社活动时期的翻译,无疑需要将中心转移到那些零星译品上,在那里,更多地透露了郁达夫翻译活动的一些重要信息。

一九一四年三月,《东吴》杂志第一卷第二期刊载了陆志韦翻译的《贫儿行》和《苏格兰南古墓》,威廉·华兹华斯的诗歌自此始入中国。一九一九年十二月,《少年中国》第一卷第八期发表田汉撰写的《诗人与劳动问题》,文中较为详细地介绍了英国诗人威廉·华兹华斯,认为他是十九世纪英国罗曼主义文学的第一登场人,其关于抒情诗的学说"也算把诗歌情绪上的性质和价值充分的说明了。"一九二一年八、九月间,郁达夫的短篇小说集《沉沦》出版。其中,短篇小说《沉沦》中的主人公手捧威廉·华兹华斯的诗集在读,同时口头翻译了《孤寂的高原刈稻者》一诗中的两段。书中主人公的翻译,自然出自郁达夫之手。郁达夫翻译的那两段《孤寂的高原刈稻者》,直接引来了三位重译者和一场关于此诗翻译的论争。在几位重译者中,有创造社同人郭沫若和成仿吾,另外一位则是梁宗岱。后来,又有卞之琳等几十位译者。郁达夫为何要翻译华兹华斯的这首诗,译得如何,与其他译者产生争议的是哪些地方,论争的原因及其结果如何,时间的沉淀为我们拨开历史烟雾,重新审视《孤寂的高原刈稻者》的汉译及其相关论争提供了可能性。

威廉·华兹华斯的原诗共四段三十二行,郁达夫翻译了其中的第二和第四段,译文如下:

你看那个女孩儿,她只一个人在田里,
你看那边的那个高原的女孩儿,她只一个人,冷清清地!
她一边刈稻,一边在那唱着不已;
她忽而停了,忽而又过去,轻盈体态,风光细腻!
她一个人,刈了,又重把稻儿捆起,
她唱的山歌,颇有些悲凉的情味;
听呀听呀! 这幽谷深深,
全充满了她的歌唱的清音。

有人能说否,她唱的究竟是什么?

或者她那万千的痴话

是唱的前代的哀歌,

或者是前朝的战事,千兵万马;

或者是些坊间的俗曲,

便是目前的家常闲说?

或者是些天然的哀怨,必然的丧苦,自然的悲楚,

这些事虽是过去的回思,将来想亦必有人指诉。

虽然郁达夫的译文夹杂在他的小说中,也点明是小说中主人公随口翻译并不满意之作。"他一口气译了出来之后,忽又觉得无聊起来,便自嘲自骂的说道:'这算是什么东西呀,岂不是同教会里的赞美歌一样的乏味么?英国诗是英国诗,中国诗是中国诗,又何必译来译去的呢!'"①可是并没有人将小说中的话当真,而是直接将这两段诗的翻译好坏和郁达夫相挂钩。而最先对郁达夫的这两段译文提出异议的,不是别人,正是有"黑旋风"之称的批评家成仿吾。成仿吾指出,"华兹华斯的《孤寂的高原刈稻者》与《歌德的迷娘》都译得不甚好。"②一九二三年《创造日》第三十二期,成仿吾发表了《孤寂的高原刈稻者》的重译,全文如下:

看她独在田陇里,

那孤独的高原的女孩儿,

看她刈着还歌着,一人独自;

为她止步,或轻一点儿!

她一人割下还把来捆了

又歌起她的哀调,

听呀! 这幽谷深深,

全充满了歌唱的清音。

----

① 郁达夫:《沉沦》,《郁达夫小说集》,浙江文艺出版社 1996 年版,第 3—4 页。

② 成仿吾:《沉沦的评论》,邹嘯 编,《郁达夫论》,上海书店 1987 年版,第 77 页。

谁能相告她唱的什么？

她那朴质的清歌，

许是过去的劫磨，

与酣战的前朝；

或是一些坊间的小曲，

现时的风俗？

也许是自然的痛苦与悲哀，

几问过了今却重来。

　　结果，成仿吾的译文一出，引来了更猛烈的批评。一九二三年八月二十七日，《文学周报》第八十五期发表了梁宗岱的《杂感》一文。文中批评说，"我们举目看现在所谓批评家，很有因为自己未曾了解，或者自己做不到而指摘或迳修改他人的，无意中翻开《创造》一卷四期来看，见其中有成仿吾做的一篇《沉沦的评论》。篇末说沉沦的作者郁达夫所译的《孤寂的高原刈稻者》译得不好，因而他自己把来再译一番。郁氏的译文，我曾于《沉沦》看过，好坏现在已记不清楚了。可是我读成氏所译的，不独生涩不自然，就意义上也很使我诧异，觉得有些费解的！再三把自己所能够记忆的原文讽诵，总觉得有些不妥，还以为是自己记错了。打开华氏的诗集一看，呵呵，是了！第四行的（Stok here，or gently pass）一句，原文的口气原是写'刈稻者'的或行或止的，（当然只是译意）译者竟把他译作'为她止步，或轻一点儿'，这居然是当作作者自己的'止步'了。而且（gently pass）两字，只译作'或轻一点儿'，亦不见得妥当。因为这样只译到（gently）一个副词，那主要的动词（pass）却付诸阙如了！为什么成氏这么一个长于英文的人（？），竟也有这么一个错误呢？想来想去，呀！知道了！因为原诗第一行的（Behold her）和这一第四行的（Stok here）都是把主词隐去的，而且又排列的好像排句一般。（Behold her）的主词既不是'刈稻者'，（Stok here）的主词就自然也被猜做不是'刈稻者'了。——这自然是我的猜度。至于成君为什么会这样错误，这个神秘，还是请成君自己解答罢。老师说，以这么浅的一首诗而且有意去改译，还有这么错误，真不能不说是神秘！……原诗的第三节（即译文第二节）末二行的（Some natural sorrow loss or pain，that has been and may be again）（may be）二字含有些'将来'的意思。他就是说'那些自然的悲哀，丧失或痛苦,在过去已经是了,而将来也会再遇到的。'(译意)成君译作'几回过了,今却重来','今'字不知从何而来!"①

对于梁宗岱的批评,成仿吾并没未立马给予反击,倒是梁实秋率先对梁宗岱的批评提出了批评。"《文学旬刊》有一个姓梁的说仿吾译的《孤独的高原刈稻者》里'Stop here, or gently pass'一句译错了。其实并未译错,倒是姓梁的没懂原文。我想这简直没有辩论的余地,英文还没有学通,就出来骂人译错,未免可惜。"②当时,梁实秋和闻一多都是引创造社同人为知己的。帮助成仿吾等创造社同人,自是亲近的诸种表示之一。就梁宗岱对成仿吾译文的两处指责看,后者自然视成仿吾用语过于随意,"今又重来"不含"将来"的意思,就是梁实秋也不能为他辩护。可是关于第一处指责,即"Stop here, or gently pass!"的翻译,却大有可商量之处。对于这一句,郁达夫译为"她忽而停了,忽而又过去了,轻盈体态,风光细腻",成仿吾译为"为她止步,或轻一点儿"。两种译法显然对 stop 和 pass 的主语看法迥异。郁达夫将两词的主语定为"刈者",而成仿吾则定为"诗人——旁观者"。从梁宗岱的批评来看,他显然同意郁达夫的译法。然而,在众多的译介者中,除了郁达夫和梁宗岱外,再无其他译者将这两个动词的主语定为"刈者"。缺少主语的这行诗,在理解上自然也就引起了歧义。单纯从文本看,两种译法似乎都讲得通。但是,若从语用学角度考虑,作为空间指示词的 here(这里),明明是一个近指,它所标示出来的地点,应该是吟咏的诗人所处位置,而非诗人眼中的割麦女。相对于诗人来说,割麦女的位置自然是 there(那里),即远指。对于 here 与 there 这样简单的指示区分,精通外文的郁达夫和梁宗岱为何视而不见,这才是我们需要讨论的问题。当然,臆测诗人的用心未免太过主观,从译文语用的角度考虑,却不失为较客观的研究角度。进入小说《沉沦》以后,郁达夫译华兹华斯一诗的方式就显得较能为人接受。因为这样译,减少了一个"第三者"的复合视角,使诗和小说契合得更为紧密,而如取成氏之译,则译诗的独立感便显得十分强烈,与小说不能更好地兼容。就郁氏自己的小说而言,译文中添加的"轻盈体态,风光细腻"更是神来之笔。然而,自从梁实秋指责了梁宗岱的译文后,正如先前所说,此后再无译者使用类似译法。至于成仿吾,似乎也将梁实秋的评论当成了定论。一年后,一九二四年

① 梁宗岱:《杂感》,1923 年 8 月 27 日《文学周报》第 85 期。
② 梁实秋致郭沫若信,1923 年《创造周报》第 32 号,第 14 页。

六月九日第一百二十五期《文学周刊》上,曾刊出一篇成仿吾给郑振铎的来信,表示了对梁俊青批评郭沫若译《少年维特之烦恼》的不满。信中,成仿吾曾这样写道:"这回梁君的批评错得那样厉害,难道诸君竟没有看出吗? 去年有一个梁宗岱君曾在贵刊上为两句英文把我痛骂过,也是他自己弄错了。我为中国的评论界痛哭过一次,这回又有了这位梁君的错评。"①

过了多年以后,另一位创造社元老级人物郭沫若重译了此诗,其中第一段译文如下:

割麦女

你看她,一个人在地上,
那个孤独的山地姑娘!
独自割麦,独自在唱歌;
停在这儿,或者轻轻走过!②
她一个人割着捆着麦子,
唱着一个凄凉的调子;
哦听吧! 这山谷深深,
弥满着她的歌声。

几位译者的译文可谓各有所长。其中,郁达夫的译文最为特异。除了前面我们指出的那些地方外,如原文的 her 和 you solitary highland lass,本属同义复指关系,其他译者皆老老实实地将 her 译为"她",只有郁达夫将原诗前两行译为:"你看那女孩儿,她只一个人在田里,/ 你看那边的那个高原的女孩儿,她只一个人,冷清清地!"淋漓尽致地将同义复指的内涵表述出来,表面上犯了重复拖沓的弊病,实则大大增强了表达效果,将一种回环往复的咏叹情调尽情倾泻出来。当然,郁达夫的这种翻译,按之于"信、达、雅",并不能使人满意,无论是从形似、神似还是化境的角度来理解,都不是令人信服的翻译,这也是郁达夫译文问世后惹起诸多争议的根本原因。然而,就是郁达夫的这种译文,在读者进行具体阅读的时候,却给人一种相当满意的审美效果,使读者觉得这种在译的基础上的创作不但没有损害原意,反而对原

---

① 成仿吾致郑振铎信,1924 年 6 月 9 日《文学周刊》第 125 期。
② 郭沫若:《英诗译稿》,上海译文出版社 1981 年版,第 212、123 页。

诗,起了某种补充作用,彰显了原诗的"象外之象",大大丰富了小说的内涵,营造了一种凄清优美的意境。这种境况的出现,不能求之于译文自身,而是要联系译文被阅读和接受的语境才能得到较好的诠释。

比较郁达夫译华兹华斯《孤寂的高原刈稻者》及其原文,从翻译学、译介学的角度探究郁达夫的翻译,比较郁达夫译文与其他译者译文,固然有其意义。但是,以华兹华斯《孤寂的高原刈稻者》为代表的郁达夫的一种译介实践,有其独特的文学价值和审美意义,而这种价值和意义与译文出现的时空和语境皆有莫大关系,而这种关联也早已为一些研究者指出。林荣松在《郁达夫小说"众备文体"论》指出:"可以说诗词已成为其小说有机的一部分,大大增浓了作品的诗的氛围。"①沈绍镛在《试谈郁达夫的翻译》一文中从谈翻译的角度谈到郁达夫文学创作中的这些翻译文本。"在一些小说、日记和文章中,融入不少的译诗。如《沉沦》中英国诗人华兹华斯的《孤寂的高原刈稻者》……翻译围绕他的创作而展开,并为他的创作服务。"②也就是说,像华兹华斯《孤寂的高原刈稻者》,是出现于郁达夫小说创作中的一些译文与小说文本水乳交融,即是小说的有机组成部分,又构成文本间性,赋予小说文本多声调色彩。尤其需要注意的是,这些译文出现的前后语境中,所译的原文也出现在文学创作的文本中。郁达夫的这些小说都是短篇小说,篇幅并不长。就在这有限的文本空间里,译文与原文先后相继出现,本身就构成了有意思的对照,而在译文与原文之外,这些文本中还含有对于译文和原文出现的原因及好坏的一些评论。如果从译介学或翻译学的角度看,可以说郁达夫的这些文学创作本身就已构成了一个超链接文本,构成了耐人寻味的审美对象。

在小说《沉沦》中,主人公甫一出场,便是手捧华兹华斯诗集阅读的形象,而他所读的就是《孤寂的高原刈稻者》一诗。在小说的第一部分出现的对于华兹华斯《孤寂的高原刈稻者》的阅读与翻译情况,正象正文文本出现的一个序曲,对于文本的形成具有了一种功能性的作用。似乎是与小说开头部分遥相呼应,在小说的第四部分,又出现了海涅的诗《Herzreise》。同样地,在诗歌原文后,紧跟着汉语译文。

---

① 林荣松:《郁达夫小说"众备文体"论》,《江海学刊》,1993 年第 3 期,第 164 页。

② 沈绍镛:《试谈郁达夫的翻译》,1988 年《杭州大学学报》第 4 期,第 119 页。

Lebet wohl, ihr glatten Saale,

Glatte Herren, glatte Frauen!

Auf die Berge will ich steigen,

Lach end auf euch niederschauen!

Heine's,《Herzreise》

浮薄的尘寰,无情的男女,

你看那隐隐的青山,我欲乘风飞去,

且住且住,

我将从那绝顶的高峰,笑看你终归何处。①

　　起于华兹华斯的《孤寂的高原刈稻者》,终于海涅的《Herzreise》;同样都是诗,而诗的意味却已转变。《孤寂的高原刈稻者》虽然隐藏着一种忧伤,但那忧伤是带着希望,有一种青春的气息;到了海涅的《Herzreise》,孤寂的割麦女已经不再是诗人向往的对象,而是化为了"无情的男女"。至于诗人,更是带有看破红尘的意味。一前一后,恰好与《沉沦》中主人公自身情感的变迁相吻合。诗与小说中主人公的相关描写、情感变化形成互文。

　　在郁达夫前期的文学创作中,我们经常会看到这样一种现象,郁达夫如同家常便饭一样随手拈来种种外语原文诗歌,常常即时将这些诗文译成汉语,形成了创作中有翻译,通过翻译完成创作,甚或是翻译的过程就是创作的文本本身这样一种奇特的文学创作现象。于是,原文、译文与创作三者完美地交融在一起,形成一个超链接文本,这个超级链接文本内部各成分之间,自然地构成了一种互文关系。也就是说,作者之所以将三种成分交织在一起,对于作者自己来说,本来就是因为外语原文与自身创作意愿构成互文,也正是这种互文的需要,使作者将外语原文再度转化成为中文。当作者这样做的时候,实际上就又形成了一个新的文本内互文,即外语原文与译文之间,由于并处于同一个大的超级链接文本之内,在意义的显露与表达及形式等方面,构成了一种互文。有些研究者也曾关注过这个问题,李欧梵在他的《引来的浪漫—重读郁达夫〈沉沦〉中的三篇小说》一文中就提出了"文本交换"说,认为:"我们甚至可以说,郁达夫创作的这个文本——《南迁》一是

---

①　郁达夫:《沉沦》,《郁达夫小说全集》,浙江文艺出版社1996年版,第14－15页。

从他读过的另一个文本—歌德的《迷娘》—得来的灵感,有了这一个西方文学的经典文本,他才写得出这篇小说,因此我认为蛋生鸡的可能性比鸡生蛋更大。"①"创造社的作家们,虽然也写出了各自不同的文体,但从全体来看,可以说,他们在学习日本短篇小说文体的基础上,在自己的作品中,尝试写出新的口语的文体。"具体到郁达夫,伊藤虎丸认为,"和郭沫若的诗齐名的创造社初期的代表作品便是郁达夫的小说,所以受到中国青年的热烈欢迎,那原因之一就是学习了具有新鲜魅力的日本文学的那种充满感情、平明的文体。"②

除了文本内部的互文之外,原文、译文与创作三者合一的表现形式,也必然造成了文本外的互文效果。当然,在各种要素组成的互文情景中,并不是所有的互文成分都是平等一致的。首先,原文、译文与创作三者的整合是在创作这一大的基础之上实现的,因此,创作也就先天地具有了一种优势,使其他互文成分也围绕着创作意图的实现而被组织起来。于是,原文和译文的出现,在某种程度上就具有了"附饰"功能。这里所使用的"附饰"概念,来自于德里达。在《绘画中的真理》一文中,德里达认为,"'附饰'使自身既从'本体'也从环境中分离出来,它先是作为一个轮廓与背景分开,但它与作品分离的方式又有不同,作品亦是独立于背景的。附饰的框架分立于两种背景,但涉此即及彼,涉彼即及此。在与作品的关系中,它是作为作品的背景,消失在墙上,然后渐而渐之化入一个总体文本(语境)之中。在与总体文本之背景关系中,它又重新回到与整个背景分离开来的作品之中。但附饰虽然总是针对某个背景的一个形象,它仍是这样一个形式,即它在传统上一向不被视为突出自身,而被视为就像它鼎力扩张那样,在消失、沉没、消除和融化自身。框架永远不是作为环境或作品可能呈现的某种背景,但它同样不是它位居某个形象边缘的厚度,除非一个自我消抹的形象。"③德里达发现了"文本意义的不确定"。在回答说他的文本难读的问题时说,要理解他,不但要读他的文本,"还应该阅读我在我的文本里阅读的文本",而有些人"因

---

① [美]李欧梵:《引来的浪漫——重读郁达夫〈沉沦〉中的三篇小说》,2006年《江苏大学学报》第1期,第4页。

② [日]伊藤虎丸:《鲁迅、创造社与日本文学——中日近现代比较文学初探》,孙猛等译,北京大学出版社1995年版,第154页。

③ [法]德里达:《绘画中的真理》,第71—73页。转引自[美]乔纳森·卡勒:《论解构》,陆扬译,中国社会科学出版社1998年版,第176页。

为认定一个文本应该马上能够理解，而无需阅读我所阅读文本的劳苦，所以很快就失去了灵感。"文本的意义不是唯一的，而是生成性的。如果创作本身是作品，原文及译文就具有了两种结构性特征，一方面是创作本身完整的不可分割的组成部分，另一方面又是作品文本的一种附饰，为了凸显创作的某种意图而特意设置的某种"附饰"。

第五章

郭沫若与《鲁拜集》的翻译

Rubaiyat 是公元九、十世纪出现于波斯和塔吉克一带的四行诗体,有的学者认为 Rubaiyat 可能出自中亚突厥文化,而与中国唐代绝句同源,也有可能是唐代的绝句通过突厥文化传入波斯的。[①] 郭沫若所译《鲁拜集》便是波斯诗人欧玛尔·海亚姆(Ghiyasoddin Abual – Fath Omar Kyayam,1048 – 1123)创作的 Rubaiyat。欧玛尔·海亚姆创作 Rubaiyat 的才华随着时间的流逝越来越受到世人的称誉,从诗人去世至今近九百年的时间里,欧玛尔·海亚姆创作 Rubaiyat 的种种"古本"、"善本"不断被发掘出来,可是没有一本能够得到确认;欧玛尔·海亚姆创作的 Rubaiyat 在世界各地的译介流传热潮持续升温,据有的学者统计,欧玛尔·海亚姆创作的 Rubaiyat 现有三十二种英文译本,十六种法文译本,十二种德文译本,八种阿拉伯文译本,五种意大利文译本等等,当然,还有数量不菲的中文译本。与欧玛尔·海亚姆创作的 Rubaiyat 的知名度越来越高,人们对他的诗作越来越熟悉相比,欧玛尔·海亚姆的生平资料等却一直处于匮乏状态,不为人所知。现在,我们能够知晓的,便是他大概出生于伊朗东部霍拉桑(Khorassan)的文化中心内沙普尔(Naishapur)。据郭沫若推断,大约出身工匠家庭,后来成为当时著名的数学家、天文学家,曾受命修改历法,主持兴建天文台等。

欧玛尔·海亚姆在他所处的时代里并不以创作 Rubaiyat 知名,他的 Rubaiyat 被广泛传诵,为世人所重,获得了世界性声誉,要归功于英文译者爱德华·菲茨杰拉德(Edward Fitzgerald)。菲茨杰拉德出生于一八〇九年,英国塞弗克州(Suffolk)的布瑞费尔德(Bredfield)一个富裕的地主家庭。一八五二年,菲茨杰拉德开始学习波斯语言,并从他的老师爱德华·百列斯·克维尔(Edward Byles Cowell)那里得到了收录有一百五十八首海亚姆创作的 rubaiyat 的抄本。后来,菲茨杰拉德翻译了海亚姆的这些诗作,并于一八五九

---

① 杨宪益:《鲁拜集和唐代绝句》,1980 年《文汇增刊》第 2 期。

年四月九日隐名自费出版了他翻译的《欧玛尔·海亚姆之鲁拜集》。出版之初备受冷落,无人问津。后来,菲茨杰拉德的译本被英国著名诗人罗塞蒂(D. G. Rossetti1828－1881)和斯温伯恩(A. C. Swinburne1837－1909)无意中发现,并给予了极高评价,海亚姆的 Rubaiyat 随着菲茨杰拉德的译本的流传影响渐渐扩散开来。菲氏的这本初版译文,共收 Rubaiyat 七十五首。后来,菲茨杰拉德不断修改和重新编译,于一八六八年出第二版,含一百一十首Rubaiyat。此后,又于一八七二年、一八七九年和一八八九年出了第三、第四和第五版,这几版全部固定为一百〇一首。菲茨杰拉德并非是鲁拜诗的第一位英译者,他的译诗却最有生命力,而且早已被视为英诗的杰作。① 哈代临终前,特别要求别人念《鲁拜集》里的第八十一首诗给他听,那首诗全文如下:

Oh Thou, who Man of baser Earth didst make,

And ev'n with Paradise device the Snake:

For all the Sin where with the Face of Man

Is blacken'd － Man's forgiveness give － and take!

菲茨杰拉德的译文与原文有较大出入,一九五八年菲茨杰拉德在写给考韦尔的信中就曾说过,"我的译诗也许会使你感到兴趣,不仅由于诗的特有形式,也由于好多方面的细节,我完全不照字面上意义去解释;而把许多诗捣碎后又糅到一起。我怀疑莪默的简洁有些是丢失了,而简洁正是他的长处。可是这些译诗也只能是这样了。"Charles Eliot Norton 认为,"我们称斐氏为译家,是因为我们欠少一个更好的名字来表示诗情由一国语言向另一国语言之'诗的转换',与原诗的意境用一种不完全相异而适合于另一时地习尚之新态的形式之再现。这是受了一个诗人的作品之灵感而作的一个诗人的作品;这不是翻译而是一种诗的灵感之再现。"对此,成仿吾评论说,"把波斯的诗的灵感 Poetic inspiration 用英文再现出来,而不拘于他的形式,这是斐氏的工程。"②菲茨杰拉德在写给他老师考韦尔的信中说,根据英国学者希

---

①   Parichehr Kasra, "Omar Khayyam and His Translators", The Rubaiyat of Omar Khayyam, p. 1xxiii.

②   成仿吾:《莪默伽亚谟的新研究》,1923 年《创造周报》第 34 号,第 11 页。

隆-艾伦(Heron-Allen)的研究考证,在菲茨杰拉德译文中,仅有四十九首是莪默伽亚谟原诗忠实而优美的翻译,四十四首是由原诗两首以上的诗作合并而成,两首是从古波斯哈菲兹(Shamsoddin Mohammad Hafez,1320-1380)的诗句中翻译出来的,还有两首是其他波斯诗人的诗作,另有两首是根据莪默伽亚谟的诗歌精神而自创的。① 正是在"不拘于他的形式"的观点下,成仿吾将郭沫若译《鲁拜集》也视为杰作。②

一九二二年十一月二十五日,《创造季刊》第一卷第三期发表郭沫若的《波斯诗人莪默伽亚谟》。郭沫若《鲁拜集》译文是国内第一次全译,也是莪默伽亚谟诗第二次出现在中国读者面前。一九二四年,上海泰东书局出版单行本。在郭沫若之前,胡适曾在一九一九年二月二十八日翻译了《鲁拜集》中的两首,并将其视为"绝句"。这两首译诗收入《尝试集》。在胡适、郭沫若之后,《鲁拜集》汉译一直络绎不绝。一九三五年吴剑岚、伍蠡甫的英汉对照本《鲁拜集》由上海黎明书局出版,一九三九年孙毓棠的韵体新诗译本全刊于上海《西洋文学月刊》,一九四二年李意龙旧体诗《鲁拜集》译本自印出版;另外,一九三四年朱湘译出了《鲁拜集》中的十五首;李霁野在抗战期间以五、七言形式翻译了《鲁拜集》七十五首③。解放后,《鲁拜集》的翻译热潮不减,陈次云、孟祥森译《狂歌集》一九七一年由晨钟出版社出版;黄杲炘译《柔巴依集》一九八二年由上海译文出版社出版;黄克荪译《鲁拜集》一九八六年由台北书林出版社出版;张晖译《柔巴依诗集》(收译作一百八十九首),一九八八年由湖南人民出版社出版;孟祥森译《鲁拜集》一九九〇年由远景出版社出版;柏丽译《怒湃译草》英汉对照本,一九九〇年由中国人民大学出版社出版;邢秉顺译《鲁拜》(收入《鲁达基海亚姆萨迪哈菲兹作品选》,共收译诗一百五十四首)一九九九年由人民文学出版社出版。其他译入者还有潘家柏、陈次震、虞尔昌、张鸿年等,若是算上当下报刊杂志偶尔发表的

---

① Webster's Third New International Dictionary, P.1983.

② 有的学者并不认同成仿吾的观点,童元方就认为,"郭译与孟译不怎么值得研究,因为这两个译本都不太可读。"郭译指的便是郭沫若的译本。具体参见童元方:《论〈鲁拜集〉的英译与汉译》,罗选民、屠国元编,《阐释与解构:翻译研究文集》,安徽文艺出版社2003年版,第173页。

③ 李霁野:《译诗小议》,《妙意曲 英国抒情诗二百首》,四川人民出版社1984年版,第341页。"在抗日战争期间,我在四川一个山沟的学校里教书,手边有一本菲茨杰拉德(Edward Fitz Gerald)翻译的《鲁拜集》(The Rubaiyat)。比较闲暇,我就用五七言绝句翻完了初版的七十五首。译稿已经在十年动乱中丢失了。"

一两首，或者是数首的译者，还有网络上不知名姓的译者的译作，《鲁拜集》的翻译队伍及译介成果也可称得上是洋洋大观了。

一九二三年五月一日，《创造季刊》第二卷第一期出版，本期后封刊有"辛夷小丛书"的广告，第三种为《鲁拜集》："（英汉对照）波斯诗人莪默伽亚谟的四行诗集（Rubaiyat）共诗百零一首，早经郭沫若氏，由裴池吉乐英译，译成华文，脍炙人口，兹更经郭氏第二次改译，附以英文原文，以供读者兼收语学上之智识。书已付印，不日出版。"一九二四年一月一日，郭沫若重译的《鲁拜集》单行本初版，实际被列为泰东图书局"辛夷小丛书"第四种。此后，《鲁拜集》屡次再版。在郭沫若的众多翻译成果中，郭沫若对《鲁拜集》的翻译比较满意。他曾经说过，"关于诗的工作比较称心的，有《卷耳集》的翻译，《鲁拜集》的翻译，雪莱诗的翻译。"①至于郭沫若为什么要翻译《鲁拜集》，袁荻涌教授在《郭沫若为什么要翻译〈鲁拜集〉》一文中分析说，"'五四'以后，中国社会的黑暗腐败，曾使郭沫若陷入'歧路的彷徨'。回国后的诗作中多数都表现出诗人苦闷的心境"，而"伽亚谟的《鲁拜集》不管是在思想情调，主题指向，还是在文体风格上，都颇能投合郭沫若此时的审美趣味，满足其审美需要。"②就在郭沫若翻译《鲁拜集》六个月前，郭沫若创作了《星空》，反映了诗人苦闷、空虚和彷徨的心情，《女神》那种火山喷发式的炽热感情与亮丽的色彩消歇了。后来，在给成仿吾的信中，郭沫若再次谈及当时的苦闷，"我们所共通的一种烦闷，一种倦怠——是我们没有这样的幸运以求自我的完成，而我们又未能寻出路径来为万人谋自由发展的幸运。我们内部的要求与外部的要求不能一致，我们失却了路标，我们陷于无为，所以我们烦闷，我们倦怠，我们漂流，我们甚至想自杀。"③同时指出，郭沫若与《鲁拜集》在哲理内涵、享乐主义和优美的形式几个方面都存在共鸣，这也为郭沫若翻译的成功提供了坚实的基础。从各方面来说，郭沫若译《鲁拜集》的确精妙，时至今日，在众多的《鲁拜集》译本中，仍是读者们的翘楚之选。就在后期创造社经历了革命文学的转向之后，《鲁拜集》仍是创造社争取读者的重要译著。在《〈北欧文学的原理〉译者识》中，鲁迅就曾指出，"不过今年是似乎大忌

---

① 郭沫若：《我的作诗的经过》，《郭沫若全集》第 16 卷，人民文学出版社 1989 年版，第 22 页。

② 袁荻涌：《郭沫若为什么要翻译〈鲁拜集〉》，1990 年《郭沫若学刊》第 3 期，第 40 页。

③ 郭沫若：《我的童年》，《郭沫若作品经典》第 5 卷，中国华侨出版社 1997 年版，第 192 页。

'矛盾',不骂几句托尔斯泰'矛盾'就不时髦,要一面几里古鲁的讲'普罗列塔里亚特意德沃罗基',一面源源的卖《少年维特的烦恼》和《鲁拜集》。"①郭沫若译《鲁拜集》受到中国读者们的热烈欢迎,这在今天仍可见出。二〇〇三年中国社会科学出版社出版了郭沫若译《鲁拜集》,颇受读者欢迎,笔者搜求再三亦难购得一本。在网络上,发帖求购之人也非常多。在网络上,有一个名叫"读书公园"的网站,专门开辟了一个有关《鲁拜集》翻译和欣赏的专栏,②将菲茨杰拉德的几版《鲁拜集》及几种汉译做了一些比较,发帖参与讨论者甚众,而讨论的结果,公推郭沫若译本为最好。

第一节　互文性与《鲁拜集》的翻译

在翻译过程中,译者将原文信息与译入语文化间将建立一种关联,而这种关联的建立,取决于译者对译语文化与译入语文化的熟悉程度。克里斯特娃指出,"'艺术'揭示的是一种特定的实践,它被凝结于一种具有极其多种多样表现的生产方式中。它把陷入众多复杂关系中的主体织入语言(或其他'意指材料')之中,如'自然'和'文化'关系,不可穷源的意识形态传统和科学传统(这种传统因此是有效的)和现时存在之间的关系,以及在欲望和法则,身体,语言和'元语言'等等之间的关系中。"③既然文本处于一张历史、社会和精神交织网络之中,翻译也就应该体现出这众多意指实践的复杂关系中的本文的意义及主体状况。翻译者的责任就是要领悟原文本蕴藉的情绪、氛围等等,力求在译文中能够"重建氛围和背景"(atmosphere and milieu)。④ 在《鲁拜集》的翻译中,织入语言中的"文化"关系,在翻译及解读中向来备受关注,由此产生的非议也较多。郭沫若等诗人译《鲁拜集》多从英语文化中转译而来,限于当时波斯语翻译人才的匮乏等因素,原本对波斯文化所知不深,在阅读的互文过程中,他们更多地是以西方文化或中国文化建立翻译的对应关系,从而不可避免地造成了一些错误的"关联",建立起一种错位了的互文性,而这种错位的互文性又不能为译文读者所感知,于是,译

---

① 　鲁迅:《〈北欧文学的原理〉译者识》,1928 年《大江月刊》11 月号,第 11 页。

② 　http://forum.bomoo.com/printthread.php? t = 1312&page = 1&pp = 15

③ 　[法]克里斯特娃:《人怎样对文学说话》,引自罗兰·巴尔特著,李幼蒸译《符号学原理》,生活·读书·新知三联书店 1988 年版,第 213 页。

④ 　Edwin Gentzler. Contemporary Translation Theories. P. 27.

文读者接受的信息与原文读者接受的信息也就出现了一个相当大的偏差。

一、文化的互文性与《鲁拜集》的翻译

在《莪默伽亚谟之绝句》一文中，闻一多指出，"这一篇名诗很不容易翻译，其中有两种难处：第一，诗中文字有艰深费解之处，然而这还不算什么，第二种难处却真难了，那便是要用中文从英文里译出波斯文底精神来呢。译者于此首先要对莪默负责，其次要对斐芝吉乐氏负责，因为是斐氏底诗笔使这些 Rubaiyat 变为不朽的英文文学；再次译者当然要对自己负责……那便是他要有枝诗笔再使这篇诗籍转为中文文学了。"这一转变的过程显然不是轻易便可完成的任务。对于郭沫若等《鲁拜集》的汉译者来说，期待中的译文读者自然是中国人，若想使译诗能够被本国的译文读者较好地接受，就需要熟知本国文化，不能使译文与本国固有文化相差太远。第七十五首后面有两条注释："（1）帕尔温与牟虚他犁（Parwin and Mushtari）：前者为 Pleiades，牡牛（Taurus）星座中之一群小星，我国二十八宿之昂宿。后者为木星（Jupiter。）（2）天驹（Foal of Heaven）：太阳也。此节乃占星术上之智识，太阳所在之处，定人运命之吉凶。上举二星均在黄道上。"①另外，译者还需要熟知英语文化，以便了解菲茨杰拉德英文译本的妙处。这样做的原因不仅仅是郭沫若等汉译者依据的是菲茨杰拉德的英文本，还有菲茨杰拉德在英译过程中置入的创造性因素。从互文性翻译的角度来说，菲茨杰拉德的英文译本已经将《鲁拜集》的波斯原文置入了英语文化的因子，使英文译本与英语文化、语言等有了内在的互文关系。在《莪默伽亚谟之绝句》一文中，闻一多特意添加了注释(一)指出菲茨杰拉德英文译本的这一特点，"菲氏本人已申明了他的译品并没有严格地根据原作，他不过做了一番剪裁，拼配和解讲底工夫。我们若更参看诸家底译本，定还要惊异以为菲译不啻一篇创作了。Rechardle Callienne 译本之序中讲得好：'也许莪默底原来的蔷薇，可说并不是一朵蔷薇，但是将要凑成一朵花底碎瓣而已；也许斐芝吉乐并不是使莪默底蔷薇重新开放，但是使他初次开放呢。瓣儿是从波斯来的，却是一个英国的术士把他们咒成一朵鲜花了。'然而斐译之不可及处正在这里。所以我们转译斐本，应特别留意其中斐氏之一部分。"②对此，当时已译过英国与德国许多文学作品的郭沫若并不陌生，比如第四首"注二"，郭沫若就显示了自己

---

① 郭沫若：《波斯诗人莪默伽亚谟》，1923 年《创造季刊》第 1 卷第 3 期，第 33 页。

② 闻一多：《莪默伽亚谟之绝句》，1923 年 5 月 1 日《创造季刊》第 2 卷第 1 期，第 20 页。

在这方面的功底:"耶酥更生(Jesus……suspires):此句照原文直译时,当为'耶酥从地底呼气。'西人信仰,以为耶酥气息,接触草木,草木都可更生。此句意即喻言草木更生之意。此节宜与 Faust 第一部'城门之前'参读。"①同时,郭沫若的这一注释,也自然沟通了译文读者与西方文化间的关联,建构起一种互文性关系。另外如第五十八首注释:"歌德有《掘宝者》(Der Schatzgraeber)一诗,内容与此颇相类,《少年中国》第一卷第九期诗学研究号中有拙译,可参考。"②其作用无不是为译诗建构起一种与西方文化相关联的互文性。

作为《鲁拜集》的译者,完美的互文不仅要熟悉西方文化,最好还要通晓波斯文化,以正确地传译原诗中某些与波斯文化相通的地方。对此,诗人郭沫若显然心有余而力不足。闻一多在批评郭沫若译文时指出:"沫若既不解波斯文,所靠的又只有一种皮装小本(沫若是最喜考据的人,这回并不是他畏难,实是他案头没有参考本,)这样匆促弄出,就希望他完全,实是不可能的事。"③在郭沫若译文中,由于文化的隔膜而造成的错误的理解如第六十首第一行,Rubaiyat 原文为:The mighty Mahmud, Allah – breathing Lord。《创造季刊》发表时译文为:"他是牟罕默德,活的阿拉大神",一九五八年版的《鲁拜集》译文改为:"你是大圣穆罕默德,崇高的教皇"。第九十首 Rubaiyat 原文为:So while the Vessels one by one were speaking,/ The little Moon look'd in that all were seeking;/ And then they jogg'd each other, "Brother! Brother! / Now for the Porter's shoulders' knot a – creaking!"《创造季刊》发表时译文为:"土瓶们一个个在谈论的时候,/新月照了进来大家便一起翘首:/他们互相拐着手儿说道:'兄弟,兄弟,/你听挑脚的扁担在咕咦! 咕咦!'"一九五八年版的《鲁拜集》译文改为:"土瓶们挨次地在谈论的时候,/翘望着一钩新月窥入窗头:/他们便互相拐着手儿说道:/担脚的肩饰响了! 朋友! 朋友!"对于这种因文化隔膜而造成的翻译困难,郭沫若于《创造季刊》译文刊载时加了注释:"末尾一句英文是 Now for the Porter's shoulder – knot acreaking——Shoulderknot 本是'肩饰',在此恐是'扁担'的修词。acreaking 是'作声响'之意,故用'咕咦咕咦'两谐音字译之。九月过了之后,新月出来,月儿弯弯,

① 郭沫若:《波斯诗人莪默伽亚谟》,1922 年《创造季刊》第 1 卷第 3 期,第 13 页。

② 郭沫若:《波斯诗人莪默伽亚谟》,1922 年《创造季刊》第 1 卷第 3 期,第 29 页。

③ 闻一多:《莪默伽亚谟之绝句》,1923 年年 5 月 1 日《创造季刊》第 2 卷第 1 期,第 18 页。

形似扁担,承上节'买'字下来,是说酒已开禁有挑脚来担土瓶去卖的意思;酒浆不久便会到口了。"单行本《鲁拜集》的注释则改为:"此首初译于心不安,改译如此;但不知肩饰(shoulder – knot)究指何物。肩饰是西人礼服上用的。波斯的脚夫当然不会穿西洋礼服了。初稿译为'扁担',以其形似,但亦嫌其不文,故今直译以存疑。"在这里,郭沫若实际指出了翻译中面临的一个难题,原语中的词所指事物,译者并未得见,又无从搜寻相关材料,在翻译时便捉襟见肘,无法准确地传递原文信息。脚夫 shoulder – knot 译成扁担,肯定不妥,扁担是中国人使用的工具,即便波斯人也使用这样的工具,其制度未必相同,这自然就是以中国事物替代了波斯事物,置换了语境。同样,将其译为肩饰,也有这样的问题存在。虽然我们可以认为肩饰并不一定就是指西人礼服上用的,而是波斯人自己制作的一种饰物,但在肩饰这个词已被相当固定地用来表示西人礼服上的饰物时,显然用它来译 shoulder – knot 难以取得想要的阅读效果。

对于郭沫若和胡适的第九十九首译文,张承志批评说,"他们更没有意识到,这是一首涉及'天神'的'鲁拜',而且是一个关于造物主的题目。他们不知道,对于波斯人来说,唤主、指主兴叹,即所谓呼天抢地固然不足为怪,但是取代主和自比造物主—即便对于弹杯纵酒、不守五功、对死板的清规教法恣情嘲笑的苏菲诗人,也几乎是不可能的—因为在两个概念之间,有着一种最后的界限。遣词造句之际,分寸决定一切。显然作者有过沉吟,有过挑剔选择。神的概念与主的概念,毕竟太接近了。他用了一个祆教用语 yazdan(天神),而没有与 Huda(真主)一词发生干系。深浅轻重,微妙仅在缝隙之间,如边缘的舞蹈。个中的滋味才是诗味深处,可惜译者全然不知。胡徐译中,诸如'爱啊、再磨再炼再调和、卿和我、你我的安排、还不趁机会、塞尘、谋反',均为失真之笔。唱和固然愉悦,只是离谱太远。……有人会说,这是诗集不是账本。可是人们更有权问:我们究竟是在读波斯的诗呢,还是在读英国的诗? 如果读者不是为了消闲,而是企图拓展眼界了解世界,他们读到的是什么呢? 仅仅是文化的误解吗? ……在胡徐的轶事和译文里,被更准确地翻译了的是他们自己。他们译笔的价值也在于,在数行之间,活灵灵有一张那个时代的、知识分子的自画像。"①对于思想文化方面的这种错位,成仿

---

① 张承志:《波斯的礼物》,李陀、陈燕谷主编,《视界》第二辑,河北教育出版社 2001 年版,第 23 页。

吾也曾指出过,"我以为斐氏关于罪恶的概念不是牟罕默德的,亦不是裘默的,倒是 Calvin 的与 Milton 的合成的。"①汉语、英语和波斯语三种语言文化之间相互隔离,"由于汉语不了解波斯语的基本语法与词汇,不理解其中含有的宗教思想,也不能把握它的诗意与神秘。经过费茨杰拉德的英文翻译加工、改写过了的波斯语篇,与其原著中的那种神韵相去甚远,对应、契合以及应和等等,荡然无存。"②这里也就引申出翻译中的等效问题,如果按照奈达的观点,翻译的等效指的是译文读者对译文信息的接受与原文读者对原文信息的接受对等,宗教信仰等方面的词汇所包含的信息如何能够由另外一种信仰文化中的语言表达得出?说到底,翻译等效的追求最终只能是基于译者个人对于文化信息的接受和理解,至于将译文放之于译文读者那里检验信息的接收情况,由于读者情况的多样性和不确定性,这种检验实际上同样很不可靠。

郭沫若译《鲁拜集》在《创造季刊》上发表时,除了郭沫若的汉语译文与菲氏的英语译文及波斯原文构成翻译过程中的文化互文外,郭沫若《波斯诗人莪默伽亚谟》一文自身内部几个组成部分之间也构成了一种互文性。《波斯诗人莪默伽亚谟》全文共分为三个部分:一、读 Rubaiyat 后之感想;二、诗人莪默伽亚谟;三、Rubaiyat 之重译。也就是说,郭沫若所译《鲁拜集》一〇一首诗镶嵌在《波斯诗人莪默伽亚谟》里,若从互文性角度考虑一〇一首 Rubaiyat 译诗与全文其他两个部分的关系,则第一部分是译诗与中国传统文化或西方文化(郭沫若列举出的主要是司皮诺若和歌德)的互文,第二部分是诗歌原文与诗歌作者生活创作经历及其英译情况等因素构成互文。"读 Rubaiyat 后之感想"中,郭沫若列举出的中国古代诗文名人有屈原、古诗十九首的无名作者、刘伶、李白。就 Rubaiyat 译诗与中国传统文化与文学的互文关系来说,除了第一部分"读 Rubaiyat 后之感想"中的部分外,在一〇一首 Rubaiyat 译诗的后面,郭沫若还以注释的形式将每首诗与中国古代诗文相对应的文本点出,建构起了一种互文性关联。同时,在一〇一首 Rubaiyat 译诗后出现的互文性注释,又与前面第一部分"读 Rubaiyat 后之感想"中列出的中国诗文相吻合。也就是说,郭沫若《波斯诗人莪默伽亚谟》一文从整体上构成了

---

① 成仿吾:《莪默伽亚谟的新研究》,1923 年《创造周报》第 34 号,第 13 页。

② 蔡新乐:《翻译与汉语——解构主义视角下的译学研究》,中央编译出版社 2006 年版,第 53 页。

回环往复的关系,相互发见、相互生发,建构起了一种复杂的互文关系网络。

在"读 Rubaiyat 后之感想"中,郭沫若指出,"人的体魄各不相同,人的意志也各有强弱,更想到身死之后,一切事业终归于已无有,于是可怜的既决囚,便不得不成为消极的 Epicurian 了。"接着,写出《唐风·蟋蟀》和《唐风·山有枢》这两首诗,并加以说明,"这是我们周代的无名诗人的享乐态度。"《山有枢》讽刺守财奴只知搜括索取,而不享用。警告他,死后会全被别人占有。诗从衣食住行写起,也就是对最基本的日常生活进行评价,描绘出了一个守财奴的形象。《山有枢》与《鲁拜集》第二十一首至第二十四首在所表达的思想内容及其表达方式上,的确有相同之处。郭沫若在引用《诗经·唐风·山有枢》一诗后,马上注明说,"这是我们周代的无名诗人的享乐态度。"①这其实已连接起了《鲁拜集》第二十一首至第二十四首与《诗经·唐风·山有枢》,两者之间在表达诗人的享乐态度这一点上,超越文化时空,遥相呼应。不仅如此,在第四十五首注释中,郭沫若再次使用了《诗经·唐风·山有枢》的结句对其加以注释:"匪拉虚(Ferrash):张解天幕之奴仆;此处喻言造化,或运命之类。——'宛其死矣,他人入室!'"潜在地又将其与《鲁拜集》第二十一首至第二十四首联系起来,形成一个大的互文网络。

在郭沫若列出的作为中国古代诗人享乐态度代表的,除了周代的诗人外,还有汉代的无名诗人。其代表诗作,便是《古诗十九首》里的第三首、第十三首和第十五首。对于这三首古诗,刘复释第三首曰:"人有见陵上之柏,阅岁不凋;涧中之石,坚贞不朽;而人生寄世,忽如行客远去,乃不若二者之长存,于是感物兴怀,欲以斗酒宴乐,聊且相厚而不至于薄也。"释第十三首曰:"此驱车郭门,因所见而感悟,谓死者不可复作,生者岂能长存?人寿有限,虽往古圣贤,亦莫能过越于此者。与其逆理以求生,不若奉身以自养,斯亦不失顺正俟命之义与?"释第十五首曰:"此勉人及时行乐,且谓仙人难可与并,使之省悟。盖为贪吝无厌者发也。其亦唐风山有枢之遗意与?"②由此可见,刘复已将古诗十九首中的第十五首与《诗经·唐风·山有枢》对读。不管郭沫若是否曾看到过刘复的解读,这段文字都已表明他意识到了两者间的互文性。对于两首诗间的关联性,吴淇解说得更为清楚,"末二句从《唐风·山有枢》来。'美酒'即'子有酒食','纨素'即'子有衣裳','不如'二

---

① 郭沫若:《波斯诗人莪默伽亚谟》,1923 年 12 月《创造季刊》第 1 卷第 3 期,第 6 页。
② 隋树森编著:《古诗十九首集释》,中华书局 1958 年版,第 2、5、6 页。

字,即自'何不日鼓瑟'之'何不'二字化出。"①张庚释古诗十九首第十三首曰:"此达人自言其所得也。'阴阳'、气也;'浩浩',无穷尽也;'移'字妙甚,自古及今,生生死死,更迭相送,都在一'移'字中;即为圣为贤,亦莫能度此。若因莫能度而求神仙之术,则又谬矣。仙可求乎?求之未有不为药所误而速其死也。然则如之何而可?莫若现前者足以娱乐矣。唐风云:'子有衣裳,弗曳弗娄。宛其死矣,他人是愉。'又曰:'子有酒食,何不日鼓瑟?宛其死矣,他人入室。'依此而言,'不如饮美酒,被服纨与素'之为得也。"②方东树释古诗十九首第十五首曰:"万古名言,即前《驱车》篇意,而皆重在饮酒及时行乐,是其志在旷达。汉魏时人无明儒理者,故极其高志,止此而已。君子为善,惟日不足,一息不懈,死而后已,固不可以绳之耳。"③马茂元评述说,"《古诗十九首》最善于运用《诗经》、《楚辞》以及其他古书中的成语而加以发展变化,发挥文学语言的暗示功能,使之达到高度的精练与集中;推陈出新,显示出它的创造性。"④钱大昕曰:"或疑《生年不满百》一篇隐括古乐府而成之,非汉人所作,是犹读魏武《短歌行》而疑《鹿鸣》之出于是也(《短歌行》中'呦呦鹿鸣'四句全用《诗·小雅·鹿鸣》原文)岂其然载?"⑤借用、模仿……用布鲁姆的话说,就是诗歌创作中的"影响的焦虑",是任何诗人都难以回避的问题,而诸多文本间构成的庞大的网络世界,也就构成了互文性。从这个角度来说,古诗十九首中的第十三首和第十五首构成互文本,而第十三首、第十五首又和《鲁拜集》中的第二十一首至第二十四首、第四十五首构成互文本。

郭译《鲁拜集》与中国传统文化的互文性还表现在遣词造句时常常使用的文言辞藻。比如,第二十六首最后两行译文中的"尘封"与"江湖",第四十首最后一行译文中的"玉山",第五十首最后一行译文中的"真君",第八十首第一行译文中的"蹄筌",第九十四首第三行译文中的"阳春",第九十五首最后一行译文中的"敝屣"。虽然郑超麟说,"我特别不喜欢郭沫若的诗,因为

---

① 隋树森编著:《古诗十九首集释》,中华书局1958年版,第21页。

② 隋树森编著:《古诗十九首集释》,中华书局1958年版,第34页。

③ 隋树森编著:《古诗十九首集释》,中华书局1958年版,第78页。

④ 马茂元:《古诗十九首初探》,陕西人民出版社1981年版,第93页。

⑤ 钱大昕:《古诗十九首说序》,转引自马茂元《古诗十九首初探》,陕西人民出版社1981年版,第100页。

白话中夹杂着文言辞藻。"①但是,从互文性的角度来说,恰恰是文言辞藻,赋予了郭译《鲁拜集》与中国传统文化互文的可能。语言就是文化,现代白话表现力不够时,译者便会不自觉地使用文言辞藻,而这些辞藻中所包含着的文化因子随之蕴藉其中。从另一个方面来说,也是将其作为富有审美蕴涵的典故使用,最大限度地呈现诗歌内在的表现力。《鲁拜集》第十七首译:

> 天地是飘摇的逆旅,
>
> 阴阳是逆旅的门户,
>
> 多少苏丹与荣华,
>
> 住不多时,又匆匆离去。②

郭沫若于诗后注曰:"此节宜与《春夜燕桃李图序》并读。"《春夜燕桃李图序》作者是李白,在"读 Rubaiyat 后之感想"中已被提及,"夫天地者万物之逆旅,光阴者百代之过客,而浮生若梦,为欢几何? 古人秉烛夜游,良有以也。……"③译诗与短序中连续出现了三次"逆旅"。逆旅,即旅舍。逆就是迎,古人以生为寄,以死为归,如《尸子》中所说,"老莱子曰:人生于天地之间,寄也;寄者固归也。"④"逆旅"一词,在中国古代诗文中屡屡被借用。如苏轼有《临江仙·送钱穆父》,词曰:

> 一别都门三改火,天涯踏尽红尘。
>
> 依然一笑作春温。
>
> 无波真古井,有节是秋筠。
>
> 惆怅孤帆连夜发,送行淡月微云。
>
> 樽前不用翠眉颦。
>
> 人生如逆旅,我亦是行人。

这首词是宋哲宗元佑六年春苏轼知杭州时,为送别自越州(今浙江绍

---

① 郑超麟:《郑超麟回忆录》,东方出版社1996年版,第175页。

② 郭沫若:《波斯诗人莪默伽亚谟》,1922年《创造季刊》第1卷第3期,第17页。

③ 郭沫若:《波斯诗人莪默伽亚谟》,1922年《创造季刊》第1卷第3期,第7页。

④ 《商君书·尸子》,汪继培辑,上海古籍出版社1989年版。

兴)北徙途经杭州的老友钱穆父(名勰)而作。全词一改以往送别诗词缠绵
感伤、哀怨愁苦或慷慨悲凉的格调,创新意于法度之中,寄妙理于豪放之外,
议论风生,直抒性情,写得既有情韵,又富理趣,充分体现了作者旷达洒脱的
个性风貌。元代思想家邓牧《伯牙琴·逆旅壁记》一文中也多次使用"逆旅"
一词,其文曰:"己亥季秋,余以贫故馆逆旅,楼广不二丈,深不八九,橡床榻
几案外无余地,瓶无粟,衣敝履穿,漫不省。日得尊酒醉吟而已。或者问曰:
丈夫生不愿仕,犹当置田数千顷,筑五亩之宫,为子孙门地。子居旅客之舍,
若将久焉,何也? 余笑应曰:子恶乎知予哉,余家世相传,不过书一束,虽不
敢谓尽古人能解,然游公卿,莫不倒屣;行乡里,莫敢不下车。自以为富贵不
足致。方欲南道三湘八桂行,薄海乘俘略扶桑,登鲁泰山,发古封识,读冯冀
北,西游入秦,过昧谷观日之所入,十年然后归,使营一丘一壑老焉。今既不
得如意,且卧琴挂剑,歌诗纵酒,暂为斯楼遇,使数百年后父老过其下者,思
而称之,何必为子孙计? 门地之大莫大于刘汉中李晋阳矣,传世不数十,子
孙已无置锥。子谓求田问舍为足以遗子孙邪? 曰:唯。余又曰:六骸耳目,
非吾有也,自天地委形而不得与之遗,及大化之往如土委地,向之欲高名厚
利疆有力者,而今安在? 子谓足以久居乎哉,是小逆旅也。曰唯。余又曰:
天地者万物所同有也,自古及今几何,百千岁其阅万物亦多矣,计万物之在
天地间随世随化,乃如剑首一映,子谓足以久居乎哉? 是大逆旅也。曰唯。
然则逆旅之舍,独不可以久焉乎哉? 因识诸壁。"①在源远流长的文化历史进
程中,"逆旅"已经成为积淀了中国文人审美意味的词汇。用它来翻译《鲁拜
集》第十七首,乃是译者心灵穿梭于两种文化之间时得到的一种启示,由此
打开一扇互文之门。从这个角度而言,无论是在原诗的理解,还是译诗语言
的使用方面,郭沫若都直接为译诗读者建起了一种互文性,这种互文性使
《鲁拜集》的阅读与理解与中国传统文化密切联系在一起。在《文学革命之
回顾》一文中,郭沫若说,"文学的性质在暗示,用旧式的话来说便是要有含
蓄,所以它的特长便在言语的经济,别人要费几千百言的,它只消一两句,别
人要做几部《文存》的,它只消一两篇。'有甚么话说甚么话'的那样笨伯的文
学,古往今来都不曾有,也不会有。……用典是修辞的一种妙技。新文学也有

---

① (宋)邓牧:《逆旅壁记》,《伯牙琴》,张岂之等标点,中华书局1960年版。

新文学的典故。"①就《鲁拜集》用语而言，是实现了他自己的上述主张的。

二、译诗形式的互文性

Rubaiyat 是一种独特的诗歌形式，选择什么样的语言形式翻译 Rubaiyat，对于译者来说，也就是选择互文的可能性，而这自然也会直接影响到译文读者对于译文互文性的建构。互文网络的感知与建构，集中表现为主体与主体间的关系，而且是互为主体，构成能动的、双向的相互作用，强调的是主体相互间的投射、溶浸、否定与校正等功能。另外，互文性理论指出，语言作为人类对文学艺术的先在理解结构，主体对语言的理解和解释是文学具有历史性的一个重要因素。主体对语言先在结构的不同认可度正反映出了不同主体对传统的不同历史性选择，这种选择过程也显示出了主体间性在文学的沿革中所起到的作用。作为最表层的证明，文本表现出了语言、传统等因素对作者产生的当代影响；同时，文本之间的互射关系和对话，其实就是更深层次的主体间的对话。对文本主体性的关注，使互文性理论最终将文学的理解、阐释、再创造的过程视为双向的互动，建构起了一种动态的文学史观。在这种文学史观念里，"一切文学作品都由阅读它们的社会'重新写过'，只不过没有意识到而已；实际上，没有一种作品的阅读不是一种'重写'。"②也就是说，文本的阅读过程始终都伴随着互文现象，"所有文学记忆的问题都是反过来看的，即读者记忆的缺失，它就像是有洞的漏勺。的确，互文性的矛盾就在于它与读者建立了一种紧密的依赖关系，它永远激发读者更多的想象和知识，而同时，它又遮遮掩掩，从而体现出每个人的文化、记忆、个性之间的差别。这两者之间天衣无缝的一致是不可能的，所以对互文的感知可能会是变化和主观的。"③姚斯认为，"任何阅读概念都必须从承认这一点出发：读者完全沉浸在他（或她）的阅读对象所由产生的传统之中，而且实际上文本自身就是其接受模式中的一个环节。"④我们把什么样的预先判断带到了阅读活动中？我们是否被某些著作、某些作者、某些声誉吓住

① 郭沫若：《文学革命之回顾》，《沫若文集》第 10 集，人民文学出版社 1959 年版，第 369 – 370 页。

② 姚斯：《审美经验与文学解释学》，顾建光、顾静宇、张乐天译，上海世纪出版集团 2006 年版，第 12 页。

③ ［法］蒂费纳·萨莫瓦约：《互文性研究》，邵炜译，天津人民出版社 2003 年版，第 81 页。

④ 姚斯：《审美经验与文学解释学》，顾建光、顾静宇、张乐天译，上海世纪出版集团 2006 年版，第 5 页。

了？这种威吓的性质是什么？我们被操纵到何种程度才能按预期方式作出反应？怎样确定我们的审美反应可能与作者的意图相左？若仅从《鲁拜集》诗歌形式方面来说，问题似乎较为简单，但是译文与原文形式互文性的建构及其实现，在汉语译者中引发的却是种种不同的声音。

《鲁拜集》的译者之一黄杲炘在《柔巴依集·译者前言》中曾详细地叙述了 Rubaiyat 的起源及形式特征。"'柔巴依'（这里采用我国刊物上常用的译名）是维吾尔族的一种古典抒情诗形式。这个名称来自阿拉伯语（意为四行诗）；而这种形式本身，一般都认为出自波斯和塔吉克的民间口头创作，并由波斯—塔吉克文学奠基人鲁达基定型。这种诗体出现于九、十世纪，在十一世纪中叶到达繁荣时期。在此前后，它还存在于阿拉伯语以及包括维吾尔语在内的突厥语等东方文学中。在古代波斯，'柔巴依'又叫做'塔兰涅'（Taraneh），意即'绝句'。据一些学者认为，这种诗体可能来自中亚突厥文化，与我国唐代的绝句同出一源，或者可能就是唐代绝句通过突厥文化传入波斯而形成的。'柔巴依'格律独特而严谨，适于吟咏。其最基本的特征是：每首四行，独立成篇；押韵方式为一二四行或四行全部押尾韵；每行诗由五个音组构成；而诗的内容则往往涉及哲理。"同时，黄杲炘又介绍了斐茨杰拉德英语译本的形式特点，"他的英国'柔巴依'格律严谨，同样是：每首四行，每行由五个抑扬格音步组成的节奏组构成；押尾韵的方式依然 AABA 或 AAAA。"①我们以如此大的篇幅引用黄杲炘的文章，是因为黄杲炘对 Rubaiyat 的起源及形式特点的详细，对于我们从形式这一互文性的角度考察《鲁拜集》的翻译提供了便利和参照。

作为 Rubaiyat 的译者，郭沫若显然知晓 Rubaiyat 的形式特点，在介绍 Rubaiyat 时，郭沫若也说过，"Rubaiyat 本是 Rubait 的复数。Rubait 的诗形，一首四行，第一第二第四行押韵，第三行大抵不押韵，与我国的绝诗颇相类。"②但是，只要从郭沫若译《鲁拜集》前后几版的修订中即可看出，郭沫若最初的译文确如成仿吾所说，是"不拘于他的形式"的翻译。起码，郭沫若在具体翻译《鲁拜集》时，并没有翻译成中国的绝诗形式，自由诗形的翻译在押韵方面也比较随意。以《创造季刊》上发表的原始译文与现在最为流行的一九五八年版的《鲁拜集》译文为例，做一番比较，可以发现郭沫若在这方面做

---

① 黄杲炘：《译者前言》，《柔巴依集》，上海译文出版社 1982 年版，第 2 页。

② 郭沫若：《波斯诗人莪默伽亚谟》，1922 年 11 月 25 日《创造季刊》第 1 卷第 3 期，第 11 页。

了许多修改,使一些译文第一第二和第四行基本押韵,译文形式向 Rubaiyat 的原文靠拢。从修订情况看,郭沫若的译文越来越强化了与原诗的互文性,使他以自由诗的形式译出的《鲁拜集》与菲茨杰拉德英文版本押韵情况趋近,同时也向着 Rubaiyat 的"绝句"式尾韵靠拢。就诗歌形式方面的互文性来说,除了押尾韵这一方面原文与译文存在互文性的诉求外,在诗歌语言及诗行节奏的选择方面,也存在着互文性的内在诉求。从 Rubaiyat 最初的汉译者胡适开始,如郭沫若、黄杲炘等无不意识到并指出了 Rubaiyat 与中国古代绝句这一诗歌形式的近似性,而且有的学者还推测其中可能存在承继关系。从译者兼读者的角度看,这些译者兼读者表露出来的看法本身就已构成"互文"。在翻译的过程中,译者无论是选择以绝句的形式翻译 Rubaiyat,还是以自由诗的形式翻译 Rubaiyat,是使用文言翻译,还是使用现代汉语翻译,译文与原文都在"绝句"这一基点上构成互文性。这一互文性涉及到从维吾尔语到波斯语中的 Rubaiyat 这一诗形,同样涉及到菲茨杰拉德英文译本的英语押韵诗形(我们列举的具体的汉译例子都是从菲茨杰拉德的英文译本译出的),还涉及到汉语里的绝句诗形。在这些诗形的背后,隐藏着的是不同语言和民族文化的互文性。作为汉译主体,从胡适到郭沫若,从李霁野到黄杲炘,这些译者在选择不同的汉语言表达形式具体地进行翻译的时候,互文性的表现也差别较大,在译文读者那里,不同的汉译形式触发的"互文"也迥然不同。

如前所说,郭沫若译《鲁拜集》,使用的基本是白话自由体诗歌形式。原诗第 12 首:

A Book of Verses underneath the Bough,
A Jug of Wine, a Loaf of Bread—and Thou
Beside me singing in the Wilderness—
Oh, Wilderness were Paradise enow!

郭沫若译之为:

树荫下放着一卷诗章,
一瓶葡萄美酒,一点干粮,

有你在这荒原中傍我欢歌——
荒原呀,啊,便是天堂!①

闻一多评价这一首诗的翻译时说,"是原诗中最有名的一首,郭君底翻译可以使他本人大胆地与斐芝吉乐相视而笑。"②这显然是就译文接受效果而言,也如郭沫若评说菲茨杰拉德英文译本时说的,"翻译的工夫,到了 Fitzgerald 的程度,真算得与创作无以异了。"③郭沫若这首诗的译文,也可算做是"与创作无以异"了。但是,若从诗歌形式互文的角度而言,郭沫若译诗却未必能够得到其他译者的认可。其实,就诗形来说,诗难译,或竟可以说是不可译。在诗歌翻译过程中,各种译本之间差异最大的,或许就是诗歌外在的形式了。就以《鲁拜集》第十二首为例,另外译者的译文有用白话自由体的,也有用旧体译的。李霁野《〈鲁拜集〉选译》中第一首便是这一首诗,译文如下:

美酒佐乾粮,
树荫诵诗章,
君喉歌宛转,
荒漠即天堂。④

对于自己的译文,李霁野显然比较满意。在《译诗小议》一文中,他说:"我觉得译诗是极困难的,但不是不能译。信、达、雅的标准要遵守,但译诗比译散文要稍自由些;可是我不赞成贝洛克(H. Belloc)的主张,他说译诗不能节对节,更不能行对行。我赞成雪莱的主张:尽力保存原诗的形式。我觉得译诗主要是为借鉴,要保持原诗的行节和全诗的形式,包括韵脚在内。"认可雪莱的说法,保留原诗的行节与全诗的形式,将李霁野的理想与其译介实践相对照,可知他使用了与郭沫若相同的韵脚,与原诗一样押 AABA 的韵,在诗歌节奏方面,比郭沫若诗要整齐得多,用五言绝句的形式译出,似乎与

---

① 郭沫若:《波斯诗人莪默伽亚谟》,1922 年 11 月 25 日《创造季刊》第 1 卷第 3 期,第 16 页。
② 闻一多:《莪默伽亚谟之绝句》,1923 年 5 月 1 日《创造季刊》第 2 卷第 1 期,第 18 页。
③ 郭沫若:《波斯诗人莪默伽亚谟》,1922 年 11 月 25 日《创造季刊》第 1 卷第 3 期,第 11 页。
④ 李霁野:《〈鲁拜集〉选译》,《妙意曲:英国抒情诗二百首》,四川人民出版社 1984 年版,第

波斯语或英语里的五音步或音组相对应。然而，实际情况却并非如此简单。汉语诗歌中的停顿与英语诗歌中的音步或顿并不相同，汉语里面一个字一个音，但在停顿方面五言诗却又往往是二二一的停顿，这与英语中十音节形成的抑扬五音步有了根本的不同。这一问题曾长时期困绕着现代诗人，闻一多、卞之琳、何其芳等都做过比较和探索工作，但结果并不能如人意。就此而言，用五言绝句的形式翻译此诗，并不会比用现代白话自由体翻译更能接近原诗，也不能更有效地帮助译文读者建立译文与原文间的互文性关联。对于译诗形式方面的这一困难，李霁野显然是深有所知，"莪默的诗近似中国的绝句，但就我的译诗论，是很不够味的。其他体裁的诗就更不用说了。长期习惯形成的成语是语文的灵魂，各国文字中都是很多的，这些既难理解，更难翻译，富有联想的词就更困难了。这是诗特别难译的原因之一。"[1]诗歌翻译中形式对应的难度并没有使诗人们知难而退。

除了寻求译诗与原诗形式互文的可能性外，郭沫若还寻求译本内部互文的可能性。以形式的互文寻求意义表达、审美效果上的差异及其实现。在《鲁拜集》第五十二首后面的注释中，郭沫若说："以上两节只是一节，是一种形而上学的理论；颇含嘲笑之意，故变调译之。"[2]也就是说，郭沫若以译诗形式方面的变化，使这两节诗与其他九十九节诗不同，给读者造成阅读方面的阻隔，从而使得这两节诗在形式上与其他九十九节构成互文性，让读者思考个中缘故，进而领略其中的"嘲笑之意"。郭沫若译的这两首诗如下所示：

真君冥冥兮周流八垠，

速如流汞兮消汝苦辛；

自月至鱼兮万汇赋形；

万汇毁变兮真君永存；（第五十一首）

一瞬显现兮瞬印深藏，

舞台周遭兮黑暗无光，

彼自登场兮彼自观赏，

自作消遣兮为乐无疆。（第五十二首）

---

① 李霁野：《译诗小议》，《妙意曲：英国抒情诗二百首》，四川人民出版社 1984 年版，第 341、343、348 页。

② 郭沫若：《波斯诗人莪默伽亚谟》，1922 年《创造季刊》第 1 卷第 3 期，第 27 页。

这两节诗的英语原文(Fifth Edition,Edward J. Fitzgerald)第五十一首:

Whose secret Presence through Creation's veins

Running Quicksilver – like eludes your pains;

Taking all shapes from Mah to Mahi and

They change and perish all—but He remains;

第五十二首:

A moment guessed—then back behind the Fold

Immerst of Darkness round the Drama roll'd

Which, for the Pastime of Eternity,

He doth Himself contrive, enact, behold.

然而,闻一多对郭沫若的这一努力并不认可,在《莪默伽亚谟之绝句》一文中,闻一多批评说:"文言白话硬凑在一块,然而终竟油是油,水是水,总混合不拢。我不反对用文言来周济贫窭的白话,但是恐怕不好用郭君那样的笨法子罢? 最奇怪的是他说五一,五二两首'只是一节,是一种形而上学的理论;颇含嘲笑之意,故变调译之。'奇怪! 奇怪! 为什么思想蝉联数首可并作一首的,或属形而上学的,或含嘲笑之意的就该变调呢? 况且诗中多少蝉联的思想,多少形而上学的理论,多少嘲笑之意,为什么单独这两首该变调呢? 总之像这样自我作古,未免太是英雄欺人了!"虽然"嘲讽"之意并不能通过"变调"直接呈现,但变调的翻译形式却使读者在阅读译文时在直观上有了不同的阅读体验,使读者进而思索这种不同形式的根源,引导读者体味背后的寓意。

就狭义的译诗形式互文性而言,这种互文性主要体现在译诗与所从译的原诗形式之间的互文性,若将翻译作为一个过程而非只注目于原文与译文,这种形式上体现出来的互文性还应体现在译文不断自我修改完善的历程之中,也就是说,译文自我的修改本身也体现出与原文的某种互文性特征,同时在译文发表时被置入的相关批评介绍文字,也在无形中与译文、从而也就与原文构成了互文。就郭沫若译《鲁拜集》而言,《创造季刊》上的

《波斯诗人莪默伽亚谟》与各种单行本的《鲁拜集》译文之间,存在一些显著的差异。除了印刷方面的变动或错误纠正,单行本《鲁拜集》译文与《创造季刊》上发表的原始译文及闻一多的批评论文《莪默伽亚谟之绝句》之间,也构成了一种互文关系。下面就《创造季刊》上发表的原始译文、闻一多的批评论文《莪默伽亚谟之绝句》和现在最为流行的一九五八年版的《鲁拜集》译文间的互文关系及其变动做一番探讨。

最初发表在《创造季刊》上的《波斯诗人莪默伽亚谟》分为三个部分,在后来的诸多单行本中,基本都保留了第二和第三部分,至于第一部分"读 Rubaiyat 后之感想",则被摒弃了。至于原因,自然与郭沫若"读 Rubaiyat 后之感想"的内容有关。在这部分文字里,郭沫若叙述了自己读 Rubaiyat 的感想,并将其与中国古代的一些诗文联系起来,以为其中贯穿的人生虚无与及时行乐的思想是相似的。了解莪默的哲学思想,进而更好地欣赏其诗,取得审美的快感,本是一件好事。但是,郭沫若的这段文字,恰如闻一多所说,在当时的中国容易引起"误解"。"在《创造》里发现了这篇莪默底诗,颓废派底罪名恐怕又加了一层印证。但是,译者不用讲并无颓废底嫌疑,这在他的'感想'里已说得清楚了;便是这篇诗底本身—莪默底原著兼斐芝吉乐底英译—底价值,读者须记取,是在其艺术而不在其哲学。"[①]闻一多先前就因北社编《新诗年选》选取《死的诱惑》作《女神》的代表之一而不满,以为他们非但不懂读诗,并且不会观人,认为《女神》的作者决不会是软弱的消极者。现在,闻一多深恐读者"误解"了郭沫若"感想",由感想进而误解《鲁拜集》诗意,其实这种担心本身就说明郭沫若"感想"与《鲁拜集》译文间难以拆解的关系,而这种关系不是派生性的,而是相互生发的,其原因便在于译文与郭沫若感想文字之间存在着的互文性关系。随着郭沫若自身思想意识的转变,现代文学中现实主义主潮的确立,郭沫若显然不愿像闻一多那样多做解释,一劳永逸地删除这段文字,消解互文得以形成的互文性文本也就成了最佳选择。

---

① 闻一多:《莪默伽亚谟之绝句》,1923 年 5 月 1 日《创造季刊》第 2 卷第 1 期,第 18,19 页。

第二节　郭沫若与胡适译文比较

就翻译而言,胡适与创造社同人,尤其是郭沫若,在很多方面都存在撞车现象,比如《鲁拜集》的翻译等,但这并没有使胡适像文学研究会那样与创造社发生冲突。这本也难怪,当时知识分子们的理论主张很难和实践相吻合,要求他们在探讨理论问题的同时能够与他们的实践结合起来,是一种奢望,也不符合事实。虽然胡适一再宣称翻译之难,认为真正的翻译,第一要对原作者负责,第二要对读者负责,第三要对自己负责,实际他在自己的翻译实践里并没有贯彻这一点。顾仁铸在《“胡译”》一文中批评胡适的翻译时说:“原来胡先生主张删节主义,许多地方都被他删去了。……翻译本有意译、直译之别。胡先生的译本当然不属在直译之列,而是意译了。然而无论其为直译、意译,最要紧的信条,就是不失原文的意义;所谓意译,不过是不死死的将一字一句照原文译出(就是直译也不能如此,)而仅将其原意用另一种方法全盘的译出罢了,绝对不是杜撰,也绝对不可删折的啊! 本来翻译的目的,就是将一国作品的内容,用第二国语言忠实地写出。虽然有时可以择译,也仅能在相当范围之内,文艺作品(小说,诗歌,戏剧……)总不在此列啊!”①从林纾时代的节译、选译、增译等在所不论,到顾仁铸认为文艺作品不在此列,中国近现代的翻译真正进入了一个崭新的发展阶段。但是,或许胡适读书时接受的翻译教育影响,如他所说:“大概当时所谓翻译,都侧重自由的意译,务必要‘典雅’,而不妨变动原文的意义与文字。这种训练也有他的用处,可以使学生时时想到中西文学异同之处。时时想某一句话应该怎样翻译才可算‘达’与‘雅’。”②使他在从事翻译工作时,也就不自觉地偏向了“自由的意译”,对原作者负责之语也就成了自由变动的标尺。我们不妨以胡适和郭沫若同译的《鲁拜集》里的两首诗为例,对此问题做一番探讨。

《鲁拜集》第七首原文与译文句式对照统计一览表

---

① 顾仁铸:《“胡译”》,1925年11月1日《洪水》半月刊第1卷第4期,第95页。

② 胡适:《四十自述》,安徽教育出版社1999年版,第67页。

小句序号	原文	音节数	胡适译文	字数
1	Come, fill the Cup, and in the fire of Spring	10	来!	1
			斟满了这一杯!	6
2	Your Winter – [garment] of repentance fling	10	让春天的火焰烧了你冬天的忏悔!	14
3	The Bird of Time has but a little way	10	青春有限,飞去不飞回——	9
4	[To flutter—and the Bird is on the Wing]	10	痛饮莫迟挨!	5
平均长度	10 音节		7 汉字	
波动幅度	10 音节		1—14 汉字	

小句序号	原文	音节数	郭沫译文	字数
1	Come, fill the Cup, and in the fire of Spring	10	来[呀],请来浮此一觞,	8
2	[Your] Winter – [garment] of repentance fling	10	在春阳之中脱去忏悔的冬裳	12
3	The Bird of Time has but a little way	10	"时鸟"是飞不多时[的]——	8
4	To flutter—[and] the Bird is on the Wing	10	鸟已在振翩翱翔	7
平均长度	10 音节		8.75 汉字	
波动幅度	10 音节		7—12 汉字	
备注	栏中加方括弧的文字表示在相应的译文或原文中没有。			

　　胡适之此译,不但将原诗第一行变成了两行,而且径直将原诗后两句抛去爪哇国,而以自我胸襟为之添上了另外的两诗行。虽比原诗多出一行,却仍有诗行未被译出。英文原诗按音节,汉语诗句以字数作为计量单位,然后

将原诗、胡适译诗和郭沫若译诗进行比照,原诗每行都是十音节五音步,胡适译文行平均为七字,每行在一到十四字之间,伸缩达十三字,郭沫若译文平均为八点七五汉字,接近九字,每行在七到十二字之间,伸缩达五字。与原诗相比,胡适和郭沫若译诗都缺乏形式规范的句式,这也正是散文用语区别于诗歌语言的一个重要标识。胡适和郭沫若追求的都是自由诗,但是相比之下,胡适译诗更加散漫,缺少规范。在平均句长方面,胡适译文是原诗句长的百分之七十,郭沫若译文是原诗句长的百分之九十,相差二十个百分点;在伸缩幅度上,胡适译文是郭沫若译文的二点六倍。导致这种区别出现的关键因素之一,便是胡适将作诗如作文的观念引入译诗之中。胡适曾说,"我认定了中国诗史上的趋势,由唐诗变到宋词,无甚玄妙,只是作诗更近于作文,更近于说话。近世诗人欢喜做宋诗,其实他们不曾明白宋诗的长处在哪儿。宋朝的大诗人的绝大贡献,只在打破了六朝以来的声律的束缚,努力造成一种近于说话的诗体。我那时的主张颇受了读宋诗的影响,所以书'要须作诗如作文',又反对'雕琢粉饰'的诗。"①译诗为文是胡适采取的翻译策略,而与取译诗也须是诗的郭沫若有了很大的差异。

从翻译之忠信追求来讲,胡适之译未免太过勉强。原诗第一行 Come, fill the Cup, and in the fire of Spring,胡适译成两行,come 译为"来",单占一行,亦与后面几行形成押韵。中间的 fill the Cup 译为"斟满了这一杯",是直译。但 fill the Cup 显然不止斟满的意思而已,还包含着畅饮的意思。也正是看到了这一点,所以胡适在译诗的最后一行,补充了"痛饮莫迟挨"一行。但这样一来,诗歌最后的焦点就落在了"痛饮"之上,与原诗以飞鸟喻时间,从饮酒到叹息时光的伤感及种种细微情感的颤动都难以复现原诗的魅力。与此相比,郭沫若译第一行仍为一行,且将 fill the Cup 译为"浮此一觞",颇有古意。古文中,浮觞约有二义:(1)古人每逢三月上旬的巳日在环曲的水渠旁集会。在上流放置酒杯任其顺流而下,停在谁的面前谁就取饮,称"浮觞"。(2)指饮酒。将"斟满"置换为"浮觞",将诗歌内含的意思搬到前台,避免了胡适那种最后加行弥补带来的缺陷。在诗情感内蕴的展现上,更契合于原诗。至于第一行的后半段:and in the fire of Spring,胡适和郭沫若皆将其与下一行 Your Winter – garment of repentance fling 合译为一句。胡适译

---

① 　胡适:《导言》,《中国新文学大系·建设理论集》,良友图书印刷公司 1935 年版,第 8 页。

为:让春天的火焰烧了你冬天的忏悔! 用词与原诗相差甚远。因为原诗第二行是说忏悔的冬裳飞去,合以原诗第一行后半段的 in the fire of Spring,意思就是:"在春天的火中你忏悔的冬裳飞去"。这当然是一种诗的说法,衣裳在火中飞去,也就是被烧毁了的意思;春天的火在诗中未必是真的火,是以郭沫若译为"春阳",因此也就不存在烧毁之意。冬去春来,万象更新,这句诗的意思应该是蕴涵着变化的意思。就此而言,郭沫若译为:"在春阳之中脱去忏悔的冬裳",似与原诗意思更吻合。与"冬天的忏悔"相比,"忏悔的冬裳"不仅保存原诗本来面目,而且以更为朦胧的表达获得更为广阔的内涵。原诗最后两句 The Bird of Time has but a little way/ To flutter—and the Bird is on the Wing. 胡适弃而不译,或者说是以更大的自由意译成了:"青春有限,飞去不飞回。——"若非事先知晓此诗为胡适译《鲁拜集》,恐怕无人能将译诗与原诗联系起来。

胡适译诗最后两行:"青春有限,飞去不飞回。——/ 痛饮莫迟挨!"颇有胡适所推崇的说理诗的味道,不过这说理太过直接,反将诗味尽数扫地出门了。相较而言,郭沫若译文最后两行:"'时鸟'是飞不多时的——/ 鸟已在振翻翱翔。"直译得近乎笨拙,却能让人较好地体味到原诗中浓郁的诗味。The Bird of Time 当然不限于指青春,我国亦没有具体的表达法与之对译,郭沫若径直译为时鸟,并做了注释:"时鸟(The Bird of Time):即指春天之小鸟,或系以时辰喻作飞鸟之意。"①郭沫若的这一注释可说为译诗的理解提供了一条捷径。在这里,时鸟具有显隐两层意思,即可被视为具体的飞鸟,又可视为时间之喻,两层意思相得益彰。在郭沫若译文中,时鸟之译对于全诗意境韵味的形成有着不可替代的好处,它使以鸟飞喻时间流逝的诗行得以成立。时间就像小鸟,青春也象小鸟,就像王洛宾写的那首流行歌曲的歌词那样:"太阳下山明早依旧爬上来/ 花儿谢了明年还是一样的开/ 美丽小鸟飞去无影踪/ 我的青春小鸟一样不回来/ 我的青春小鸟一样不回来……"小鸟是不可或缺的意象。在这首译诗中,鸟也是不可或缺的核心意象。在英语中,flutter 比 fly 在表示时间的紧张,航程的短小方面,都显得局促多了,而fly 就太从容了。诗中的"时鸟"就只有那样短促的一小截航程,对于刚刚从冬天迈进春天的它来说,那段航程是多么珍贵啊。可是这段航程并不能被

---

① 郭沫若:《波斯诗人莪默伽亚谟》,1922 年 12 月《创造季刊》第 1 卷第 3 期,第 9 页。

珍藏起来以永久收藏,而且本质上也不是用来被收藏的。the Bird is on the Wing,航程短促,翅膀直展,剩下的就只有珍惜这航程,把握这段美好时光。考虑到诗中所含的这些意蕴,原诗第一行也就只能像郭沫若那样译为"请来浮此一觞",而不能像胡适那样分成两行且要劝人"痛饮莫迟挨"。毕竟,诗人想要劝人痛饮的是稍纵即逝的时间、青春,而不是酒。在译诗语词的选择方面,郭沫若似乎更乐意使用习用字眼,而且颇带文言气息,至于胡适,则全用白话,取散文句式,这表明胡适白话文运动的坚决性。

除了上述那首诗,胡适还译了《鲁拜集》第九十五首。诗的原文为:

> Oh Love! could thou and I with Fate conspire
> To grasp this sorry scheme of thing entire,
> Would not we shatter it to bits—and then
> Remould it nearer to the Heart's Desire?

胡适译文如下:

希 望

> 要是天公换了卿和我,
> 该把这糊涂世界一齐都打破,
> 要再磨再炼再调和,
> 要依着你我的安排,把世界重新造过!①

一九二二年,郭沫若依据菲兹杰拉德的英文本第四版翻译了《鲁拜集》全部一〇一首。其中,第九十五首译文如下:

> 啊,爱哟!我与你如能反版"他"时,
> 把这不幸的全部的"计划书"来夺取,
> 我怕不把它扯成粉碎——
> 从新又照我心愿涂写!②

---

① 许德邻编:《分类白话诗选》,人民文学出版社 1988 年版,第 374 页。
② 郭沫若:《波斯诗人莪默伽亚谟》,1922 年 12 月《创造季刊》第 1 卷第 3 期,第 41 页。

郭沫若译文在《创造季刊》上刊载后,立即引起了另外一位诗人的注意。闻一多从美国彼岸写来了评论文章。在推崇郭沫若译诗为真的诗的同时,对第九十五首诗的翻译提出了异议,尤其是第一句的 conspire,闻一多认为郭沫若显然是理解错了,因此造成了译文错误。故提出重译如下:

> 爱哟! 你我若能和"他"沟通好了,
> 将这全体不幸的世界攫到,
> 我们怕不要捣得他碎片纷纷,
> 好依着你我的心愿去再抟再造![①]

一九二四年,胡适的译诗也受到了质疑。留学归来的徐志摩看到了胡适译的《希望》和郭沫若译的《鲁拜集》,徐志摩显然对第九十五首的翻译有不同的意见,故而亲自着手重译了一遍。对于重译的理由,并不在原诗具体字词理解的正误,而是将译诗视为对原诗的一次解读,而这一解读永远不会尽善尽美。"完全的译诗是根本不可能的","我们译的人就只能凭我们各人的'懂多少',凭我们用字的能耐,'再现'一次原来的诗意。"徐志摩译文如下:

> 爱啊! 假如你我能勾着命运谋反,
> 一把抓住了这整个儿"寒尘"的世界,
> 我们还不趁机把他完全捣烂———
> 再来按我们的心愿,改造他一个痛快?[②]

徐志摩说过,"一首诗的秘密也就是它的内含的音节,匀整与流动……诗的生命是在它的内在的音节。"[③]徐志摩自己重译《希望》一诗,押了 abab 的韵脚,"反、烂"押韵,"界、快"押韵(界字在韵部中属"怪"韵,快字属"夬"(读如"怪")韵,两字在中古音系中是相当接近的),每行都是六顿。徐志摩译文在诗形上颇见用心,虽然与原诗在押韵还有停顿方面还是存在较大差

---

① 闻一多:《莪默伽亚谟之绝句》,1923 年 5 月 1 日《创造季刊》第 2 卷第 1 期。
② 徐志摩:《莪默的一首诗》,1924 年 11 月 7 日《晨报副刊》第 265 号。
③ 徐志摩:《诗刊放假》,《徐志摩全集》第 4 卷,香港商务印书馆 1983 年版,第 58 页。

异,但是与胡适和郭沫若译文相比,却显得很有"格律"。胡适译诗也押韵:我、破、过三字分占一、二、四行末尾,既与中国古诗押韵传统相合,又与 Rubaiyat 这一诗体押韵规则相一致。与胡适和徐志摩相比,郭沫若的译诗似乎显得太过自由随便了些。时、取、碎、写,译诗四行的尾字不构成韵律,字数停顿也没有一定之规。不过这也正合乎郭沫若现代新诗创作的追求。"要做旧诗,就要严守韵律,要做新诗,便要力求自然","要新就新,要旧就旧,不要新就杂揉","做新诗总不宜于押韵,须知没韵也能成诗,近代的自由诗,散文诗,都是没有韵的抒情文字","新诗便是不假修饰,随情绪之纯真的表现而表现以文字。"①《鲁拜集》译文自然取的是现代新诗的形式,郭沫若对于现代新诗所怀抱的观念,自然也就影响到他在翻译《鲁拜集》时格律等方面的选择。

徐志摩虽然认为译诗就是对原诗的一种理解,但这种理解并不是随便的感悟,而是有着许多方面的要求。在《一个译诗问题》一文中,徐志摩指出:"翻译难不过译诗。因为诗的难处不单是它的形式,也不单是它的神韵,你得把神韵带进形式去,像颜色化于水,又得把形式表现神韵,像玲珑的香水瓶子盛香水,有的译时专诚拘泥形式,原文的字数、协韵等,但这样一来往往神韵浅了,又有注重神情的,结果往往是另写了一首诗,竟许与原作差太远了。那就不能叫译。例如,适之那首莪默,未始不可上口,但那是胡适,不是莪默。"②胡适径直漏 Oh Love 不译,其他译者都译了出来。译与不译,诗给人的整体感觉差别甚大。Love 何谓,是否即所爱之你? 命运又做何用?《希望》一诗第一行的译介方式,不仅涉及到字词的对应问题,还有语气以及歌者的心情表露等方面信息的流露。胡适译诗颇有黄巢《咏菊花》一诗风味,而这也就从根本上与鲁拜风格相背离了。或许,我们可以从徐志摩对胡适、郭沫若二人译《鲁拜集》诗的不同看法见出某些线索。徐志摩译鲁拜缘起于胡适译诗,摆明了是在胡适的译诗中无法完全安放自己对于原诗所有的感觉,不满意才译,而郭沫若译《鲁拜集》,却颇得徐志摩称许:"苏曼殊的拜轮译不如郭沫若的部分的莪麦译,(这里的标准当然不是就译论译,而是比照译文与所从译)为什么旧诗格不能表现的意致的声调,现在草创时期的

---

① 郭沫若:《与元弟论诗通讯》,《郭沫若论创作》,上海文艺出版社 1983 年版,第 12 页。
② 徐志摩:《一个译诗问题》,1925 年 8 月 23 日《现代评论》第 2 卷 38 期。

新体即使不能满意的,至少可以约略的传达?"①于此可见,徐志摩显然认为郭沫若起码在某种程度上传达了《鲁拜集》里这首诗的"意致的声调"。在《莪默的一首诗》中,徐志摩还说过:"新近郭沫若把 Edward Fit Zgarajd 的英译完全翻了出来,据适之说关于这一首诗他在小注里也提起了他的译文。"②事实上,郭沫若确实曾在翻译莪默时提起过胡适之译,只是所提并不是他的译文。郭沫若谈及胡适译莪默的原文是:"Rubaiyat 本是 Rubai 的复数。Rubai 的诗形,一首四行,第一第二第四行押韵,第三行大抵不押韵,与我国的绝诗颇相类。我记得胡适之的《尝试集》里面好像介绍过两首,译名也好像是'绝诗'两字。"③由郭沫若的原文可知,郭沫若并未在他的"小注"中提及胡适的任何译文,只是在说明 Rubaiyat 与我国绝句相似时,顺带指出胡适曾以"绝句"称呼过这种诗体。郭沫若拈出胡适名字的句子,是在对诗人情况的介绍中,与译文无涉,更不牵扯任何好坏评价,不知徐志摩所言"据适之说"从何而来。徐志摩完全没有必要捏造什么"适之说",徐志摩的描述与事实之间究竟有无出入,在发现其他可以佐证的材料之前,我们不便妄自揣测;不过,可以明确的是,胡适肯定曾向徐志摩谈起,郭沫若在他的文章里提到他的事。对于此事,我们不能采用反推的方法,认为郭沫若赞赏胡适译文,何况反推并不成立。至于进一步推论认为"郭沫若、徐志摩当时已蜚声文坛,且都是诗歌翻译大家,他们对胡适译诗的肯定自然具有经典建构的特殊意义。"④实属生拉硬扯的过度论证,且毫不顾及当时语境。翻开《创造季刊》第 1 卷第 3 期"评论"栏,里面所刊几篇文章皆将批判的锋芒对准了胡适,郭沫若和成仿吾当时都在极力寻找胡适译文的错误,发表在同一期的郭沫若《波斯诗人莪默伽亚谟》一文,又怎么会在提及胡适时给予赞许?

对胡适所译这首诗,闻一多曾评价说:"这一首便是《尝试集》里的《希望》。胡译虽过于自由,毫未依傍原文,然而精神尚在。"⑤与徐志摩一样,闻一多也认为胡适译诗过于自由。其实,对这一问题不必征引大家的说法,只要将原诗与胡适译放在一起比较一下,问题也就显得非常清楚。值得注意

---

① 　徐志摩:《征译诗启》,1924 年 3 月 10 日《小说月报》第 15 卷第 3 号。

② 　徐志摩:《莪默的一首诗》,1924 年 11 月 7 日《晨报副刊》第 265 号。

③ 　郭沫若:《波斯诗人莪默伽亚谟》,1922 年 12 月《创造季刊》第 1 卷第 3 期,第 11 页。

④ 　寥七一:《胡适诗歌翻译研究》,清华大学出版社 2006 年版,第 188 页。

⑤ 　闻一多:《莪默伽亚谟之绝句》,1923 年 5 月 1 日《创造季刊》第 2 卷第 1 期,第 14 页。

的，是闻一多以为胡适所译这一首诗"精神尚在"。"精神尚在"到底是指译诗的内容、风格还是韵味？闻一多没有明说。由于闻一多对胡适译诗的这一评价紧随在郭沫若译诗评价之后，或许对郭沫若译诗的评价有助于我们理解这一评语。闻一多认为郭沫若译此诗有明显的误译，即原诗第一行的conspire 一词，此外并无其他评论。若闻一多评语与此有关，那么就是说胡适的译诗虽然并非忠实的直译，但在内容和意思上，却与原诗契合。若是如此，闻一多的评语也就没有什么异议。但问题的关键是，闻一多并未说明郭沫若译诗是否没有原诗的精神，亦未说明胡适译诗在哪些地方又是如何保存了原诗的精神，模糊的表述使问题变得更加扑朔迷离。而解决这一问题，首先需要了解原诗精神是什么，译诗如何又在何种程度上能够以及表现出了那些原诗的精神，而这些问题的立足点又是什么，即谁所理解和把握的原诗精神？提出这些问题，是为了避免陷入诡论境地，也就是闻一多所以为的原诗精神，在别家看来却未必如此。因此，"精神尚在"也就成了仁者见仁智者见智的问题。其实，"精神尚在"本身就是一个难以把握的说法，而且有"假象等值"的嫌疑。所谓"假象等值"，其特点是，"译者的水平一般较高，在理解原文内容上不存在任何问题，之所以会出现'假象等值'，是因为译者均有意识地对原文进行改动或'改进'，以求使文本或变得更合乎逻辑，或变得更流畅自然，或变得更客观可靠，如此等等。由于对原文中语言形式与主题意义的关系缺乏认识，这一'改进'的结果则是在不同程度上造成文体价值的缺损。"①就在闻一多提出"精神尚在"一文的后面，就有《创造季刊》当期编辑成仿吾的一段文字。闻一多的说法却无法得到成仿吾的认可，成仿吾认为"一多说胡适之的《希望》精神尚在，我却不以为然。胡译不仅与原文相左，而且把裴默的一贯的情调，用'炸弹！炸弹！炸弹！干！干！干！'一派的口气，炸得粉碎了。"至于郭沫若译文中明显的误译，成仿吾却轻轻地一语带过："第九十九首的 Conspire with 译作沟通，也不大好。"②厚此薄彼之意未免太过明显。徐志摩言"那是胡适，不是裴默"与成仿吾言"炸得粉碎"，有殊途同归之妙。至于成仿吾语句中带引号处，乃征引自胡适诗《四烈士冢上的没字碑歌冢》，原文中有这样的句子："他们的武器：／炸弹！炸弹！／他们

---

① 申丹：《略论现代西方现代文学文体学在小说翻译中的作用》，1998 年《外语与翻译》第 4 期。

② 成仿吾附白，1923 年 5 月 1 日《创造季刊》第 2 卷第 1 期，第 24 页。

的精神:／干！干！干！"①此诗几节中皆以同样的两行收束。

由于英文本 Rubaiyat 前后有多个版本,不同的版本自然也会影响到译文。除了郭沫若全译的《鲁拜集》注明用的是第四版外,其他几位译者如胡适和徐志摩并未言明原著的版本。不过,由于《希望》一诗第一版和第四版相差实只一词,即原诗第一行倒数第二个词。此词第一、第二版为 Fate,第三、第四、第五版为 Him。这也是这一首诗在几个译者手中分别出现了勾着"命运"谋反、与"他"沟通等差异的根源所在。如果考虑到译者其他地方泄露的一些信息,我们大体上也可知道他们所用的原本。如徐志摩在《莪默的一首诗》中说:"胡适之《尝试集》里有莪默诗的第七十三首的译文,那是他最得意的一首译诗,也是他诗里最'脍炙人口'的一首。"②徐志摩这里所说的第 73 首,是他自己所读 Rubaiyat 版本里的第 73 首,也即 Rubaiyat 第一版,而非胡适所看的版本。胡适在《希望》译诗的后面有一段文字:"八年二月二十八日译英人 Fitagerald 所译波斯诗人 Omar Khayyam(d—11323A. D.)的 Rubaiyat(绝句)诗第一百零八首。"③翻阅几个英文版本的 Rubaiyat,可知胡适用的其实是第二版。至于胡适的译文,也有两种。一种是收入胡适《尝试集》中的四行版本,另一种是收入《胡适手稿》中的五行译本。《胡适手稿》中共出现了莪默的两首译诗,放在一块,标明为"十七年八月二十一日译",《希望》即早已收入《尝试集》,除了译文由四行变五行、"糊涂"改为"寒碜"外,无其他变动,算不上重译,这里标出的"译",似乎应指另一首莪默诗的翻译。不过,这无论如何给了我们一个提示,所译与所重译都有可能存在许多不同的层次需要研究者们仔细探索。

第三节　从《鲁拜集》的翻译看翻译标准的量化问题

译文好坏能否判定,如何判定,依据何在,谁之依据,这些问题向来是翻译研究中最令人头痛的问题。在传统的以原文为标的的翻译研究中,判定的标准似乎还约莫可以被众人接受,在现代翻译研究理论观照下,译文、译者占据中心的情况下,似乎一切都存在可能,而好与坏的判定也成了相对性的问题。虽然如此,仍有一些学者锲而不舍地寻求着翻译判断标准的量化

---

① 胡适:《四烈士冢上的没字碑歌哭》,《尝试后集》,安徽教育出版社 1999 年版,第 98 页。
② 徐志摩:《莪默的一首诗》,1924 年 11 月 7 日《晨报副刊》第 265 号。
③ 胡适:《希望》,《尝试集(附〈去国集〉)》,安徽教育出版社 1999 年版,第 53 页。

之可能性。在《英语格律诗汉译标准的量化及其应用》一文中,黄杲炘就提出了他的翻译的量化准则。"就一首普通的英语格律诗来说,最重要的几项格律因素依次为:分行情况、各诗行的音步数、各诗行的音节数以及韵式。因此,一首译诗是否在形式上忠实于原作或者忠实到什么程度,也可以分这四个层次来观察,而且对每个层次的情况可以分成三个档次。译诗分行情况的三个档次是:A = 同原作分行情况一致;B = 分行,但行数与原作的不同;C = 不分行。译诗行顿数的三个档次是:1 = 顿数与原作的音步数一致;2 = 顿数与原作的音步数不同,但有对应关系;3 = 顿数与原作的音步数无关。译诗诗行字数的三个档次是:1 = 字数与原作的音节数一致;2 = 字数与原作的音节数不同,但有对应关系或另有规律;3 = 字数与原作的音节数无关也无规律。译诗韵式的三个档次为:1 = 与原作的韵式一致;2 = 有一定的韵式,但与原作的不同;3 = 押韵比较随便或不押韵。"①讨论翻译标准的量化准则及其可行性,并非著者关注的焦点问题,但是黄杲炘先生在谈及翻译标准量化问题时以《鲁拜集》的翻译为例,这自然也就成为《鲁拜集》翻译研究难以回避的问题。不论从传统翻译研究的角度还是现代翻译理论的立场出发,都存在一个比较的问题,而比较的问题自然也就涉及标准的设定等相关问题,黄杲炘先生谈及的翻译标准量化问题,无疑为我们探究各种《鲁拜集》译文提供了一个讨论的平台。

黄杲炘用以为例的译诗是《鲁拜集》第一首,黄杲炘欣赏的译文如下:

> 醒醒! 太阳已把满天星斗
> 赶得纷纷飞出夜的田畴,
> 叫夜随同星星逃出天空,
> 阳光之箭射上苏丹塔楼。

按照上面他制定的量化标准,黄杲炘认为此诗译法等级为 A111。"这首诗全面复制了原作的格律形式——如复制原作的格律形式只限于分行、顿

---

① 黄杲炘:《英语格律诗汉译标准的量化及其应用》,罗选民,屠国元主编,《阐释与解构:翻译研究文集》,安徽文艺出版社 2003 年版,第 180 页。

数、字数、韵式四项的话,那么这种 A111 的标准已把事情做到了顶。"①黄杲炘欣赏的译文其实就是他自己早年译文的改进版。

> 醒醒吧! 太阳已把满天的星斗
> 赶得纷纷飞离了黑夜的田畴,
> 叫夜也随着星星逃出了天庭,
> 阳光之箭已射上苏丹的塔楼。

上面的译文就收在上海译文出版社一九八二年出版黄杲炘所译《柔巴依集》。因各行字数与原作各行音节数不同,但有对应关系,故此译法等级为 A121。

郭沫若此诗译文如下:

> 醒呀! 太阳驱散了群星,
> 暗夜从空中逃遁,
> 灿烂的金箭,
> 射中了苏丹的高瓴。

按照黄杲炘设定的量化标准,郭沫若的译法与原作分行情况一致,表示分行情况的第一项为 A,诗行顿数与原作的音步数无关,因此表示顿数的第二项为三,字数与原作的音节数无关也无规律,因此表示字数的第三项为三,译诗韵式为 abca,勉强可算作是有一定的韵式,但与原作不同,为二,因此郭沫若译法等级为 A332。这种判定说明了什么? 在一系列的数学式的统计之后,除了告诉我们一个简单的知识,即郭沫若译《鲁拜集》在形式方面较为自由,而黄杲炘则较为严格地向原诗格律靠拢外,别的似乎什么也说明不了。再看黄杲炘《鲁拜集》第十二首的翻译,此诗译文如下:

---

① 黄杲炘:《英语格律诗汉译标准的量化及其应用》,罗选民,屠国元主编,《阐释与解构:翻译研究文集》,安徽文艺出版社 2003 年版,第 182 页。

在枝干粗壮的树下，一卷诗抄，

一大杯葡萄美酒，加一个面包——

你也在我身旁，在荒野中歌唱——

啊，在荒野中，这天堂已够美好！①

　　李霁野基本以汉语中的一个字等同于英语的一个音步，而黄杲炘却是以诗行中的停顿作为一个音步，一个具体的音步可能是由一个字组成，也可能是由几个字组成。黄杲炘所谓的"略具我国读者喜闻乐见的诗歌特点"，便是"译者在试译中除了要求每首四行，每行由五个音组构成以代替原诗的五个音步或音组，在押韵方式上也一承原制外，还限定每个诗行为十二个汉字，以求诗行在形式上较为整齐"。黄杲炘显然是想在译文形式和读者既有文化知识修养方面建立一种互文性，可是他的想法却未免太过陈旧。在二十世纪二十年代中后期，闻一多倡导新诗格律时，曾提出句的匀称与节的整齐，其结果便是愈来愈走向不堪卒读的豆腐干式的诗形。黄杲炘重拾闻一多思想，却并没有做出令人信服的成绩。起码就《鲁拜集》的翻译而言，他的这种形式实践失败了。至于他自己强调的，"在内容方面，译者对自己试译的要求是：运用规范的现代汉语，力求译文充分信、达，读来上口、听来顺耳。"②更是无从寻觅，只要将他的译文与郭沫若等人的译文相互对照一下，其间水平高下也就立判无遗了。

　　下面，不妨参照黄杲炘先生的标准体系，以《鲁拜集》第二十四首探询一下原诗形式及其汉译。

Ah, make the most of what we yet may spend,

Before we too into the Dust descend;

Dust into Dust, and under Dust to lie,

Sans Wine, sans Song, sans Singer, and—sans End!

　　原诗形似绝句，第一、第二和第三行押韵。第二行 Before we too into the Dust descend 的正常语序应该是 Before we too descend into the Dust，descend

---

①　黄杲炘：《柔巴依集》，上海译文出版社 1982 年版，第 4 页。

②　黄杲炘：《译者前言》，《柔巴依集》，上海译文出版社 1982 年版，第 12 页。

后置，应该是与押韵有关。每行十音节五音步，第三行 Dust into Dust, and under Dust to lie 重复使用 dust 三次，有行内韵效果，第四行 Sans Wine, sans Song, sans Singer, and—sans End 重复使用 sans 四次，亦有行内韵的效果。郭沫若译此诗为：

> 啊，在我们未成尘土之先，
> 用尽千金尽可尽情沉酒；
> 尘土归尘，尘下陈人，
> 歌声酒滴—永远不能到九泉！①

"九泉"语出阮瑀《七哀》诗："冥冥九泉室，漫漫长夜台。"指地下深处，死人埋葬的地方，即阴间。九是数字单数中最大的数字，在汉语中有极限的意思，因此，九泉意指地底最深处。原诗并未使用与"九泉"对应的词汇，dust 有"葬身地"之意，却并未有中文"九泉"那种地之最深处的含义。这种译诗方法虽然并不古奥晦涩，中国读者也容易接受，但是正如一些学者指出的那样，如此一来"那些翻译出来的外国诗歌，读者总感到它们不太像是英语诗歌，而是带有浓厚的中国诗的风味"。② 另外，原诗的五音步成了不规则的句读，从听觉上较原诗自由散漫，这似乎是存在于郭沫若译《鲁拜集》难以解决的症结。如郭沫若译第七十二首：

> 人称说天宇是个覆盆，
> 我们匍匐着在此生死，
> 莫用举手去求他哀怜——
> 他之不能动移犹如我你。

对于郭沫若译文节奏问题，有人评价说，"郭译的'莫用举手'，文法上只能说'莫举手'或'莫用手'，而尾句的节奏六、四一停，前长后短，一路念下

---

① 郭沫若：《波斯诗人莪默伽亚谟》，1922 年《创造季刊》第 1 卷第 3 期，第 19 页。
② 张旭：《译经文学传统与近代英诗歌汉译——从译入语看近代诗歌翻译方法上的嬗变》，2002 年《世界文学》（淡江）第 6 期，第 149 页。

来,根本顿不住。"①以文法上能不能说得通谈论译诗的好坏当然不足为凭,但是讲"顿不住"却的确是难以回避的问题。在这方面自然不如黄克孙以七绝形式进行的衍译(即大致相当的意译)了,也与黄杲炘有意为之的格律节奏有别。郭沫若译文形式方面出现的问题,显然不能归之于粗心大意或翻译能力上的问题,而是与他所追求的风韵译有关。但问题在于,译诗不是创作,译诗不仅仅要成为诗,还必须是"译"出来的诗。徐志摩认为,"翻译难不过译诗,因为诗的难处不单是他的形式,也不单是他的神韵,你得把神韵化进形式去。""有的译诗专诚拘泥形式,原文的字数协韵等等,照样写出,但这来往往神味浅了;又有专注神情的,结果往往是另写了一首诗,竟许与原作差太远了,那就不能叫译。"②诗之所以真正成为诗的东西,在量化标准之外。正如有些学者指出的那样,"如果说,诗就是翻译中丧失掉的东西,那么,译诗的致命的缺点就是意思全对而诗味全无,甚至体制都能移植过来,却完全没有诗的感觉。完全丧失诗味的译诗,即使格律体制与原诗一模一样,严丝无缝,语义句句准确,和原诗丝毫不爽,也是没有多少文学价值的。"③原诗和译诗在形式上的相似性与译诗的好坏并无直接关联,但是好的译诗是否一定需要保留原诗的某种形式特征,这却是个悬而未决的问题。

谈到匈牙利诗人裴多菲《自由与爱情》诗歌的翻译时,张南峰说,殷夫的译文已经进入了中国籍,"能背诵的人很多,知道是翻译的却也许不多。但是,偏有批评家说它虽是好诗,却不是翻译,所以更不是成功的翻译(江枫1990:17)。其实,说它好就够了,为什么要计较它是不是翻译呢?又有谁有权判定什么是翻译、什么不是翻译呢?"在张南峰看来,现有的各种翻译标准,大多过分强调忠于原文或原文的某些方面,而忽略了译文面貌的其他影响因素,尤其是目标文化、翻译动机、译文用途和译文读者等等,因此,"这一类翻译标准,主要毛病在于脱离了翻译的实际:从事实际翻译工作的人,由于多种因素的影响,往往有意无意、或多或少地偏离了源文,可是依然取得了成功,有时甚至是从而取得了成功,而理论家却视而不见,一味研究最大

---

① 童元方:《论〈鲁拜集〉的英译与汉译》,《阐释与解构:翻译研究文集》,安徽文艺出版社2003年版,第173页。

② 徐志摩:《一个译诗问题》,1925年《现代评论》第2卷第38期。

③ 王宏印:《文学翻译批评论稿》,上海外语教育出版社2006年版,第152页。

限度等值的问题,这又有什么好处呢?"①实际上,并不存在一个普世的翻译评判的标准,既然没有这样一个标准,那么什么是翻译也就是见仁见智的问题。叶维廉谈及文学解说者时说,"文学解说者常常有一个倾向,对一篇作品的意义,它的美感活动,要寻出一个所谓客观的、经过理性思维把枝叶削得干干净净的所谓标准的看法,求取所谓共通性,而且只一种共通性,名之谓超越时空的共通性,来解决一切的文学作品,而没有把它放入更大的文化、美学、历史衍化的景变中,来确立它特殊的位置、关系与面貌。"②叶维廉谈的虽然是某种类型的文学解说者,用来概括某种翻译标准划定者也同样适用。在某种意义上,文学翻译也正是文学之解说,非要"寻出一个所谓客观的、经过理性思维把枝叶削得干干净净的所谓标准的看法,求取所谓共通性,而且只一种共通性",结果只能是钻进死胡同而不自觉。即便是只是谈论翻译中的准确性,就存在着一个什么意义上的准确的差异的问题,比如字句的准确、语法的准确、意义的准确等等,既然如此,也就不能主观地断定吻合某种规则的翻译才算是翻译,而偏离这一规则的就不是翻译,而只能算是改译、编译等。从所有的翻译在一定程度上都是误读这一点来说,所有的翻译又何尝不是改译、编译呢? 说到底,翻译标准的问题涉及到翻译为什么以及翻译研究为什么的问题。以原文本为中心、以译文为中心和以译文读者为中心的差异,自然也就会带来翻译判定标准的不同设定,这种设定与其说是为了达到普世的目的,毋宁说是体现了翻译研究者对于翻译某一方面的焦虑。

有着自身存在价值和用途的文本,译文与源文本功能一致更多的只是例外。Nord 认为:"每个文本都处于一个由诸多相互关联的因素组成的结构之中,这个结构的格局决定着文本的功能。只要其中一个因素改变了,结构中其他因素的格局必然随之改变。如果翻译的意图是让人们克服文化和语言障碍进行交流,那么每次都至少会有一个因素是不同的,就是接受者,以及在最传统意义上的翻译也一样,因为就算接受者在性别、年龄、教育、社会背景等方面都与源文接受者完全相同,他们之间也会有一个'小小的'差别,

---

① 张南峰:《中西译学批评》,清华大学出版社 2004 年版,第 4-5 页。
② 叶维廉:《语言的策略与历史的关联——五四到现代文学前夕》,《中国诗学》,生活·读书·新知三联书店 1992 年版,第 209 页。

就是属于不同的语言文化社群。"①这一切注定了翻译判定标准的相对性,也揭示出按照某种判断标准按图索骥探究原文及不同译文做法的困难性。如果抛弃划地为牢式的判定标准,将译文优劣的比较准则从原文转到翻译的目的,最好是译者申明的翻译目的上来,对于译文是否以及在何种程度上实现翻译的目的就能有一个大致客观的评判了。

---

①   Nord, Christiane. Scopos, Loyalty, and Translational Conventions. Target, 1991a, 1:91.

参考文献

陈福康:《中国译学理论史稿》,上海外语教育出版社 2000 年版。

陈玉刚:《中国翻译文学史稿》,中国对外翻译出版公司 1989 年版。

成仿吾:《成仿吾文集》,山东大学出版社 1985 年版。

费小平:《翻译的政治——翻译研究与文化研究》,中国社会科学出版社 2005 年版。

高玉:《现代汉语与中国现代文学》,中国社会科学出版社 2003 年版。

郭沫若:《郭沫若全集》,人民文学出版社 1992 年版。

郭沫若:《沫若译诗集》,人民文学出版社 1956 年版。

郭沫若:《浮士德》,人民文学出版社 1956 年版。

郭沫若译,[波斯]莪默·伽亚谟著:《鲁拜集》,中国社会科学出版社 2003 年版。

G.斯坦纳:《通天塔—文学翻译理论研究》,中国对外翻译出版公司 1987 年版。

黄忠廉:《变译理论》,中国对外翻译出版公司 2002 年版。

黄杲:《从柔巴依到坎特伯雷——英语汉译研究》,湖北教育出版社 1999 年版。

金丝燕:《文学接受与文化过滤——中国对法国象征主义诗歌的接受》,中国人民大学出版社 1994 年版。

孔慧怡:《翻译·文学·文化》,北京大学出版社 1999 年版。

罗选民主编:《外国文学翻译在中国》,安徽文艺出版社 2003 年版。

罗新璋:《翻译论集》,商务印书馆 1984 年版。

王宏志编:《翻译与创作:中国近代翻译小说论》,北京大学出版社 2000 年版。

王宁:《文化翻译与经典阐释》,中华书局 2006 年版。

王建开:《五四以来我国英美文学作品译介史》,上海外语教育出版社 2003 年版。

谢天振:《译介学》,上海外语教育出版社 1999 年版。

谢天振主编:《翻译研究新视野》,青岛出版社 2003 年版。

尹康庄:《象征主义与中国现代文学》,暨南大学出版社 1998 年版。

郁达夫:《郁达夫全集》,浙江大学出版社 2007 年版。

郑伯奇:《郑伯奇文集》,陕西人民出版社 1988 年版。

郑敏:《诗歌与哲学是近邻——结构·解构诗论》,北京大学出版社 1999年版。

Lawrence Venutied. The Translation Studies Reader, Routledge, 2000.

Simon During ed. The Cultural Studies Reader, Rortledge, 1999.

Matei Calinescu. Five Faces of Modernity, Duke Univ. Press, 1987.

Susan Bassnett&Andre Lefevere. Constructing Cultures: Essays on Literary Translation, Shanghai Foreige Language Education Press, 2004.

Andre&Lefevere. Translation, Rewriting and The Manipulation of Literary Fame, Shanghai Foreige Language Education Press, 2004.

Andre&Lefevere. Translation/History/Culture: A Sourcebook, Shanghai Foreign Language Education Press, 2004.

Peter Newmark. Approaches to Translation, Shanghai Foreign Language Eduction Press, 2004.

Eugene A Nida. Language and Culture: Contexts in Translation, Shanghai Foreige Language Education Press, 2004.

Sussan Bassnett. Translation Studies(3rd edition), Shanghai Foreign Language Education Press, 2004.

后　记

　　这书是我自己主持的第一个课题的结项成果。当初上交项目申请书的时候，爱妻已临盆；而今小女已近三岁，要去幼儿园了，课题正好结项。从头至尾，这项课题就在以孩子为中心的琐屑的家务中进行。每当夜幕降临，为宝宝洗完澡、泡好奶粉，自以为忙乱的一天终于可以安静下来时，便坐到书桌前，静下心来忙我的课题。其实很多时候并不是这样，在逼仄的生存空间里，常常是带孩子的时候想着课题，做课题的时候又愧疚于没有好好照顾孩子，不能专心做某件事情，分心乏术，左右互搏的结果往往是心烦意噪乃至大发雷霆。同事们说我是模范父亲，做得很好，我却知道自己的不足和留下的可能是永远都难以弥补的诸多遗憾，书稿中的欠缺还可以修订，流逝的情感却不可能再来了。虽然抱着许多歉意，也免不了本来可以如何的许多反思，但我仍旧为过去这段时间留下的足迹感到欣慰。看着站在面前背诵二十余首唐诗的女儿，读着手中也许还不算糟糕的书稿，回顾往日的种种辛劳与焦躁，一切皆付之莞尔。

　　愚鲁如我者，向来秀不出细巧的活。虽然甘愿坐穿冷板凳，磨出来的活计却往往并不使人满意，自己也觉颇多遗憾。在撰述这部书稿的过程中，很多时候为一些材料的辨析和新思路的出现而欢欣鼓舞，可更多的却是过后的失落，那些失落一如这部书稿与最初构思之间形成的对照，其间的悬殊不可以道里计。从博士论文选题到现在，一直关注的都是创造社的问题，无论读书还是思考问题，第一时间浮现在脑海里的几乎都是创造社或与创造社相关的事情。创造社似乎成了我的主人，而我只是他的一个思考的机器。记得当初做博士论文之初，最苦恼的便是无从下手，似乎一切问题都已被前人挖掘殆尽，现在深入进去之后，却又觉得处处皆问题，可是限于自己的能力，往往总是觉得不能给以圆满的解决，遂有陷身泥淖不能自拔之感。拿眼前的这部书稿来说，我原先的设想是包含着神话、科技书籍等等在内的创造社全面的译介活动,而且是涉及到所有代表性的成员的译介实践,可是研究的实际难度远远超过最初的预期,使我不得不放弃,转而逡巡在文学译介之内。即便如此,我发现也是很难完成的奢望,郭沫若的歌德翻译、约翰·沁孤翻译,田汉、王独清等的翻译文学等等的研究进度离自己的理想还差得很远,写好了的几章也没有放进书稿,放进书稿的几章,几乎都是创造社译介活动的史实梳理,"翻译"占的比重便很少了。这部书稿终究只能算是整个创造社翻译研究构想的开端罢了,而且可能是并不成功的开端。之所以大着胆子拿出来,只是给自己一个继续进行下去的小小的鼓励,证明着自己是在用功,没有在生活中消磨下去。当然,也可能是一个反证。但在自己,是着实想将导言中的研究设想继续进行下去的,做一个系统的深入的研究,从译介史实的梳理到翻译文学(译本)的研究,再到中外文学的比较等等,构成完整的系列,而这本小书,也就算是我创造社翻译(文学)研究的一个小小的开端。

本书的一些章节曾发表于《中山大学学报》、《中国现代文学研究丛刊》、《中国比较文学》、《贵州社会科学》、《华南师范大学学报》、《郭沫若学刊》等刊物,感谢吴承学、傅光明、宋炳辉、郑伽文、赵小华、王锦厚诸位老师。感谢陈思和、袁国兴、栾梅健老师的教导,感谢本书的责编林敏女士耐心细致的帮助,感谢家人无私的支持,谨将拙著献给各位敬爱的师友亲人。

咸立强

2010 年 6 月 1 日于广州大学城

责任编辑:林　敏
装帧设计:艺和天下

图书在版编目(CIP)数据

译坛异军:创造社翻译研究/咸立强 著.
-北京:人民出版社,2010.7
ISBN 978－7－01－009097－9

Ⅰ.①译…　Ⅱ.①咸…　Ⅲ.①翻译-研究　Ⅳ.①H059

中国版本图书馆 CIP 数据核字(2010)第 126845 号

译坛异军:创造社翻译研究
YITAN YIJUN CHUANGZAO SHE FANYI YANJIU

咸立强　著

人 民 出 版 社 出版发行
(100706　北京朝阳门内大街 166 号)

北京集惠印刷有限责任公司印刷　新华书店经销

2010 年 7 月第 1 版　2010 年 7 月北京第 1 次印刷
开本:787 毫米×1092 毫米 1/16　印张:17
字数:260 千字

ISBN 978－7－01－009097－9　定价:35.00 元

邮购地址 100706　北京朝阳门内大街 166 号
人民东方图书销售中心　电话 (010)65250042　65289539